1　ペリー提督が率いてきた黒船のうちの一隻を日本人画家が描いた錦絵。当時の日本にとって、これらの恐ろしげな姿をした艦船は欧米列強の強力な技術力と帝国主義的な意図の象徴と化した。
（©Denver Post/Getty Images）

2　福沢諭吉（1835-1901）は明治時代の最も偉大な思想家の一人であった。彼が生まれた当時、日本は封建的な縦社会で世界から孤立していたが、彼の死ぬ頃までには近代社会に変身していた。（©Keio University）

3　壊滅的被害をもたらした大地震の元凶とされた大ナマズに対する恨みを晴らそうとする江戸市中の人々（当時の鯰絵《なまずえ》より）。

4　東北地方の海岸に恐ろしい勢いで押し寄せる津波。このような光景は東北沿岸部の各地で展開された。（©Reuters）

5 津波が去った後の大船渡。海岸線から数百メートル離れた場所に船舶が打ち上げられている光景も珍しくなかった。（©Toshiki Senoue）

6 2011年の大津波の直後、被災地には自衛隊の隊員たちが迅速に派遣された。1995年の阪神・淡路大震災の際、先の大戦を連想させる自衛隊の派遣に政府が二の足を踏んだのとは対照的だった。（©Toshiki Senoue）

7 大津波から数日後、壊滅状態の大船渡のがれきの中を、自分たちの店から残されたものはないか探し回る下舘博美と木村康子。（©Toshiki Senoue）

8 再起の始まり——大船渡の仮設商店街で「Hy's Café《ハイズ・カフェ》」の営業を再開した下舘博美（左）と木村康子。（©Toshiki Senoue）

9　津波に襲われた陸前高田の市民体育館。２階中央の時計は津波が天井近くまで達した時刻の午後３：30 で止まっている。（©Toshiki Senoue）

10 陸前高田のキャピタルホテル内で取材メモを取る著者。（©Toshiki Senoue）

11 陸前高田の「奇跡の一本松」。実際には枯死状態であるにもかかわらず、被災地の希望の象徴となった。（©Toshiki Senoue）

12 人類史上最も破壊的な爆撃となった1945年の東京大空襲で、大量の焼夷弾によって焼け野原と化した首都。2011年の大津波で壊滅した被災地の光景と異様なまでに重なって見える。（©Time & Life Pictures/Getty Images）

13 チューインガムとチョコレート――1959年の横須賀にて。アメリカの軍事的、文化的影響は1952年に連合軍の占領が終わって以降も長期にわたって持続した。
（©Shomei Tomatsu, c/o Tepper Takayama Fine Arts）

ハヤカワ文庫 NF
〈NF488〉

日本－喪失と再起の物語

黒船、敗戦、そして3・11

〔上〕

デイヴィッド・ピリング
仲 達志訳

HAYAKAWA NONFICTION

早川書房
7938

BENDING ADVERSITY

Japan and the Art of Survival

by

David Pilling

Translated by
Tatsushi Naka
Published 2017 in Japan by
HAYAKAWA PUBLISHING, INC.
This book is published in Japan by
arrangement with
FELICITY BRYAN ASSOCIATES LTD.
through THE ENGLISH AGENCY (JAPAN) LTD.

イングリッド、ディラン、トラヴィス
そして母さんと父さんへ
愛と感謝を込めて

目次

第6章　転落の後に——転機としての一九九五年　217

第4部　ポスト成長神話　239

第7章　ジャパン・アズ・ナンバースリー——日本衰退論の嘘　240

＊訳註は〔 〕で示した。
＊登場人物の所属、肩書、年齢、機関や企業の名称などは原書執筆当時（二〇一三年）のもの。

下巻目次

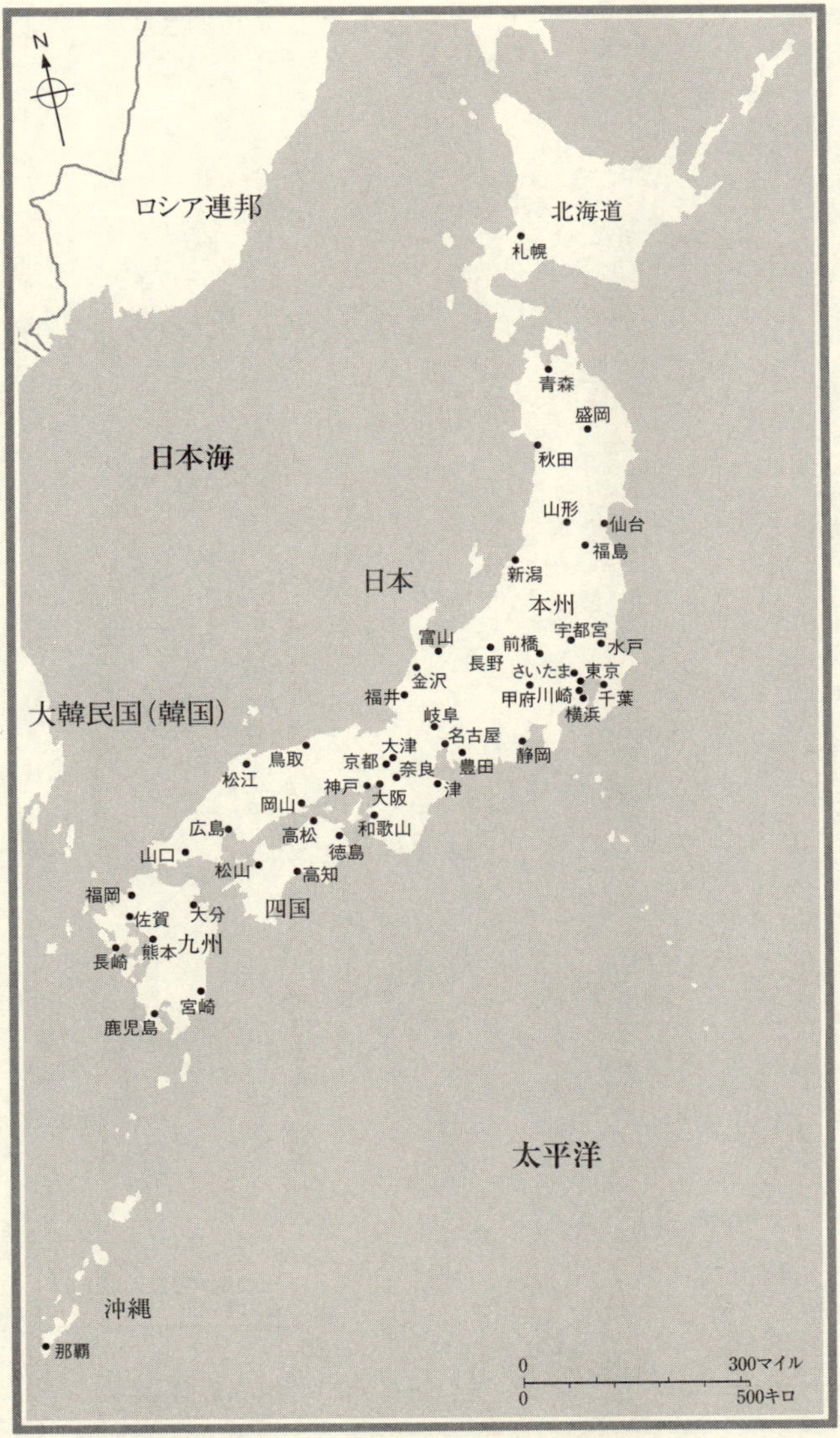
N
ロシア連邦
北海道
札幌
青森
盛岡
秋田
日本海
山形
仙台
福島
新潟
日本
本州
宇都宮
富山
前橋
水戸
長野
さいたま
東京
金沢
福井
甲府
川崎
千葉
大韓民国（韓国）
横浜
岐阜
名古屋
静岡
大津
鳥取
京都
豊田
松江
奈良
神戸
大阪
津
岡山
広島
高松
和歌山
山口
徳島
松山
高知
福岡
大分
四国
佐賀
九州
熊本
長崎
宮崎
鹿児島
太平洋
沖縄
那覇
0
300マイル
0
500キロ

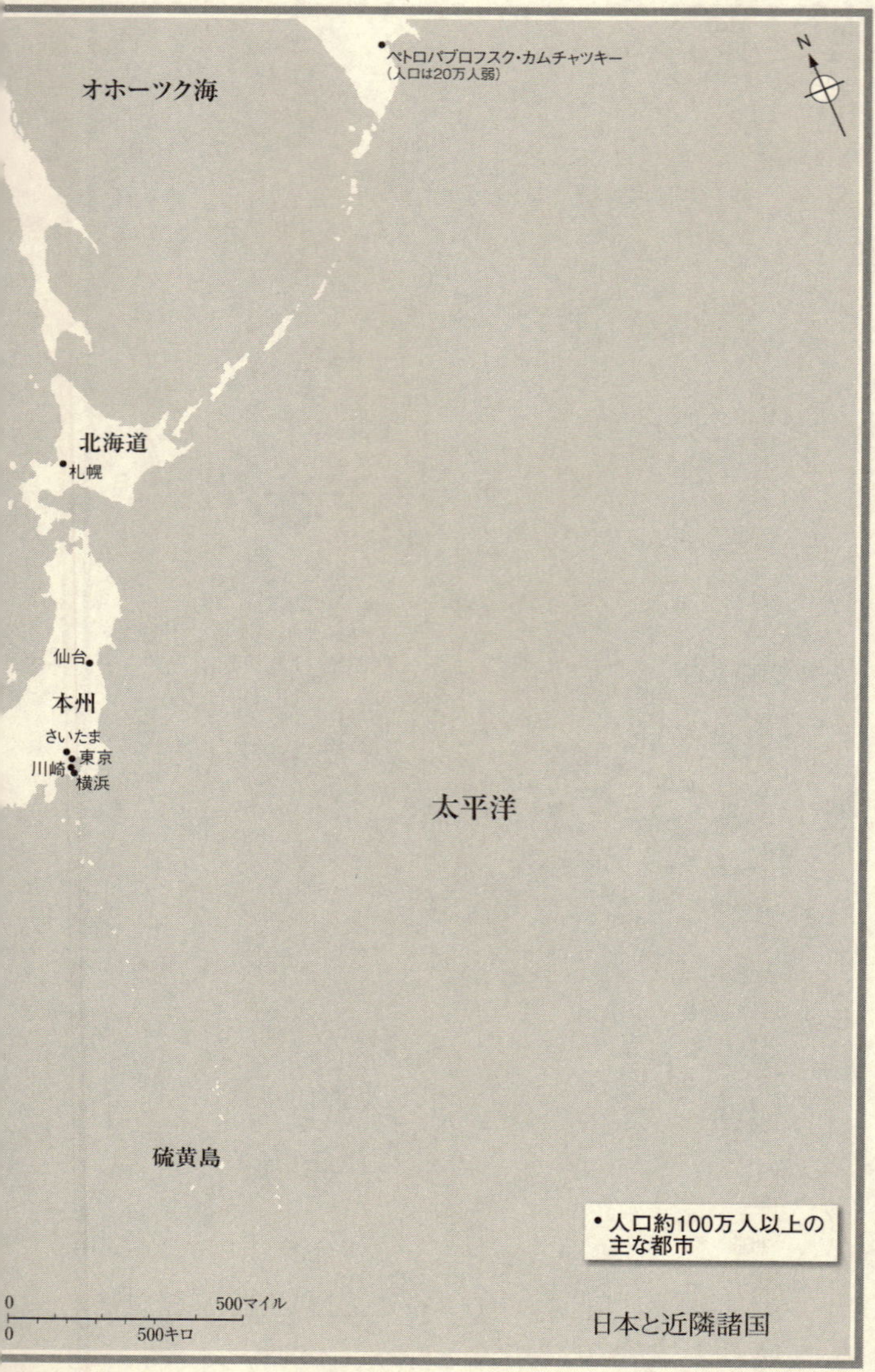
ペトロパブロフスク・カムチャツキー
（人口は20万人弱）
オホーツク海
北海道
札幌
仙台
本州
さいたま
東京
川崎
横浜
太平洋
硫黄島
• 人口約100万人以上の主な都市
0
500マイル
0
500キロ
N
日本と近隣諸国

ロシア連邦
哈爾浜
（ハルビン）
長春
吉林
ウラジオストク
（人口は60万人弱）
瀋陽
盤錦
鞍山
フフホト
包頭
大同
北京
唐山
天津
保定
大連
朝鮮民主主義人民共和国
日本海
平壌
太原
石家荘
煙台
ソウル
仁川
水原
大韓民国（韓国）
淄博
邯鄲
済南
濰坊
泰安
青島
大田
大邱
日本
名古屋
京都
神戸
大阪
蔚山
光州
釜山
昌原
臨沂
洛陽
鄭州
徐州
宿遷
黄海
広島
四国
淮安
福岡
南陽
阜陽
九州
揚州
合肥
南京
南通
六安
上海
馬鞍山
蘇州
常州
無錫
武漢
黄石
杭州
寧波
東シナ海
台州
長沙
南昌
湘潭
温州
中華人民共和国（中国）
沖縄
福州
尖閣諸島（中国名：釣魚島）
泉州
台北
新北
アモイ
台中
広州
東莞
台湾
深圳
台南
香港
高雄

N
宮古
岩手県
秋田県
釜石
大船渡
陸前高田
気仙沼
山形県
石巻
女川
宮城県
東北地方
太平洋沖地震の震央
仙台
相馬
南相馬市原町区
福島第一原子力発電所
福島県
いわき
栃木県
日立
茨城県
埼玉県
太平洋
東京都
千葉県
神奈川県
0
50マイル
0
100キロ

私たちは道を見失い、どちらの方向に進めばいいのかわからなくなっています。でもそれはとても自然なことだし、とても健全なことなのです。

村上春樹

二〇〇三年一月、東京にて

日本-喪失と再起の物語〔上〕

黒船、敗戦、そして3・11

まえがき

災いを転じて福となす

どんな本にも生まれるきっかけというものがある。本書の場合、その種子を運んできたのは一つの巨大な津波であった。二〇一一年三月の地震と津波が、私の中で日本について書きたいという意欲を芽生えさせたのだ。二〇〇一年から二〇〇八年まで海外特派員として日本に滞在した私は、当時もしばしば本を書いてみたいと考えることがあった。しかし報道記者に課せられる日々のプレッシャーや自分の中の切迫感の欠如もあって、その考えは単なる計画倒れに終わっていたのである。二〇〇八年の終わりに日本を離れると、関心はよそへ移っていった。だが二〇一一年三月一一日、あの地震が発生すると、私はすぐに日本に舞い戻った。震災直後とそれから数カ月間にわたって、この国が置かれた状況を報道するためだ。そこで目撃したのは、被害規模の大きさや被災地に広がる惨状にもかかわらず、日本の人々が逆境に敢然《かんぜん》と立ち向かおうとしている姿だった。それまで数年間にわたって自分の中で眠っていたアイデアがむくむくと頭をもたげてきた。描きたいと思ったのは、次々と押し寄せる国難——蒙古《もうこ》襲来〔元寇《げんこう》〕から度重《たびかさ》なる自然災害まで——に立ち向かい、その都度不屈の精神で乗り越えてきた国民の肖像であった。

それは私が日本に住んだ七年間に、取材や日常生活を通じて得た知識や体験に基づいたものになるだろう。その期間はちょうど、この国が景気後退や国家的な自信喪失に陥った時期と重なっていた。だが本書では、できる限り私自身の口からではなく、日本の人々自身の言葉を通じてこの物語を語ってもらおうと考えた。現代の日本は明らかに大きな困難に直面しながら、しばしば外の世界には見えないやり方で自分を変えたり状況に適応したりしてきた。本書で描かれる肖像は主としてそんな日本に焦点を当てており、同時に歴史的文脈に根差した記述にもなるはずだ。現代における出来事というものは、過去の歴史と照らし合わせなければ十分な理解にはまず到達できない。このことはもちろん日本にも当てはまる。世界で最も激しく現代性を追求し続けた都会的光景が展開されているにもかかわらず、果てしないコンクリートビル群の隙間《すきま》を縫《ぬ》って歴史と伝統が至る所に顔を出しているのだ。

つまり、本書で私が書きたかった再起の物語とは、あの津波の話だけではない。扱っているのははるかに幅広いテーマだ。だがその出発点となったのは、地震、津波、および原発事故の「三重災害」である。そこからいかに日本の各機関が、そしてこの点も同じく重要だが日本の人々が、逆境の歴史に立ち向かってきたかをひもといていくことになったのだ。危機的状況が続く中で称賛に値する行為を目にすることも多かったが、汚点も少なからず表面化した。それでも今回の悲劇は、私たちがそもそも記憶に留めておくべきだったある事実を思い出させてくれた。それは地球上でも有数の地殻が不安定なこの地域に住む人々が、並外れた回復力を有しているということだ。現在私が暮らしている香港《ホンコン》では、震災直後に店舗や避難所の外で列を乱さずに整然と並んでいる人々の映像に、多くの人が目を見張った。己を失うことなく静かに現状に立ち向かう被災者たちの姿に誰もが感銘を受け、震災に乗じた犯罪の少なさにも驚きを隠せなかった。二〇年間も続いた景気低迷の後で、尾羽《おは》打ち枯らした姿をさらしているはずのこの国が、あらゆる悲観論をはねのけるような強靭《きょうじん》さを発揮したのである。日本在住歴が長い作家のピコ・アイヤーは、今回の震災では「日本人の冷静さと地域社会でお互いを支え合う姿勢がとりわけ際立って見えました」と語っている。「これまで外の世界との違いばかりを強調したがっていたこの国が、突如としてより人間的で、人情味にあふれ、肝《きも》が据《す》わった一面があることを見せつけたのです」[1]

また今回の震災は、ほんのつかの間ではあるが、世界経済における日本の存在感がいまだに無視できないものであることを浮き彫りにした。大方の日本人にとってさえ初耳だったが、津波に襲われた東北地方には、米、魚介類、日本酒以外にも重要な生産物があった。産業の中心地と言える規模には程遠いが、世界のサプライチェーンにおいて不可欠な役割を担っていたのだ。中には自動車向けマイクロコントローラー（マイコン）で世界シェアの四〇％を占めている企業さえあった。マイコンとは自動車のパワーステアリングや液晶テレビの画面表示などを司《つかさど》る「小さな頭脳」である。主力生産拠点の工場が津波で破壊されると、地球の裏側の米ルイジアナ州では米自動車最大手ゼネラル・モーターズが工場の操業停止に追い込まれた。同様に福島第一原発の事故による電力不足で、すでに世界最大の液化天然ガス(LNG)輸入国だった日本はさらにLNG、石油、そしてついには石炭の輸入増にまで踏み切らざるを得なくなった。これは世界のエネルギー需要における重要な変動要因となった。

日本人が「日本叩き《ジャパンバッシング》」と呼ぶ現象が起きるのは、日本が世界経済における重要性を失っていないことの証しでもある。たとえば、「スイス叩き」がそこまでは起きないのは誰もその価値があると思っていないからだ。同国経済も一九九〇年代には成長率が約一%と低迷し、日本的な意味で「失われた一〇年」を経験した。重要な金融センターであることは確かだが、日本と違って経済規模が小さめなのが玉《たま》に瑕《きず》だ。一方、日本経済は相対的には縮小したが、いまだに世界の名目GDP(国内総生産)の八・二%を占めている。アメリカの二二・三%、イギリスの三・四%と比べても決して見劣りしない数字だ。また日本は世界最大の債務国であるという誤った印象〔本当はアメリカ〕を持たれることがあるが、実際には最大の債権国である。現在でも外貨準備高は世界第二位で、二〇一二年までには米国債の最大保有国の地位を中国と再び争うようになった。津波によって日本が危機的状況に陥ったがために、世界はつかの間ではあるがこれらの見落とされがちな事実を再認識させられた。この国がまさに難局に直面している時に、その重要性に気付かされる人々がいるとは何とも皮肉な話である。

その一方で、震災は日本の脆弱性も浮き彫りにした。津波が道路などの社会インフラや工場などに与えた被害総額はGDPの数%に達した〔三月下旬の段階で世界銀行は約一九兆円、日本政府も原発事故被害を除いても一六兆から二五兆円に達するという試算を発表していた」。そのため、すでに低迷していた日本経済はこれでとどめを刺されるだろうと予想した識者も少なくなかった。少なくとも製造拠点を徐々に海外に移していく空洞化が今まで以上に加速するだろうというのだ。移転先は、中国をはじめとする人件費の安い国々である。そうした経済的な脆弱《ぜいじゃく》性《せい》より始末が悪いのは、震災で露呈《ろてい》した国家的な機能不全だった。福島第一原発の事故はこの国の官僚機構や指導者層がパターナリズム〔家父長主義。政府を通じた官僚支配による中央集権的で公共事業中心の政策を表す〕、自己満足、そして欺瞞《ぎまん》にむしばまれていることを白日の下にさらした。地球上で最も地震が起きやすい日本で原発が大惨事を引き起こすリスクや、津波被害を受けやすい海岸沿いに原発を建設することの危険性は十分に予測可能だったはずだ。だが官僚、政治家、それに原発事業者らは日本の技術力と組織力を過信するあまり、正しい判断ができなくなっていた。政府の防災対策の不備はそれ以外の面でも露呈した。一部の高齢者施設では、避難経路の確保や手順確認が不十分かまったく行なわれていなかったのだ。震災後も、中央政府が被災地のニーズを把握して必要な財政援助や技術的支援を行なうまでにあまりにも時間がかかりすぎた。東北人の伝説的な我慢強さをいいことに対応が遅れた面は否定できないだろう。二〇〇五年のハリケーン・カトリーナへの米政府の反応の鈍さと比べればはるかにましだったかもしれないが、日本政府による対応にも大いに改善の余地があった。

それでも日本の歴史を振り返れば、重大な国家的危機がこの国に何度も決定的な転機をもたらしてきたことは明らかだ。惰眠《だみん》を貪《むさぼ》ってきたこの国を震災が文字通り揺さぶり起こし、かつての活力がよみがえることを期待する声も一部にあった。『敗北を抱きしめて』は、外国人研究者によって書かれた戦後日本の歴史としてはおそらく最も優れた作品と言えるだろう。同書の著者ジョン・ダワーによれば、この種の危機に直面した国家はすべてが明快になる瞬間を経験することがあるという。「何かがこじ開けられることによって動き出すことがあるのです」と彼は震災からまだ間もない頃に私に語ったことがある。今回の悲劇は政治家や官僚だけでなく、ごく普通の日本人にも優先順位を再考して社会を作り変える新たなチャンスをもたらしたというのだ。ダワーはさらにこう問い掛けた。「問題は、今回もまた彼らがそれに成功するかどうかです。新たな発想は、麻痺《まひ》して融通《ゆうずう》が利かなくなったシステムに抑圧されてしまうのでしょうか？　それとも今回のことを契機に、より参加型の民主主義が実現する道が開かれ、過去に時折あったように、現状打破のために国民が結集する事態にまで発展するのでしょうか？[2]」

本書の英文タイトル *Bending Adversity* は日本語のことわざ「災《わざわ》いを転じて福となす」から取られている。日本には、歴史上何度も逆境に直面しては乗り越えてきた卓越した実績がある。アジアで列強《れっきょう》の植民地支配の餌食《えじき》になることを免《まぬが》れた事実上唯一の国でもある。第二次世界大戦で惨敗した後、一九四五年以降は敗戦の記憶を打ち消すかのように目覚ましい経済発展を遂げ、中国を含むアジア全域に大きなインパクトをもたらした。開国と敗戦という二つの危機に見舞われた日本は見事に逆境から抜け出す道を探し当てたのだ。その一方で時には逆境をチャンスに変えられず、反対に環境に左右されてしまうこともあった。四方を海という天然の要害に囲まれているために安全が確保され、国家として強い自意識を発展させたが、同時に地理的要因に縛られたり島国根性で視野を狭くしたりすることも少なくなかった。一九世紀には列強の植民地主義的野心を撃退しようと苦闘したあげく、自らも帝国主義的な行動に走り、数百万人もの命を犠牲にしただけでなく、国家滅亡の一歩手前まで行った。これが逆境をバネにすることであるなら、おそらく何もしない方がまだましだったであろう。戦後の奇跡的な経済成長ではさまざまな分野で目覚ましい成果を上げたにもかかわらず、一部には精神性皆無の蓄財競争で成功したに過ぎないと嘆く声もあった。つまり戦争や他国の征服で獲得できなかった国際的な名声を、製造業やビジネスを通じて勝ち取ろうとしたようにしか見えないというのだ。日本は経済発展のカギを発見したが、もしかするとその過程で自国にとって大切な何かを失ってしまったのかもしれない。

そして今、日本はその経済的な活力さえ失ってしまっている。ベストセラー作家の村上春樹《むらかみはるき》は、逆説的ではあるがこれをきっかけに日本は本来の自分を取り戻すかもしれないと私に語ったことがある。バブル崩壊後に漂流し始めた日本はある種の実存的不安に襲われ、どの方向に進むべきかわからず模索を重ねていた。今の日本は道を見失っているがそれは必ずしも悪いことではないと村上は言った。ある友人の女性は最近のメールで、日本人が直面している状況を村上とよく似た表現で描写していた。「誰もが道に迷っています。彼らは模範とすべき相手を見失い、自分のことさえも見失ってしまったのです」。だが古い何かが消え去った今こそ、それに替わる新しい何かが始まる可能性がある。少なくとも逆境をバネにしてより良い何かを作り出すチャンスがそこにあるように思えるのだ。

見当違いの悲観論

私が日本に到着したのは二〇〇一年の冬のことだった。東京で海外特派員の仕事を始める前に、金沢《かなざわ》で、ある日本人の家族と一ヵ月間一緒に暮らしながら日本語の勉強を始めることにしたのだ。金沢は、岩だらけの海岸が特徴的な日本海に面した魅力的な城下町で、中世からの古い街並みを残していることから「小京都」と呼ばれることがある。サムライのお屋敷〔武家屋敷跡〕の区画とゲイシャのお屋敷〔茶屋〕の区画があり、兼六園《けんろくえん》という有名な日本庭園があることでも知られている（日本では優劣つけがたい名勝を「日本三景」のようにくって呼ぶことが多いが、この庭園も日本三名園の一つに数えられている）。また陶芸家、金《きん》箔《ぱく》職人、能楽《のうがく》師などが活発な芸術家コミュニティを形成していた。

ロンドン発の飛行機を降りると、初日からすぐに一六世紀に築造された堀のある城の中に連れて行かれた。それは壮大な白塗りの建造物で、岩を積み上げた巨大な石垣の上に建てられていた。その日、私はそこでお茶会に招かれたのだ。城の敷地内には壇《だん》になったあずまやのような場所があり、そこに数十人の人々が集まって会が始まるのを待っていた。私は「ホストマザー」の西田《にしだ》夫人に案内されて最前列に座らされた。会の様子を至近距離で観察できるようにという配慮だった。和服を着た女性が低まった炉《ろ》でお湯を沸かし、緑色の粉末を木製のさじですくうと長い刷毛《はけ》〔茶筅《ちやせん》〕で泡立て始めた。女性の動きは膝の折り方から茶器の扱いに至るまで、無駄な動きがなく一切が合理的であった。茶道の長い歴史の中で行なわれてきた無数のお茶会でも同じような動作が繰り返されてきたはずだ。私は他の皆と同じように膝をそろえて畳み、ぴんと背筋を伸ばす正座《せいざ》スタイルで座っていた。最初の二、三分は苦痛だったが、やがて足がその姿勢に慣れてくると周囲の様子をじっくり観察できるようになった。お茶をいただく前に非常に上品な手作りのお菓子が振る舞われた。私たちは大きな木製の楊枝《ようじ》のような道具を使って、それを一口ずつ食べられるように小さく切り分けた。それから焼かれた粘土を通じてお茶の温度が伝わってくるのを感じながら、茶器の形やうわぐすりのかかり具合を熱心に調べた。最後に茶器を二回、四分の一回転ずつさせた後、心地よい苦みのあるヒスイ色の液体を音を立てて素早く飲み干した。

日本は演技と役割を大切にする国である。この国では誰もが何世紀にもわたって続けられてきた演劇の中で自分の役割を演じる役者となるのだ。ここではあらゆる行動が習慣で決められている。お茶会が終わると参加者たちは次々に腰を上げて立ち去っていった。ところが私の足は完全にしびれており、立ち上がることすら不可能だった。そこで壇上に一人取り残されたまま、数分間かけてうずくような痛みとともに足に少しずつ感覚が戻ってくるのを待った。今でもこの時の経験は、日本という国で私を待っている苦痛と快楽への一種の入会儀礼だったと思っている。

金沢に着いて何日もたたないうちに、自分を取り巻くこの未知の文化のすべてを体験し吸収してやろうという決意が固まった。出された料理はカニみそ、ウニ、生だこに至るまで何でも食べた。徐々にではあるが、日本人が作るほぼすべての料理はどんなになじみのないものであれ、新鮮で美味であることに気付いた。それどころかこれまで食べたどんな料理よりもおいしかったのだ。私は三七歳という年齢で日本語の勉強にどっぷり浸かり始めた。一連の検定試験に合格するために必要な二〇〇〇文字以上の漢字や不可解な文法構造を覚えたりもした（最終的にかなりすらすらと日本語を読めるようになり、たどたどしいながらもインタビューをこなせるようにさえなった。それでも自分の日本語はいまだに一八世紀のイギリス人文学者サミュエル・ジョンソンの言う「後ろ足で歩く犬」のようにぎこちない。だが年齢を考えれば、ここまで習得できただけでも望外の成功と言えるのではあるまいか）。

金沢に住んでいる間に大好きになったものの一つに、畳の上で送る生活がある。玄関で靴を脱ぎ、床に座ってテレビを見る。夜になると畳んであった布団を広げて寝る。畳が発するイグサ特有の匂いも心を和ませてくれた。風呂は足を伸ばすスペースがない四角い風呂桶にしゃがんで入る。湯船に浸かる前には必ず別の洗い場で体の汚れを徹底的に落とすのがマナーだ。時折、地元にある昔ながらのタイル張りの銭湯に歩いて行くこともあった。屋外にも硫黄臭がする水風呂と湯温がぬるめと熱めの三種類が用意されており、違った入浴体験を楽しめるようになっていた。脱衣室には革の擦り切れたマッサージチェアが複数置いてあった。

私は日本人が食事の前に手を合わせて「いただきます」と言って感謝を示すのを見て感動した。支払いの際に店員が「すみません」と謝ってきた時も同じ感想を抱いた。まるでせっかく築いた気持ちのいい関係が金を請求することで台無しになったとでも言いたげだ。室内における正しい席順も学んだ。来客は部屋で最も良い席とされる「上座《かみざ》」に通される。それは入口から最も遠い席、つまり過去のもっと危険な時代には奇襲を受けた際に最も安全な席であった。相手の気持ちをおもんぱかる日本的マナーへの理解も深めた。たとえば私の日本語の先生は、取引先との会話で自分が多忙だと言うのは失礼に当たると教えてくれた。なぜならそれは自分が相手よりも繁盛していることを暗に匂わせることになりかねないからだ。それ以外にも、安あがりな飲食店で食事をする時でさえ温かいおしぼりのサービスがあることや、雨が降った時にデパートの入口に濡れた傘にビニール袋を装着する装置が置かれることにも感動した。この国では社会的慣習が法律より強い力を持つことにも目を見張らざるを得なかった。路上でポイ捨てをする人間はほとんどいないし、電車やエレベーターの中で携帯の着信音に答えようとする人間もいない。その行為が違法だからではなく、人の迷惑になりたくないからだ。路上で携帯に出る時でさえ、日本人は口と携帯の上に手を被《かぶ》せてなるべく声が外に漏れないようにするのである。

東京に正式に着任すると、金沢の時と同様、すぐにこの街の魅力のとりこになった。都会の喧騒、劇場、美術館、それに驚くほど多種多様なレストラン、クラブ、バーの数々がこの都市をニューヨークのアジア版的な存在にしていた。ただし首都圏人口三六〇〇万人を擁する東京の方がはるかに規模は大きいのであるが。それでも東京は想像していたような顔のない大都市圏とはまったく違っていた。現代における大都市の大半は一種の村落集合体であると言われるが、東京ほどその描写が似合う都市はない。都内のほとんどの居住地域は、私の引っ越し先である東北沢《ひがしきたざわ》駅周辺も含めて、今でも村と言っていいほど小規模な一つの共同体を形成している。祭りの季節になると銀行員から建築現場の職人まで、あらゆる職種の人々が寄り集まって餅《もち》つきに参加する。夜には皆で綿に藍染《あいぞ》めをした法被《はっぴ》をまとい、素足に草履《ぞうり》履《ば》きという出で立ちでみこしを担ぎながら提灯《ちょうちん》に照らされた下町の狭い通りを練り歩くのだ。都内各地には数千単位の商店街が迷路のように広がっており、自家製の豆腐、伝統的な和菓子、花、寿司、果物、それに米などを売る小さな店舗が混雑した通りに軒を連ねている。その大半は掘立小屋程度の大きさしかない。裏通りはあまりにも狭いので車で乗りつけるのは至難の業だ。都内の大半の地域で最も利用されている交通手段は自転車である。

大きな公園の数は不足しているが、それを補って余りあるほどの鉢植えの草木が裏通りに並べられ、それ以外の植物も都内のありとあらゆる隙間や割れ目から芽を吹き出している。東京からは、意外なほど自然に近い印象を受けることがある。まるで地上のビルがある時一斉に地面に引っ込んでしまうのではないかと勘繰りたくなるほどだ。夏になると車の騒音をかき消すほどの大音量でセミが鳴き始める。一部のレストランでは照明を暗くしてホタルを解き放ち、屋外の闇の中で光が点滅する様子を客に見せるサービスを行なっている。都内にはキツネ、魚、それにウナギを祀《まつ》っている神社さえある。私の脳裏に最も深く焼き付いた光景の一つに、新宿御苑《しんじゅくぎょえん》の外で見掛けた三人の警察官の姿がある。季節は春で、青い制服を着た三人は最後に一つだけ花の残った桜の木をこれ以上ないほどの真剣な表情で見上げていた。

あきれるほど低い犯罪率のおかげで、他にすることもなかったのだろう。彼らは死体と血まみれのナイフが転がる殺人現場に遭遇したかのような熱心さで桜を見詰め続けていた。

私は可能な限り日本社会の広い層に直接会って話を聞く決意を固め、その準備に取り掛かった。取材先候補のリストには村上春樹や大江《おおえ》健三郎《けんざぶろう》といった著名な小説家から当時首相だった小泉純一郎《こいずみじゅんいちろう》まで含まれていた。実業家、銀行家、政治家、官僚、芸者、歌舞伎俳優、それに大相撲の力士にも会ったし、ごく平凡な人たちからも非凡な人たちからもまんべんなく話を聞いた。自動車工場の工員、医療従事者、活動家、保守派、リベラル派の学校教師、伝統的な神主《かんぬし》、ティーンエージャーから八十代のお年寄りまで含まれていた。いらいらしたり嫌な思いをしたりすることも少なくなかったが、全体として見れば日本は、住むにはとても魅力的な場所だった。とりわけ私の場合、極めて円滑に機能する日本社会の恩恵をすべて享受しながら何の責任も果たさずに済む外国人としての立場も有利に働いた。一国の「生活の質」を一つ一つ丁寧に包装されたビスケットや地元の地下鉄駅で常に清潔に保たれた魚の水槽で測れるとしたら、日本はどこと比べても楽勝だろう。カフェでテーブルの上にノートパソコンを置きっ放しにしても盗まれる心配はない。金融危機による深刻な景気後退が何年も続いたにもかかわらず、社会的な摩擦や不和は目に見える形ではほとんど表面化していない。一体、こんな国が世界のどこに存在するだろう？

当時、日本に関して書かれた記事や本にはどこまでも悲観的か、冷笑的で辛辣《しんらつ》な内容のものが多かった。だが、そうした分析は、周囲で日頃目にしていた概して快適な社会の実像とは懸け離れていた。私が来日したのは最初の「失われた一〇年」の末期で、すでに第二の「失われた一〇年」へと続く深刻な不況が始まっていた。だが日本が経済的に苦境に陥っているという兆候はほとんど見られなかった。少なくとも母国イギリスで見慣れた光景と比べても困窮の度合いははるかに低かった。確かに、日本は非常に大きな問題を抱えていた。社会の高齢化、驚くほど高い自殺率、学校のいじめ問題、拡大を続ける巨額の財政赤字、経済の行き詰まり、エレクトロニクス産業の衰退などである。ところが国民の側には危機意識はほとんど皆無であった(それこそが最大の問題なのだと指摘する声もあったが)。全般的に見れば、日本は裕福なだけでなく、いろいろな意味で活気のある社会で、極めて日本的であると同時に極めて現代的であることにもまったく違和感を覚えることなく暮らせる社会だった。

本当に困窮している人々に会いたいなら快適な東京を離れて、貧しい田舎町や高齢者しか残っていない過疎化した農村地域を訪れるべきだ。多くの人たちからそう言われた。その後、全国各地への取材旅行を繰り返すうちにほぼ全都道府県を訪れる機会があり、確かに日本の不吉な未来を予感させるような窮乏した地域も存在することを知った。中には貧困地帯としか呼びようのない場所さえあった。そこで目にしたのはシャッター街と化した目抜き通り、斜陽化した地場産業、それに村に残された大勢の八十代の高齢者たちがほとんど外部からの援助なしで必死にやりくりしている姿である。意欲を持てず、方向性を見失った生活を送っている人たちもいたが、とりわけ若年層にそういう傾向が目立った。だがそれ以外のほとんどの場所では、地域社会はおおむね無傷のままで従来通りの生活を続けることに何の不安も感じていなかった。もちろんその間にも新たな状況に適応するための努力は続けられていた。

外国の現状を楽観視するか悲観視するかは、分析する人間の気質に大きく左右されるかもしれない。本書が現代日本の状況を他の著作より肯定的に描いているとしても、それが筆者の視点の甘さによるものであると誤解されないことを願っている。何しろ、この本には日本についてかなり手厳しいことも書かれているからだ。それでもこれだけは言っておきたい。日本関連の報道に目立つどこまでも悲観的な論調は、箸《はし》にも棒《ぼう》にも掛からない一九八〇年代の日本賛美論と同じくらい見当違いだ。当時、日本経済の勢いはもはや誰にも止められず、世界制覇も時間の問題だと多くの専門家が考えていた。ところが現在の日本に対する見方は悲観論を通り越して、急速な衰退が避けられないというのが定番になってしまった。それによれば日本が活力を取り戻すことはもはやありえず、後はずぶずぶと沈んでいく運命だという。なぜなら産業は斜陽化し、女性は抑圧され、自殺率は異常に高く、社会は閉鎖的で財政赤字の解消は不可能だからだというのだ。確かに真実を突いている部分もあるが、それは一面的な物の見方に過ぎない。子どもじみた執着やティーンエージャーの「引きこもり」が激増していることを根拠に、日本は精神的に病んだ状態に近いという説も一部に浮上している。だがそれはアメリカという国を描写するのに銃乱射事件、薬物乱用、それに都会における人種と階層による「住み分け」などの偏った要素だけを引き合いに出すようなものだ。それはまたイギリスの暗部だけをあげつらって、フーリガン行為や夜間に刺殺事件が多発する階級社会だと極論することに等しい。これらは実像を知る者にとってはかなりデフォルメされた肖像でしかない。どんな国を評価する際にももっとバランスの取れた視点が必要だし、その点では日本も例外ではない。この国は多くの問題を抱えているにもかかわらず、いまだに高い回復能力と適応能力を維持している。歴史上何度も繰り返してきたように、日本にはこれらの難題の多くに正面から立ち向かい、最終的には乗り越える力があるはずだ(もっともこれらの問題は決して、しばしば考えられているように日本だけに特有のものとは限らない)。

日本における変化の生じ方は、数ある神社の頂点に立つ伊勢《いせ》神宮《じんぐう》の遷宮《せんぐう》にたとえられることがある。伊勢神宮の建築の源流は一説によれば紀元三世紀頃にまでさかのぼれるという。神宮自体は一般的に考えられているような単一の建築物ではない。合わせて一二五もの宮社から成り立っており、それらを総称して「神宮」と呼んでいるのだ。しかも、これらの宮社にはそれぞれ異なる神が祀られている。周囲を取り囲む広大な鎮守《ちんじゅ》の森も神聖視されているため、伊勢神宮はロンドンで言うならセント・ポール大聖堂というよりは王立公園のハイド・パークに神々を祀ったような存在に近い。二〇年に一度、シンプルな木造建築の社殿は取り壊されて更地にされ、以前と寸分違わぬ形で建て替えられる。つまり見方によっては、伊勢神宮の歴史は二〇〇〇年前から続いているとも二〇年前に始まったばかりだとも言えることになる。同様に日本も驚くべき変容を遂げる能力があることを何度も証明してきたが、新たな出発点となったのは常に自らの過去や信念であった。つまり自らを立て直す能力はあるが、常に以前と同じ材料を使うことが前提条件となっているのだ。ヘンリー・キッシンジャー元米国務長官は、中国の初代国家主席である毛沢東《マオ・ツォートン》の右腕だった周恩来《チョウ・エンライ》との会談で、日本の急激な変化を可能にしているのは同国を支配する「部族的な視野」だと語ったことがある。日本が過去に何度も発揮してきた自らを根本的に改変し活性化させる能力は、この強固な自意識に基づいているのだ、と。その点ではアメリカも含めて自国の特殊性を信じる他の国々と何ら変わる点はない。「日本は自国の社会があまりにも異質なので、どんな状況に社会を適合させても国の本質を守れると考えている」とキッシンジャーは言った。「だからこそ日本は突如として驚くべき大変化を遂げることが可能なのだ。二、三年で封建制度から天皇崇拝へ移行し、三カ月で天皇崇拝から民主主義に移行できたのもそのためだ」[3]

複雑で多様な日本

社会学者の杉本良夫《すぎもとよしお》は、日本の分析を試みる者は「『日本賛美派』か『日本叩き派』のどちらかにくみする誘惑に負けてしまう傾向がある」と書いている。その結果、「すべてを白か黒に分けた単純化された日本社会像が出来上がる」[4]というのだ。確かに外国人の日本ウォッチャーの中には（長年にわたってこの国から離れられないでいる人々も含めて）、日本は手のつけられない外国人嫌いで女嫌い、しかも社会は階層化されていて新しい考え方を受容せず、自らの歴史を直視することすらできないと考えている人たちがいる。その一方で、私が金沢で垣間見たような社会的結束、伝統や礼儀を重んじる態度、向上心、そして比較的平等な社会を日本で確認できたという人たちもいる。だがこれら二つの見方は決して相矛盾しているわけではない。杉本はこうした「望ましい要素と望ましくない要素の両方が連結した」状況を理解するには、一方を追求すれば他方が犠牲になる「トレードオフ」の考え方を応用すべきだと主張している。

たとえば、日本の伝統芸能「文楽《ぶんらく》」について考えてみよう。人形浄瑠璃《にんぎょうじょうるり》とも呼ばれるこの演芸は一体の人形を三人で操るものだが、人形遣いが弟子入りしてから一人前になるまでには三〇年かかるという。これにはまったく敬服せざるを得ないが、弟子はまず一〇年間にわたって人形の足だけを担当させられる。それが終わると初めて左腕をまかされるようになる。それを一〇年続けるとようやく頭と右腕を操ることが許される。それでも本当の意味で名人と認められるまでにはさらに一〇年の歳月を要するのだ。公演によっては三人の人形遣いのうち「主遣《おもづか》い」だけが顔を隠さずに登場することがあるが、それは彼が到達した芸境の高さを示している。一方、残りの二人（「左遣い」と「足遣い」）は観客の気をそらさないように黒い頭巾《ずきん》で顔を隠している。こうした指導の厳しさはほぼあらゆる職業に通じるものがある。寿司職人の中には弟子に何年間も魚に触らせない者もいるし、ある盆栽職人は弟子入りして三年間無償で働いた後にようやく師匠に木の剪定《せんてい》を許されたという話をしてくれた。私自身、レストランの厨房から工場の作業フロアまで、全国各地のあらゆる現場で最高の品質基準を目にしてきたが、その背景にはこうした芸の細部や作法に対する異常なまでのこだわりがあるのだろう。タイルの隙間を埋めるセメントを定期的に歯ブラシでこすって掃除するような人々は世界中を探しても日本にしかいない。それでも、これだけは指摘しておいてもいいだろう。弟子は完全無欠の師匠から英知を授かるものだというのは、いかにも時代遅れな考えだ。それによって生じたつまらない規律で若者を縛れば、革新的なアイデアを抑圧し、精神をくじくことにもなりかねない。たとえば芸術家の草間彌生《くさまやよい》は、師匠と弟子の関係は彼女に「吐き気を催させる」と私に語ったことがある。彼女の作品は絵画や彫刻の表面から無制限に湧き出すような水玉模様のモチーフを特徴としている。草間は自分の才能を開花させるために日本を脱出し、渡米することを選んだ。日本社会が生み出す製品や作品に対する称賛と、それらが生まれた経緯を肯定できない気持ちにどう折り合いをつけるか。それは不可能でないにせよ簡単には解決し難い問題だ。

もう一つ別の例を挙げれば、外国人がよくばかにする日本企業の朝の体操がある。それは我々にはどうしても滑稽な「集団思考《グループシンク》」の兆候に過ぎないように思えてしまう。私も東京にいた頃はよく窓から建築現場を見下ろして、作業員たちがまったく同じ制服を着て集団で朝の運動をする様子をにやにやしながら眺めていたものだ。しかし同時に、心の中では日本人の健康と福祉に間違いなく貢献しているはずの習慣をひそかに称賛する気持ちも芽生えていた。日本国民の多くはかなり年配の層でもうらやましいほどスリムで動作もきびきびしている。それに排他的な会員制フィットネスクラブではなく、誰もが平等に参加できるように運動を「民主化」するのは悪いことではない。

こうした「トレードオフ」はどんな社会にも存在するが、この理論はとりわけ日本について考える際に有用だ。たとえば日本企業は効率改善のために社員を解雇することに及び腰すぎるとしばしば批判されている。企業の主要な関心が利益の最大化になければ自己資本利益率（ROE）が下がるので、それは株主にとって有害と見なされるからだ。アメリカのように活気にあふれた経済では常に労働力と資源をより生産的な部門に移し替え、古い産業を解体して新しい産業を創出している。しかし日本的慣行はこうした創造的破壊の力を弱めてしまう。その一方で日本の失業率は四％程度で推移している。これは他の多くの国々と比べてもはるかに低い数字で、日本政府が失業給付に費やす額を低く抑え、社会的にも長期失業による犯罪発生率の上昇や健康被害を防げるというメリットがある。確かに企業の生産性低下という形で「トレードオフ」が成立するかもしれないし、長い目で見れば、より冷酷に効率性を追求する経済の方が成功する確率は高いかもしれない。だが、資本主義において資本提供者である株主《シェアホルダー》を重視する戦略と従業員を含む企業の利害関係者《ステークホルダー》全体を重視する戦略との間でどう適正なバランスを取るかは、あらゆる民主社会にとって議論する価値のある問題だ。

この「トレードオフ理論」は極論すれば、日本の最大の欠点としばしば指摘される内向きの「ガラパゴス化した精神構造《メンタリティ》」にさえ応用できるかもしれない。当然のことながら、この問題は極めて否定的に取り上げられるケースがほとんどだ。それは一九世紀の開明的な思想家、福沢諭吉《ふくざわゆきち》がかつて望んだ「西洋の文明国と進退を共にする」ことへの大きな障害となってきたし、今も障害であり続けている。たとえば、海外の投資家や移民に対するあまりにも閉鎖的な政策はかえって日本の利益を損なっている。その一方で、日本の美点として称賛されることが多い特質がこれまで維持されてきたのは、国家として自らの特殊性を強く意識してきたためでもある。京都近郊〔主に奈良〕で二五年間暮らしてきた作家のピコ・アイヤーは、もし日本社会が今より開放的だったら、彼をいつも楽しませてくれる日本文化の奇妙なところが消滅してしまうだろうと語ったことがある。「自分たちの集団の内と外にいる者を峻別《しゅんべつ》する強烈な意識が働いているからこそ、日本はこれほど均一で調和の取れた社会でいられるのです」と彼は言った。「日本社会は誰もが同じ楽曲を演じるオーケストラのようなものです。どの演奏者も自分が受け持つパートを完璧に覚えているので、各自が自分の仕事をこなしさえすれば、見事な演奏が期待できるのです」。一方、海外からの訪問者の中にはこれほど寛容になれなかった者もいる。たとえば、映画化もされた小説『クラウド・アトラス』の作者デイヴィッド・ミッチェルは、日本人の妻と二人の子どもたちと共に萩《はぎ》市で暮らしていた時の体験を語ってくれたことがある。萩は中国地方の西部にある都市で、極めて閉鎖的な空気の残る城下町だという。子どもたちは級友たちの母親から日常的に「ハーフ」と呼ばれていた。これは父親か母親が外国人である場合に普通に使われる表現で、日本人にとっては差別的な意味合いを含むものではない。だがこの単語の使用に不快感を覚えたミッチェルは、自分の子どもは「半分（half）」ではなく「両方（both）」であり、欠けるもののない一人の人格なのだと何時間もかけて説明しようとした。結局、日本人は文化的な「周縁や境界線」で暮らす適性を欠いているという結論に達した彼は、一年後に妻と幼い子どもたちを連れてアイルランドに引っ越した。

杉本の「トレードオフ理論」は常に完璧に機能するとは限らない。それが誤った二項対立を生み出してしまう場合もあるからだ。たとえば、日本がもっと開放的で国際化の進んだ国になったとしても、今まで通りに礼儀正しくて調和の取れた社会を維持できる可能性は決して低くはない。強靭で自信に満ちた社会には、海外からの影響や移民を社会的均衡が崩れないようにうまく吸収できる力があるはずだ。それゆえ日本も国内の大学を外国人留学生に全面的に開放し、自国からももっと多くの若者たちが世界に向けて羽ばたけるように支援する方が賢明だろう。ちょうど明治時代の先駆者たちが新たなアイデアを求めて海外に旅立った時と同じように。もしかするとそこから日本が低い失業率を維持しつつ企業経営を効率化させる方策や、徹底した個人主義者でありながら集団で朝の体操に参加することをいとわない新世代の若者たちを育てる方法が見つかるかもしれない。もちろん複雑に入り組んだ社会制度を改革するのは決して容易なことではない。それらの長所とされる特徴はしばしば弱点でもあり、その逆もまた真であるからだ。文化は食堂のメニューのように一品ずつ注文するわけにはいかない。常に全体へ目配りしておく必要があるのだ。

そのこともあって、本書では具体的な提案や対策にはほとんどページを割いていない。なので、日本経済復活の処方箋や日本人の「ものの見方」を根本から変える方法を求めて本書を手にした読者は失望するかもしれない。念のために記しておくと、従来から提示されている処方箋にも賛同できるものがないわけではない。たとえば、今の日本であまりにも閉鎖的で保守的な部分を改善できればこの国はもっと良くなるはずだ。比較的最近の出来事である第二次世界大戦中の暴力的な歴史についても認識不足を改める必要があるし、女性がもっと能力を発揮できるように社会進出を後押しすべきだろう。また、より参加型の民主主義を育み、機能不全に陥った政治制度の安定化を図れば大いに得るところがあるに違いない。同時に、経済成長を促進するためには一層の努力が必要だ。そのためには経済の自由化、より開放的な貿易政策、それに、より積極的な金融政策を組み合わせるのがいいかもしれない。さらに、教育制度を改革してもっと独創的な発想をする人間を育てたり、大胆なリスクを取る企業家が育つような環境を整備したりすれば、日本はもっと活気のある社会になれるはずだ。中期的対応としてはやはり財政赤字問題に正面から取り組むために増税か歳出削減、あるいはその両者が必要になるだろう。もっとも言うだけなら誰にでもできる。これまでにも多くの学者や政策立案者が同じような提言を行なってきた。問題があまりにも明確なので、日本が「すべきこと」を箇条書きにするのは比較的容易な作業だとも言える。しかし字面だけ体裁を整えてもそれらが満足のいく解決策になるとは限らないのである。

本書で書きたかったのは、将来の日本がどうあるべきかではなく、現在の日本が私の目にどう映っているかである。私にとって日本は常に適応と進化の過渡期にある社会であった。時にその独特のやり方にもどかしい思いをさせられることがあっても、その考えは変わっていない。日本を型にはまった不変の社会であるとか同質社会であるとか考えるのはもうやめにすべきだ。日本人は自国が他に例のない調和の取れた社会であると考えたがる傾向があるが、他国と同様、この国にも階級、地域、性差、年齢などによる対立があるし、主流派の文化に対抗する非主流派（サブカルチャー）が存在し、社会構造の変化によって流動化することもある。だから「日本人はこう考える」というフレーズで始まる発言はまず疑ってかかった方がいい。この複雑な現実に配慮し、日本人の多様性と騒々しい不協和音をじかに感じてもらえるように、本書では可能な限り取材対象者に自らの言葉で語ってもらうように努めた。時には彼らの意見に反論を試みることもあるが、多くの場合、なるべく編集の手を加えずに生の言葉をお伝えするようにした。

逆境、適応、そして回復力

本書の第1部「津波《TSUNAMI》」に記したのは、ごく普通の人々が二〇一一年三月一一日の大震災の直後にどう行動したかである。とりわけ中心的に取り上げたのは、あの恐るべき災害で最も大きな被害を受けた沿岸地域の住民だ。地震発生直後に来日した私は一〇日間を取材に費やし、その後数カ月間にわたって何度も日本の土を踏んだだけでなく、翌年も取材を続行した。そして当時行なったインタビューや他のメディアから得た情報を基に、人口約二万三〇〇〇人の岩手県陸前高田《りくぜんたかた》市で何が起きたのかを再構成した。その近くにある大船渡《おおふなと》市も震災から数日後、数週間後、そして数カ月後の数度にわたって訪れ、その時々の印象を記している。これらの章では東日本大震災という単一の出来事を通じて、日本国民がいかに驚くべき回復力を有しているかという本書を貫くテーマを明らかにする。その一方で、日本がいかにさまざまな状況に適応し、多くの危機を乗り越えてきたかをより深く理解するには、この国の歴史と文化をもっと掘り下げて調べてみる必要がある。そうすることで、地震、津波、火山噴火、そして台風などの脅威に絶えずさらされてきた日本が、長年どのように「逆境に備えて」[5]きたのかを明らかにできるはずだからだ。

第2部「二重に錠のかかった国」の最初の章では、まず日本が自らを特殊な国と考えるに至った経緯を明らかにする。地理的にはアジアに位置し、驚異的な経済発展によって現在最も注目を集める中国とは海を隔てた隣人同士である。日本の回復力は、自国がどの国からも孤立しているという自意識から生じている部分がある。だが私はそれが長所であると同時に弱点にもなりうる理由について説明する。一九世紀になると、日本は優れた技術力を持つ欧米の脅威に直面し、中国中心の世界観とはきっぱりと決別して西欧の「列強」を手本とするようになる。封建制度を廃止して近代化を目指したのである。その後、人種差別的で狂信的な天皇崇拝の旗印《はたじるし》の下で領土拡張に乗り出すが、その残忍で帝国主義的な試みは悲惨な結果に終わる。あげくの果てには悲劇的な敗戦と国家滅亡の危機にまで自国を追い込むことになるのだ。その結果、今日でも日本はアジア地域で孤立し、近隣諸国（とりわけ中国と韓国）との関係ではいまだに歴史問題を引きずっている。こうして日本は欧州の一部になれないばかりか、完全にアジアの一員にもなりきれず、あてもなく漂流しているように見える。外交的に唯一の頼みの綱はアメリカの「従属国」として結んでいる関係だけだ。アジア市場への株式投資について議論する際にも日本が除外されるケースが増え、「日本以外のアジア」という表現が定着した。

第3部「失われて戻ってきた二〇年」では、まず冒頭の章で戦後の荒廃から驚異的な復活を遂げ、一九七〇年代から八〇年代にかけて経済大国へと発展するまでの歴史を簡単におさらいする。もっと近年になると、一九九〇年のバブル崩壊と一九九五年の二つの危機の後で景気低迷が長期化することになる。二つの危機とは阪神・淡路大震災とオウム真理教による地下鉄サリン事件である。これは小説家の村上春樹も指摘していることだが、一九九五年は日本にとって一つの転換期であった。それはごく普通の日本の人々がもはやバブル期以前には決して戻れないことを痛感した年だったのだ。高度成長期の日本には欧米の生活水準に追いつこうというやや過剰なまでに強い意欲がみなぎっており、それが戦後の中心的な国家的課題となった。だが基本的にその目標を達成したにもかかわらず、日本はバブル崩壊によって国家的な目的意識を喪失した。それは日本語でガッツとか闘志を意味する根性を日本人から奪ってしまったように思えた。

第4部「ポスト成長神話」では、現代の日本がこうした状況にどう適応したかを追いかける。この時期の日本は一部で言われているように完全に停滞していたわけではないというのが本書の主張だ。もっとも適応には不十分な点もあり、日本はいまだ過渡期にある。経済について論じた二章となる、第7章「ジャパン・アズ・ナンバースリー」と第9章「ポスト成長の日本」（下巻）では、日本は一般的に評価されているよりも高い生活水準と社会的結束を維持することに成功したという主張を展開する。景気も決して好調とは言えなかったが、多くの人々が考えるほど不振でもなかった。やがてどこかの国の経済が不調に陥ると、それがどんな原因によるものでも「日本病」で片付けてしまおうとする知的怠惰《たいだ》が蔓延《まんえん》した。それでも、投資家の利益率や相対的な経済規模ではなく、日本人の生活水準だけを判断基準にした場合、過去二〇年間の日本はさほど悲惨な状態にあったわけではない。

日本が生活水準の大幅な低下を経験せずに済んでいるのは、部分的に（というよりおそらく主として）膨大な累積赤字のおかげと言えるが、それによって国民が将来どんなツケを払わされることになるのかは未知数だ。一部の専門家は、このままではいつか必ず大きな危機が訪れると警告している。日本政府はある時点で何らかの形でツケを払わずに済ませようとするはずだ。やり方としては、あからさまな債務不履行《デフォルト》か（可能性としては低い）、年金や医療などの社会保障コストを削減するか、インフレを起こして実質的な借金の額を徐々に下げていくかのいずれかだろう。だがそうなってから、あの時日本の指導層は根深い構造的問題にもっと早期に取り組むべきだったと後悔しても後の祭《あとのまつ》りである。日本は急激な改革よりもむしろ安定性の確保を優先してきた。長期的な経済活性化を実現するためには、企業の倒産や産業構造の転換をもっと積極的に受け入れるべきだったかもしれない。

もっとも欧州諸国とアメリカがようやく気付き始めたように、深刻な金融危機から復活するのは容易ではない。自由市場の堅持が国是に近いアメリカでさえ、いざとなれば銀行や自動車産業の破綻《はたん》を受け入れることを拒んだ。二〇一三年初頭のアメリカの失業率は約八％で、経済も回復の兆しを見せていたものの、いまだに低迷していた。イギリスの失業率も日本の倍近くあり、その経済規模は二〇〇八年から四％も縮小していた。スペインやギリシャなどが陥っている状況はそれよりはるかに深刻である。日本と同様、これらの国々も財政赤字の拡大や成長率鈍化への対応を迫られており、経済破綻を回避するためにかつて夢想だにしなかった実験的な金融政策を実施せざるを得なくなっていた。そんな中で、日本はしばしば反面教師と見なされてきた。だがこの国は資産バブル崩壊への対応がまずかったと言うよりは、むしろかなり巧みに対応したが、それでも二〇年間にわたる不況を経験したのである。もし対応を完全に誤っていれば、それこそ目も当てられない状況に陥っていただろう。これは教えを請う側としては、かなり暗澹《あんたん》とさせられる展開だった。もしバブル崩壊に関して世界が日本から学べる点があるとすれば、それは何があっても事前に回避すべしという点に尽きるかもしれない。

第8章「リーゼント頭のサムライ」では二〇〇一年から二〇〇六年まで続いた小泉政権時代を取り上げる。日本に彼ほどカリスマ的な首相が登場したのは一世代ぶりだった。それは急進的な改革を約束するリーダーの下に人々が結集した稀有な時代であった。小泉は低成長期に入った日本で沈滞した政治システムに新たな生命を吹き込もうとした。自らが所属する「自民党をぶっ壊し」、五〇年間続いた一党支配体制に終止符を打つと宣言した彼の予言は最終的には実現することになったが、旧体制に代わる強固な二大政党制はいまだにこの国に根を下ろしていない。日本の政治システムは今もってその任に堪える代物ではないのである。第10章「約束された道」と第11章「几帳《きちょう》の向こう側から」では戦後の「日本モデル」が崩壊した後に起きた社会変化を取り上げる。人生は以前よりも不安に満ち、多くの人々（とりわけ女性と若年層）にとって生活は不安定になった。だが安定性が崩壊すれば、そこには新たな機会も生まれるはずである。これらの章では日本人がどのようにしてこれらの課題に取り組んでいるのかを探っていく。

第5部「漂流」では、日本の影響力が衰退し、中国の台頭が目立つこの時代において、この国が直面する深刻な外交問題を取り上げる。中国の覚醒は、いまだ解決を見ない歴史認識の相違や周辺海域における領土問題もあって、日本にとって不安要素となっている。沖縄と台湾の間にある小さな無人島の集まりをめぐる中国との領有権争いは両国間の新たな火種となった。中国に対して感じている脅威は、日本の世界における地位や自らのアイデンティティーに関する古傷《ふるきず》がうずきだすきっかけとなった。

第6部「津波のあとで」では、日本社会において変化したことと変化しなかったことをより詳細に探っていく。福島第一原発の事故は「古い日本」のかなりの部分が無傷のまま残っていることを暗示している。原発事故に対する適切な処理を怠ったこと、そして国民に対して正直でなかったことは、この国の政治システムや官僚システムに大きな欠陥がある証拠だった。それでも震災後に現れたポジティブな側面にも注目しておきたい。たとえば、地球上のあらゆる場所から次々に義援金が寄せられたことは、この国が確かに世界とつながっていることを再認識するきっかけとなった。外務省のある女性担当者は、アフガニスタンのカンダハル市が現金をかき集めて五万ドルの復興資金を寄付してくれたと涙ぐみながら語った。

また、俳人《はいじん》や歌人《かじん》たちに愛された目を見張るような絶景があるにもかかわらず、東北は長らく、後進的な田舎として他の地域からないがしろにされてきた。だが今回の悲劇は国民が東北を見直すきっかけとなった。彼らは東北人の驚くべき我慢強さに大きな感銘を受けたのである。さらに、がれきを片付け、泥を除去するために被災地に押し寄せた大勢のボランティアたちのことも忘れてはならない。また市民を変革の主体とする市民社会派は、近年成立した新たな法律で武装し、津波の後では以前より声高に主張するようになった。日本は調和の取れた社会として描写されることが多いが、過去においては必ずしも常にそうだったわけではない。終戦直後には過去にどう向き合い未来をどう構築していくかについて、イデオロギーの違いから右派と左派が頻繁に衝突し合った。一九六〇年代の高度成長はそうした対立を鈍化させたが、近年の日本国民は組織的に行動し、議論を行ない、多数意見に挑戦するやり方を思い出しつつある。そうした兆候は福島原発事故の後で勢力を増した反原発運動や、津波や放射能汚染による被害を受けた人々による損害賠償請求という形で強く噴出するようになった。

最後に、東北各地の水産都市でがれき撤去と遺体収容の作業が終わると、現地の人々は生活の立て直しに取り掛かったが、その過程でごく普通の市民が見せた素晴らしい人間性や不屈の精神を忘れてはならない。劇作家の山崎正和《やまざきまさかず》は震災に直面した日本人の行動をこう評している。「日本人の場合、無常観を抱えたまま頑張るという不思議な伝統がある」[6]。その無常観の中で日本人が唯一確実視していたのが「津波はいつかまた必ずやって来る」ということとであった。多くの場合、彼らは日本人の特徴としてしばしば誤解される画一性やお上《かみ》意識ではなく、荒くれたアメリカ西部を彷彿《ほうふつ》とさせる開拓者精神を発揮したのである。二〇一一年の巨大地震と津波の後、東北の人々は政府が行動を起こすのを待ったりしなかった（どのみち大して信頼していなかったということもある）。それよりむしろ、自らの手で運命を切り拓くことを選び、ゼロから復興の作業に取り掛かったのである。彼らが生き残りをかけて続けてきた努力と驚くべき忍耐力の物語にこそ、私たちは希望とインスピレーションを見出すべきではないだろうか。

第1部

津波《TSUNAMI》

第1章　津　波——二〇一一年三月一一日、陸前高田

七万本の松林

一六六六年（寛文《かんぶん》六年）、かつて仙台藩郡奉行《せんだいはんこおりぶぎょう》として土木工事の采配《さいはい》を振るった山崎平太《やまざきへいた》佐衛門《ざえもん》という地元の有力者が、現在の岩手県陸前高田《りくぜんたかた》市に当たる地域の豪商に松の植栽を命じた。頑丈なクロマツの林は広大な太平洋の海原と小さな町の間に横たわる長さ二キロほどの砂浜に植えられることになった。中央からはるかに離れた日本の北東部は、それ自体が人里離れた辺地にある幕藩《ばくはん》体制の孤島であったが、粗削りなリアス式海岸の沖合は当時も今も世界有数の豊かな漁場だった。海岸沿いの海域には昆布をはじめ驚くほど多様な魚介類があふれていた。だがそれに面した陸地は生命を脅かす危険と隣り合わせの場所でもあった。農地は潮風や高波による塩害にさらされ、一世代に一度あるかないかの間隔で（それは普段は頭の隅に押しやっておけるほどめったにないことだったが、完全に記憶から消せるほどまれな出来事でもなかった）、怪物じみた巨大な津波が水平線の彼方から町に押し寄せ、破壊の

限りを尽くしたのである。

そういうわけで三五〇年ほど前の陸奥国気仙郡《むつのくにけせんぐん》の住民たちは、潮風や高潮や津波による被害から家や農地を少しでも保護してくれることを期待して防潮林を設けたのだった。植林事業の最初の七年間で一万八〇〇〇本の松が植えられ、それ以降の世代も増林を繰り返した。その後、地元を潤《うるお》してきた近隣の金山が枯渇すると、米やそれ以外の農産物の生産量を増やすことが死活問題になったため、農地を守る植林事業の緊急性が高まった。一八世紀半ばまでには七万本を下らない松林が緊密な密集隊形を組む防衛軍のように大洋の前に立ちはだかった。地元住民らは日陰になった松原の小道を散策したり、海辺で弁当を広げたりして楽しんだ。人目を忍んで木陰で愛を語らう若い男女もきっといたに違いない。現代になると七万本の松を誇る高田松原《たかたまつばら》は観光名所として人気を博し、昭和天皇が皇位に就いた翌年の一九二七年には「日本百景」の一つに選定された。白浜青松の高田松原は木造家屋が建ち並ぶ集落と狭い入り江の間の海辺に広がっていた。その入り江は急峻な山々に挟まれた他の多くの湾と同様、のこぎりの歯のようにギザギザに連なる荒々しくて美しい三陸《さんりく》海岸の一部を成していた。

もっと最近になると、正確には昭和天皇が崩御《ほうぎょ》した一九八九年のことだが、海岸のすぐ裏手に一棟の白いビルが建った。それこそがキャピタルホテルで、市内で最も高い七階建てというだけでなく、間違いなく最も豪華な建築物だった。内部にはタイタニック号の一等船室用デッキにあったものとそっくりのらせん階段があり、ロビーの壁には子どもたちが海辺で無邪気に戯れる姿を描いた大きな絵が飾られていた。ガラスの扉を開けてバルコニーに出ると、そこには卵形のプールがあった。ホテルの壮麗な雰囲気の中で結婚式を挙げる若い花嫁たちのために特別な待合室さえ用意されていた。式に備えて花嫁衣装に着替える若い女性たちは、部屋の窓から名勝・高田松原を一望のもとに見渡すことができた。

キャピタルホテルの建設費用は前代未聞のバブル景気に浮かれた一九八〇年代に稼ぎ出された。だがバブルがはじけると同時代の他の多くの愚行と同様、経営は第三セクターに引き取られた。ホテルの主要な出資者には建設会社の社長や有名な演歌歌手で地元出身の千昌夫《せんまさお》も名を連ねていた。二人とも何らかの形で地元経済への還元を図りたいと考えていたし、キャピタルホテルには確かにその値打ちがあるように思えたからだ。白く美しい外観と海から至近距離というロケーションの良さから、地元住民の祝い事や葬式、それに商工会の宴会などに利用するにはまさにうってつけの場所となった。当時、人口二万三〇〇〇人のこの素朴な地方都市で同ホテルの営業を担当していた佐々木《ささき》一義《かずよし》はこう語っている。「こんなに小さな田舎町にこんなきれいなホテルができたのかという感じでした」

佐々木は日本人の男性にしてはがっちりした体格をしており、人好きのする丸顔と自虐的なユーモアのセンスが印象的な人物だ。極めて深刻な問題について話している時でさえ、その口元には常に微かな笑みが浮かんでいる。当時は五十代後半で、彼の両親やそれ以前の祖先たちと同じように陸前高田で産声《うぶごえ》を上げた。佐々木家の先祖が椿油《つばきあぶら》の製造販売で商《あきな》いを興したのは一七三四年のことで、世はまさに鎖国時代の真っただ中だった。屋号は「あぶらや」といい、事業の成長とともに一般食品の製造や問屋業にも手を広げるようになり、一九世紀、二〇世紀、そしてついには二一世紀へと何世代にもわたって家業として引き継がれていった。ところが二〇〇六年、あぶらやは二七〇年以上の歴史の幕を閉じることになる。陸前高田の人口減少やしゃれた外観の大型店舗との競争激化で立ち行かなくなり、ついに閉店を余儀なくされたのだ。佐々木の最初の衝動は町から逃げ出すことだった。こんな恥さらしをしてご先祖様や従業員に合わせる顔がないと考えたのだ。だが会社を解散するにも整然とした手続きが必要だったために妻とともに陸前高田に残らざるを得ず、結局キャピタルホテルという新たな就職先を見つけたのである。

二〇一一年三月一一日、その金曜の朝に、佐々木はホテルを代表して、市議会議員、清水《しみず》幸男《ゆきお》の母親の弔問《ちょうもん》に訪れていた。多くの友人や親戚の人々が故人に最後の別れを告げるために集まって、焼香《しょうこう》をしたり思い出を語り合ったりしていた。その日、佐々木が訪れたもう一つの理由は翌日キャピタルホテルで予定されている仏式葬儀の準備のために、座席表の最終的な確認作業を行なうことにあった。佐々木が訪れた家屋は丘陵に建てられており、陸前高田の市街地が広がる谷間のような平地を見下ろす高台にあった。佐々木はいつもの笑っているかのような表情を浮かべながら、後にその運命の皮肉についてこう語った。「お通夜に来ていたお客さんの多くはあそこにいなかったら亡くなっていたでしょうね」

佐々木自身はその家に長居せず、午後の早い時間にはキャピタルホテルに戻って午後二時四六分きっかりに自分のオフィスに入った。分単位まで記憶に残っているのは、ちょうどその瞬間に足元が大きく揺れ始めたからだった。

陸前高田の壊滅

日本人は昔から地震に慣れている。周期的に起きるこの現象は日本列島の下に横たわる大ナマズが起こしていると考えられた時代もあった。普段は日本神話にも登場するタケミカヅチ（鹿島神《かしまのかみ》）が巨大な岩で泥の下に押さえ込んでいるのだが、何らかの拍子に鹿島神が気を緩めると岩から逃れて暴れだし、その結果地面が波打ち始めるのだ。[1]一八五四年から一八五五年にかけて日本各地で発生した安政《あんせい》の大地震は九州から江戸に至る多くの地域に被害をもたらした。江戸の地震から数日後にはナマズを描いた木版画の浮世絵（鯰絵《なまずえ》）が大量に出回り、よく売れたそうである。これ以外にも、巨大地震の直後によく発生する津波の記憶が風化することを防ぐ遺構が日本各地に残されている。青銅製の鎌倉の大仏が雨ざらしのまま野天に座っているのは、大仏殿が明応《めいおう》の大地震（一四九八年）による大津波で流された後も再建されなかったためだ。日本各地の海岸線の近くには、小さな墓石ほどの大きさのいびつな形の石碑が多数残され、後世の世代に「ここより下に家を建てるな」と警告している。

一九世紀後半の日本に一五年間暮らしたアイルランド系ギリシャ人のラフカディオ・ハーン（小泉八雲《こいずみやくも》）は、この国を次のように描写している。「この国では、国土そのものがじつに有為転変の地なのである。河川はたえず水流をかえ、海岸は海岸線をかえ、平野は陸高をかえ」[2]る〔『心 日本の内面生活の暗示と影響』平井呈一訳、岩波書店、一九八七年、二七-二八頁〕。ある日本の地震学者の試算によれば、日本列島は五世紀以降に壊滅的被害をもたらしかねない巨大地震に二二〇回も襲われている。[3] 現代の日本人は彼らの遠い祖先が移り住んだこの列島が、実際に地殻の最も不安定な部分にあることを科学的事実として知っている。日本は火山活動や地震活動が活発な環太平洋火山帯《リング・オブ・ファイアー》の一部であり、複数のプレートがひしめき合っている地点の上に位置しているのだ。地球上で起きる地震の九〇％はこの火山帯で発生しているため、日本は世界のどの国よりもこの種の自然災害の被害を受けやすい。日本では一年を通じて常に国内のどこかで小さな地震が起きているため、人々は障子《しょうじ》がカタカタ音を立てたり天井の照明が揺れたりしたくらいでは驚かないし、会話を中断したりもしないほどである。

だが三月一一日の午後二時四六分に起きた地震は、そうした微小な揺れとはけた違いだった。その日の午後、足元で地面が液状化するのを感じた人間は誰もがこれはただごとではないと瞬時に悟った。地震の規模は観測史上世界で四番目に大きいマグニチュード九・〇で、広島型原爆の六億倍に相当するエネルギーが放出されたのである。本震の震源は三陸沖（牡《お》鹿《しか》半島の東南東約一三〇キロ付近）、震源域は岩手県から茨城県沖合にわたる広大な面積で、地質学者たちは後にこれは太平洋プレートが北米プレートの下に潜り込んでいる場所で起きたメガスラスト、つまり日本列島周辺の海域で起きたプレート境界型地震だったと説明している。[4] あるコメンテーターはプレートをトランプのカードに見立ててこのメカニズムを解説し、カードを親指と人差し指の間にはさんで弓なりに曲げていくようなものだと述べた。[5] つまり、たわんだ北米プレートがひずみに耐え切れずに反発してはね上がった時、貯め込んでいたエネルギーが一気に放出されたのだ。その瞬間、日本列島の一部は一気に最大四メートルほど東に移動してしまった。

　突然の岩盤破壊が起きたのは海底から三〇キロほど下の地点で比較的浅かったため、膨大なエネルギーの大半は地表に向けて放出された。日本列島のかなりの範囲にわたって永遠に続くかと思えるような揺れが六分間も継続した。多くの人たちは早く止んでくれと祈りながら、大地の揺れが一層激しさを増していくように感じていた。東京では基礎と土台の間に免震ゴムを敷いたり、油圧式制震装置を導入したりしている現代的な高層ビルの多くが、風に揺れる竹林のようにしなって建物の上部が接近し合った。あまりにも激しい揺れが続いたため、ビルの中で恐怖に震えていた会社員たちの一部は大波に翻弄される船の上にいるかのような船酔いの症状を呈したほどであった。震源にはるかに近い陸前高田はさらに強烈な揺れに襲われた。地震発生時に雷のような音がしたという証言もある。[6]胸が悪くなるような振動がようやく収まった時、ほとんどの人たちの脳裏に同じ考えが浮かんだ。「津波が来る！」

　キャピタルホテルにいた佐々木は、清水の母親の葬儀に関する書類をつかんだまま、屋上を目指して階段をよじ登っていった。ホテルは市内で次に高いビルより三階分高い。陸前高田市内全域が停電していたため、ホテル内の照明はすべて消えており、佐々木と三〇人ほどの従業員たちは手探りしながら闇の中を上に向かうしかなかった。屋上に着いてから周囲を見渡すと、あれほど強い地震だったにもかかわらず、市内の建物は大して被害を受けていないように見える。海の方向を見ると海面は穏やかで波さえ立っていなかったが、すでに津波警報のサイレンが鳴り響いている。その数分後、ホテルの支配人からスタッフを避難させるためのバスが階下に到着したというアナウンスがあった。午後三時頃、建物内に誰も残っていないことを確認するとバスは彼らを乗せて出発した。ホテル正面の道路は避難しようとする車で埋まっていた。数ブロック先の踏切が下がったままで渋滞が発生していたのだ。バスは内陸を目指して入り江を囲む丘陵に向かう前に、ひとまず海岸線沿いを数分走る迂回ルートを進んだ。午後三時八分までには佐々木を含めキャピタルホテルの全従業員が避難を完了していた。

海のはるか向こうでは、地殻がはね上がった海域で巨大なうねりが発生し、恐るべき破壊力を秘めたまま移動を開始していた。津波はそれから何時間もかけて一万三〇〇〇キロほど離れた南極大陸西部のスルツバーガー棚氷《たなごおり》に到達したが、その時の衝撃でニューヨークのマンハッタン島ほどの大きさの氷山が棚氷から分離した。[7] だがそれよりかなり前に、巨大津波は日本の東北地方に広がる四〇〇キロほどの海岸線に沿って破壊の限りを尽くしていたのである。発生直後はジェット旅客機並みの時速八〇〇キロで突進していた津波は海岸に近づくにつれて減速し、最初は新幹線程度に、次に自動車並みにまでスピードを落としていった。午後三時二〇分を過ぎた頃、最初の地震発生から三〇分余りで津波は陸前高田の入り江に押し寄せた。

私たちが津波と聞いてすぐに思い浮かべるのは、葛飾北斎《かつしかほくさい》の迫力に満ちた浮世絵にある、弧を描いた巨大な高波だろう。その波頭は今にも陸地を呑み込みそうな勢いで、その上に覆いかぶさっている。実際の津波は、見掛けはそれほど派手ではないがその分不気味な恐ろしさがある。海上の津波には大した高さがあるわけではないが、波長は数百キロに及ぶこともあるのだ。海では強いうねりとなって突き進むが、途中で遭遇した船が津波と気付かずに通り過ぎることさえあるほどで、陸地に接近して初めてかなりの高さにまで成長する。さらに津波は一度だけでは終わらない。最も甚大な被害をもたらすのは第一波ではなく、引き潮の後にさらに凄まじい勢いで押し寄せる第二波であることが多い。陸前高田に達した第一波は、市の計画立案当局が難攻不落と考えた高さ六メートルほどの防潮堤をものの数分で乗り越えた。海水がコンクリートの壁の上からあふれ出し、とてつもない力でその一部を突き崩すと市内はもはや丸裸も同然であった。海水はさまざまな方角から陸前高田に侵入し、市街地の中心部を流れる川が盛り上がって逆流していく。山に挟まれた平地はあっという間に濁流で覆われ、陸地と海の区別がつかなくなった。もはや逃げる以外に道はなかった。

地上にいた人々の大半が最初に目にした津波の兆候は、流れに押しつぶされて崩壊した建物から幽霊のように立ち昇る土ぼこりであった。津波が向かう先々には恐ろしい死の前兆のように、常に不気味な白い粉塵《ふんじん》が宙に舞っていたのである。建物がきしんで崩壊する時のバリバリという音が必ずそれに伴っていた。中には建物が一棟丸ごと基礎から引きはがされ、行く手を阻むあらゆる障害物を粉砕する恐るべき飛び道具と化したケースもある。その時点で何が起きているかを理解し、避難するために必要な手段や能力を持ち合わせていた人々は車に乗るか自分の足で走るかして高台を目指した。水は容赦なく逆流を続け、市街地だった平地を満たしていった。亡くなった人たちには動くこともままならない高齢者が多かったが、年配の親戚や隣人たちが逃げるのを手伝おうとして命を落とした若者も少なくなかった。中には安全な場所から目と鼻の先にいながら、自宅が海岸線から離れていたために事態を楽観視して避難しなかった人たちもいた。「高台に行こうと思えばすぐに行けたのに自宅に残ったのです」と佐々木は言う。複数の証言によれば、津波が奥行き五キロほどの谷間の隅々にまで押し寄せるにはほんの数分しかかからなかったという。「たったの四分間で市が丸ごと消滅してしまいました」と佐々木は回想したが、いまだに当時のショックを引きずっているようだった。「津波が目前に迫るのを実際に見た人たちにとっては、もうその時点で手遅れだったのです」

陸前高田のある女子高生が撮影した一連の写真には、津波が猛威を振るい始めた最初の数分間が捉えられている。最初の数枚には海水が市の中心部を流れる川を逆流する様子が写っている。川はすでに増水しているが、まだ甚大な被害を及ぼすほどの破壊力があるようには見えない。だがその数枚後には水の勢いが増して小さな橋をまさに押し流そうしていた。第一波が引いてしまう前にすでに第二波が防潮堤を乗り越え、川を膨れ上がらせていた。谷間に押し寄せた津波の高さは一二メートルほどあったと後に推定されている。その時点で写真には複数の木造家屋がまるで溶岩流のように谷間の奥に向かって押し流される様子が写っていた。家は基礎から根こそぎにされたものの瓦屋根だけは無傷のままだった。モスバーガーの店舗が一軒丸ごと、係留を外された船のように漂流していた。赤い屋根と「M」のロゴが平地の奥にある病院の方角に勢いよく流れていく様子がはっきり確認できた。だがそこにたどり着く前に店舗は真っ二つに引き裂かれてしまったのである。黒く濁った水はもはや氾濫する泥のようにしか見えなかった。一方、ボランティアの消防団員がアンテナの上によじ登って撮影した一連の写真には、まるで暴風雨で荒れる海のような光景が写っていた。そこが陸地であることを示す唯一の手掛かりは、荒れ狂う波の合間から顔をのぞかせている市の時計台だけで、そこだけは周囲の情景とまったくそぐわなかった。

波は激しく行きつ戻りつしながら入り江を出たり入ったりし、恐るべき殺人兵器と化す残骸を流れの中に引きずり込んでいった。船、家屋、自動車、工場、釘、そしてガラスが行く手を妨げるあらゆる障害物に激突した。もちろん人間とて例外ではない。ミサイルのような勢いでぶつかる水浸しの凶器の前では木やコンクリートはおろか生身の肉体は無事で済むはずがなかった。地元のスーパー「マイヤ」では、三階の窓を数本の木の幹とねじ曲がった鉄骨が突き破っていた。一方、県立高田《たかた》病院ではゾッとするような惨状が展開していた。多くの高齢者が寝たきりになっている四階の病棟にまで大量の水が押し寄せてきたのだ。水位が上昇するにつれて彼らを乗せたマットレスも水に浮かんだまま持ち上がっていった。一部の患者は引きずられるようにして屋上に避難させられたが、それ以外はベッドに寝たまま溺死した。生き残った者も皆ずぶ濡れで、スタッフは氷点下に近い外気から守るために彼らの体を黒いポリ袋に包み込んだ。大半はそのまま屋上で一夜を過ごすことになったが、その間、周囲の闇の中では水が荒れ狂っているような音を立てていた。[8]

市内の至る所では、生き残るために同じような死に物狂いの奮闘が続けられていた。市役所では市職員らがあわてふためいて一部四階建ての庁舎の屋上まで駆け上がった。そこから海の方の様子を双眼鏡で素早く見渡すと、まさに津波の第一波が防潮堤を乗り越えるところであった。それからわずか数分で水は完全に市庁舎を取り囲み、屋上にまで打ち寄せてきた。だが屋上より上には水も届いていなかったので、できる者は何とか避難しようと助け合って体をそこへ引き上げた。後に全国的な名声を得ることになる戸羽《とば》太《ふとし》市長もそこに立って二人の子どもが通う小学校をじっと見詰めていた。「子どもたちは学校にいて、先生たちに面倒を見てもらっていることはわかっていましたから」と戸羽は語る。[9] それより彼が心配していたのは妻のことだった。地震が発生した時に彼女は自宅にいた可能性が高かったが、屋上からそちらの方を見下ろすと家はすでに水浸しになっていたのだ。だが電話はすべて不通になっており、翌朝に水が引くのを待ってからでなくては無事を確認するすべはなかった。戸羽は市長としての職務と父親や夫としての役割の間で引き裂かれる思いだった。「私だって人間ですから」と彼は後に語っている。「心配なものは心配になりますよ」。結局、彼の子どもたちは無事であることがわかった。市立高田小学校にいた一二歳の長男大河《たいが》は先生から急いで逃げろと言われたという。後に彼はある記者にこう語っている。「まるでゴジラみたいでした。津波が次々に家をなぎ倒しながらこちらに向かって来るのが見えたんです。スピードは全然遅いのにすごいパワーでした」[10]。大河の母親、つまり市長の妻は息子ほど幸運に恵まれなかった。彼女はその悲劇の日に津波に押し流された一九〇〇人以上の犠牲者の一人だったのである。
一方、町の向こう側にある岩手県立高田高校では水泳部員たちの行方がわからなくなっていた。地震発生前に一〇人ほどの部員たちが約五〇〇メートル先にある新しい屋内プールで練習するために学校を出発していたのだ。プールのあるB&G海洋センターにはこんな標語が掲げられていた。「水を心とすることが平和と健康と長寿の妙薬であります」。だがその日、部員たちの大半は命を落とし、顧問だった若い女性教員も生徒たちを探しに向かったまま行方を絶った。[11]
一方、市の指定避難所の一つである市民体育館には安全を求める人々が七〇人以上も駆け込んでいた。専門家が作成した「津波ハザードマップ」〔津波浸水範囲の予測地図〕によれば、体育館は想定される最大規模の津波にも到達できない地域にあるはずであった。第一波が防潮堤を乗り越えたという知らせを聞いた人々は、体育館の二階席に駆け上がった。そこは陸前高田の市民たちが長年数え切れないほどのバスケットボールの試合や「太鼓《たいこ》の甲子園」と呼ばれる全国太鼓フェスティバルを観戦してきた場所である。水は体育館内部に猛烈な勢いで流れ込むと出口を失ってどんどん水位を増し、ドーム型天井の下でまるで巨大な洗濯機のように渦を巻き始めた。佐々木は後に水が回転する様子を「ぐるぐるぐる」と日本語独特の表現で描写している。恐怖に駆られた人々は体育館のドームを支える弓なりの鉄骨によじ登ろうとした。何人かは最後までしがみついて難を逃れたが、結局その夜六七人がそこで命を落とした。二階席のはるか上に設置されている時計の針は午後三時三〇分で止まったままで、その瞬間に水が天井近くにまで達したことを示している。ある時点で津波は恐るべき圧力によって体育館の北側の壁をぶち破り、そのまますべてをなぎ倒す勢いで流れ出していった。佐々木は建物の壁にぽっかりと開いた不気味な穴を「悪魔の口」と呼んでいる。[12]

各地でこうした悲惨な状況が展開される間も、佐々木は見晴らしの利く高台から氾濫する濁流をじっと見詰め続けた。五七歳になる妻の美和子《みわこ》の安否が心配で、居ても立っても居られない気持ちだったのである。携帯電話のネットワークがダウンしていたため、電話で連絡を取ることは不可能だった。海水が防潮堤を乗り越えるのを見た時には茫然と立ちすくむしかなかった。恐るべき津波の圧力で建物が崩壊すると空に粉塵が舞い、幽霊のような土ぼこりが立ち昇っていく。彼が信じられないような光景を目にしたのはまさにその時だった。強烈な波が高田松原の大木を次々にマッチ棒のようになぎ倒し、七万本の松林が少しずつ消滅していくのを目の当たりにしたのだ。それはシェークスピアの悲劇『マクベス』でバーナムの森が動きだした場面と同じくらい非現実的な光景であった。「もう放心状態で何が起きているのかわけがわかりませんでした」と佐々木は当時を回想している。[13]

地震が起きた時間帯には、彼の妻はいつものように配達した蕎麦《そば》の容器の回収を行なっていたに違いなかった。津波警報が鳴り響く頃までには海岸から二キロほど離れた自宅に向かって車を走らせていたはずだが、到着する前に行方を絶った。被災後の市街地に最初に足を踏み入れた救急隊の一員である消防団員は、目撃した現場の様子を次のように描写している。「高台にいた人たちはショックのあまり、口をぽかんと開けたまま泣いていました。川沿いに生存者はいませんでした。誰一人見つからなかったのです」[14]

陸前高田市のほぼ全域はほんの数分で壊滅した。まさに壊滅状態としか言いようがなかった。死亡者と行方不明者は全人口の一〇%近くに達し、建物の八割は飛び散ったマッチ棒のようにばらばらにされた。キャピタルホテルを含め、市内にあった数少ない頑丈なコンクリート製建造物でさえ、がれきを呑み込んだ濁流が凄まじい勢いで内部を突き抜けるとすっかり破壊されてしまったのである。佐々木が目撃したあのありえない光景も確かに現実だった。数百年にわたってこの町の象徴であった七万本の松林は、荒れ狂う激流に呑み込まれてほんの数瞬で消滅した。高田松原があった砂浜は激しくかき回され、一部は押し流されてしまっていた。陸前高田の地形そのものが変貌し、海岸線はもはや原形をとどめていない。また沿岸地域には一メートル近くも地盤沈下した場所があった。[15]つまり以前とは何もかもが変わってしまったのである。唯一の例外は周囲を倒れた木の残骸に囲まれながら奇跡のように生き残った一本の松の木で、ほぼ三〇メートルの高さがあり、運命に挑むかのようにまっすぐに天を指していた。津波を生き延びた陸前高田の人たちは、それを「奇跡の一本松」と呼んだ。

第２章　逆境をバネにする――被災地をゆく

チェルノブイリ以来最悪の原発事故

抜けるような青空の下、東京の羽田《はねだ》空港に向かって降下を開始した飛行機の座席はほとんどガラガラだった。首を伸ばして、窓から地上の景色を見下ろしてみる。その時、私の脳裏に浮かんでいた日本の姿は、もはや地殻にしっかりと根を下ろした堅固な列島ではない。それは荒れ狂う海に浮かぶ極めて不安定で薄っぺらな土くれに過ぎず、地上ではオレンジ色の業火《ごうか》が噴出し、核爆発が起きていた。だが実際にこの高みから見下ろしてみると、滑走路に異常な点は何もなく、地表が液状化している気配もない。午後の東京の空は青く澄みきっていた。だがそこから直線距離で約二三〇キロ北にある福島第一原発では、チェルノブイリ以来最悪の原発事故の詳細が次々と明らかになっていたのだった。陸前高田はそこからさらに一六〇キロほど北にあった。東京は津波の被害をまったく受けていなかったが、首都圏の人口三六〇〇万人はいまだにマグニチュード６かそれ以上の巨大余震に激しく揺さぶられ続けていた。耐震対策が不十分な都市なら甚大な被害をもたらしかねない規模である。日付は三月一五日になっていた。

地震発生当日、私は北京《ペキン》に出張中だった。その日に会った二、三人の人々は震源から二〇〇〇キロ以上離れたそこでさえ確かに大地が震えるのを感じたと証言している。それでも日本の東北沖で地震があったようだと同僚から電話連絡を受けた時も、まだ「大したことはあるまい」と高《たか》をくくっていた。私はもはや日本に住んでいなかったが、滞日中にすっかり地震に慣れてしまい、数だけは多いがその大半が無害に等しいことを体験で知っていたからである。だが再び携帯のバイブが震え、今度は巨大な津波が日本の海岸に向かっていると告げられると、状況把握のためにあわててホテルに引き返した。

部屋でテレビをつけると、今では誰もが一度は目にしたことのある、あの信じられないような映像が画面に映し出された。これほど大規模な自然災害のライブ中継は、過去にほとんど例がなかったに違いない。おもちゃの自動車やマッチ棒のような物が大量に浮かんだ濁流の映像を初めて見た時、そこに何が映っているのかとっさに判断できなかった。その後の映像には、炎に包まれた家屋がひしめき合う溶岩流じみた津波が海岸から川を逆流している様子が映っていた。船が丸ごと建物の中に突っ込んだり沖合で渦に巻き込まれたりしている。空港にも津波が押し寄せ、滑走路を覆い尽くしていく。あるテレビ局は宮城県南三陸《みなみさんりく》市の震災前と震災後の空中写真を比較していた。最初の写真には確かにそこにあった町が、二枚目では完全に消失していた。中でも最も恐ろしい映像は福島第一原発が爆発し、コンクリート外壁の破片を空高く吹き飛ばしている瞬間を捉えたものだった。次の爆発では火の玉が生じ、もうもうと煙が立ち昇っていた。

だが私の心に最も長く焼き付いた二つの映像は、こうした大惨事そのものよりも小さな人間の姿に焦点を当てたものだった。一つ目は地震発生直後のあるスーパーマーケットで従業員たちの様子を映し出している。彼らがあわてて身を隠す代わりに最初に取った行動は激しく揺れ出した商品棚を守ることであった。きっちりと制服を着こなした店員たちは、手や腕だけでなく全身を駆使して棚から醤油《しょうゆ》のペットボトル、オレンジジュースの紙パック、それに袋入りのラーメンやインスタント味噌汁《みそしる》が床にこぼれ落ちるのを防いだのである。彼らの努力はほとんど徒労に終わったが、その行動は日本人の仕事に対する献身が極度に危険な状態に直面しても揺るがないことを示しているように思えた。二つ目は廃墟を茫然自失の体で歩いている若い女性を映した映像である。テレビの取材班と遭遇する前、彼女は乗馬をしていたのだが近くに馬の姿はなかった。周囲の光景は引き裂かれた木の残骸を除けば何の特徴もない荒野に変わり果てている。女性は乗馬用パンツと体にぴったりフィットした乗馬用ジャケットという装いのまま、何もない景色を凝視していたが、やがて独り言のようにつぶやくのである。「ここにあるはずのものがなくなってしまいました」

それからの数日間で震災の全体像が明らかになると、私たちはそれがいかに途方もない出来事だったのか理解し始めた。地震の凄まじい破壊力によって地球の軸はほんの少しだけ移動し、自転に影響を及ぼしてしまったのである。その結果、たったの一八〇万分の一秒とはいえ、一日の長さが短くなってしまったのだ。公表された死者の数はいまだに数百人規模だったが、実際には数万人が安否不明となっていた。しかも自宅から避難を余儀なくされた住民の数はおそらく五〇万人ほどに達していたはずである。福島第一原発はもはや制御不能のように思われた。事業者である東京電力は炉心溶融《メルトダウン》が起きたことを否定したが、原子炉容器内を海水で満たす決定を下したのは状況を収拾するための最後のあがきとしか思えない。政府は原発から放出されている放射線量は事故前の通常値の一〇〇〇倍に達していると発表し、三キロ圏内の住民に避難指示を出した。対象範囲はすぐに一〇キロ圏内に修正され、さらに二〇キロ圏内にまで広げられ、圏外の隣接地域の住民にも屋内退避が勧告された。

私は東京に向かう前に日本の友人たちに連絡を取ってみることにした。激しい余震や広がる放射能汚染に対する不安を募らせて、すでに日本の他の地域に避難していた人たちもいた。後に残った友人たちも動揺を隠せない様子で、電話で話す声には緊張というより恐怖さえ感じられたほどだ。ある商社の社員は、東電は精一杯やっているのだがねと私に言った。それでも、「フランスは同国人全員に退避勧告を出したそうだ。君も来ない方がいいと思うよ」と忠告してくれたのである。次に、別の友人で冒険家兼写真家の瀬ノ《せの》上俊毅《うえとしき》に連絡し、被災地を取材するために東北に同行してくれないかと相談を持ちかけてみた。彼はEメールで一緒に行ってもいいと答えてきたが、頼むからガイガーカウンターを持ってきてくれと釘を刺すのを忘れなかった。

「節電都市」と化した首都

震災後の東京はもはや昔の東京ではなかったが、前と少しも変わらないところも少なくなかった。羽田空港のスタイリッシュな新国際線ターミナルではエスカレーターや動く歩道は節電のために停止していたが、場内アナウンスは相変わらず高い裏声で「安全のためにハンドレールにおつかまりください」と旅行客に促している。タクシーの運転手は見慣れた白い手袋をしており、車に近づくとお辞儀をして迎えてくれる。後部座席は例によって白いレースがついたカバーで覆われ、座るとドアは自動的に閉まってくれる。車は静かに発進し、運転手はまた大きな余震があったばかりですと話しかけてきた。タクシーは写真に収めたくなるほど美しい東京の景観の中を走り抜けていったが、通りにはほとんど人影が見あたらない。そのすがすがしい春の日、空はパウダーブルーに晴れ渡っていた。

私がかつて勤務していた支局のオフィスは、千代田区内幸町《うちさいわいちょう》の黒いガラスに覆われた高層ビルの中にある。皇居のお堀や巨大な石垣からもそう遠くない距離だ。その日、ロビーは暗くて人気《ひとけ》がなく、スターバックスも閉店していた。ロビー内のコンビニでは、いつも棚に所狭しと並べられているおにぎり、弁当、たこせんべい、クリームパン、それに大量の緑茶の紙パックなどが買いだめによってほとんど姿を消している。トイレでもハンドドライヤーが使用停止になっており、その上に「節電」と記された紙が貼ってある。それでも便座が温められているのは救いだった（ちょっとしたぜいたくだが慣れるとこれなしではやっていけなくなる）。だが数週間後に原発事故による電力不足が深刻化すると、この極めて日本的なサービスでさえ断念せざるを得なくなった。まさに「節電都市」東京の幕開けである。

二一階にあるフィナンシャル・タイムズの東京支局には忠実なオフィスマネージャーの松《まつ》谷充子《たにみつこ》と長年アシスタントを務めてきた十字暢子《じゅうじのぶこ》の姿があった。二人ともまだ明らかに動揺している様子である。彼女たちによれば、地震当日、近くの高層ビルが左右になるように傾きながらすごいスピードで近寄ってきたらしい。スタッフは二一階から一階までの階段を駆け下りると、西欧風庭園の日比谷公園に集合した。直後に巨大な余震が起きた時には、支局の入った高層ビルが倒壊することさえ覚悟したという。それから数日たっても、公共交通機関による通勤は困難な状況が続いていた。普通なら秒刻みとまではいかなくとも分刻みで正確に運行される電車は大幅に遅れがちだったし、大きな余震が続く中で地下鉄に乗るのはかなり勇気を要する行為である。計画停電が実施されるという噂も飛び交っていたが、そうなれば交通機関のさらなる混乱は避けられない。しかも当局は数日以内に大規模な地震が起きる可能性があると警告していた。それは東京で長年必ず起きると予測されてきた直下型の「巨大地震」かもしれなかった。今回の東京訪問で最初にインタビューを予定していたのは長年の知人で当時七二歳の与謝野馨《よさのかおる》経済財政政策担当大臣であった。約束の時間に間に合うように支局を出ようとすると、松谷が安全ヘルメットを差し出した。冗談のつもりだったのかどうかは定かではない。

利便性一辺倒の古い庁舎に到着すると、そこでも中の雰囲気は同じように沈んでいた。照明の大半と暖房が消されていたために、受付にいた二人の女性は膝に毛布を掛けてうずくまるようにして暖を取っている。普段は仕立ての良いオーダーメイドスーツを身にまとっている与謝野は、青い作業服とゴム長靴を着用して登場した。それはもはや戦時体制を思わせる服装と振る舞いを身に付けた菅《かん》内閣の公式ユニフォームと言っていい。総理大臣の菅直人《かんなおと》は、日本は第二次世界大戦以来最大の危機に直面していると国民に警告した。「果たしてこの危機を私たち日本人が乗り越えていくことができるかどうか。それが一人ひとり、すべての日本人に問われていると、このように思います」〔首相官邸ホームページ「菅総理からの国民の皆様へのメッセージ　平成二三年三月一三日（日）」より。http://www.kantei.go.jp/jp/kan/statement/201103/13message.html〕

与謝野はゆっくりとした動作で長靴を脱ぐと足をほぐした。彼が使っているオフィスはスペースがたっぷりあったが余計な装飾品は省かれていた。今回の震災が日本を奮い立たせることができるかどうか質問すると与謝野は私をじっと見詰め、覚悟を示すかのように小さく拳を握ってみせた。大臣は震災による被害規模や経済的影響に関する質問に次々と答えていく。彼がいる庁舎は特に地震に対する脆弱性が指摘されていたため、小さな揺れがあるたびに（一時間のインタビューの間に一度ならず起きた）スタッフはギシギシと音を立てる天井やゆらゆら揺れる備品に不安そうに目をやっている。与謝野は最近喉頭癌《こうとうがん》から回復したばかりであるにもかかわらず、地震で会話が途切れたのを幸い、新しいたばこに火をつけた。

その時は知らなかったのだが、ちょうど同じ頃、七七歳になる今上天皇明仁《あきひと》が国民と被災者に語りかけたビデオメッセージがテレビで放映されていたのである。それは即位後の二二年間で彼が初めて行なった放送だった。父親の昭和天皇裕仁《ひろひと》は一九四五年八月一五日にあの有名な玉音放送を行なっている。国民は神の末裔《まつえい》と信じてきた天皇の声を初めて耳にしたわけだが、音質が悪く、独特の節回しで難解な漢語が多数含まれる文章を読み上げたために、理解するのにかなり骨が折れたはずだ。「戦局必スシモ好転セス」と天皇は述べ、日本は無条件降伏をすることになったと直接その表現は使わずに説明している。そして国民は「耐へ難キヲ耐へ忍ヒ難キヲ忍ヒ」、事態を受け入れて欲しいと訴えたのである。この終戦詔書《しょうしょ》が発表されるきっかけとなったのは広島と長崎への原爆投下だった。それによって日本の降伏と占領はもはや避けられなくなったのだ。それから六〇年以上たって、今度は彼の息子が自然災害と原発事故という新たな国難に直面し、同じように沈痛な口調で国民に語りかけた。黒いスーツとネクタイ姿の天皇は、障子の前に座ると六分間の「おことば」を読み上げた。偶然かどうかは定かではないが、それはちょうど最初の地震が継続した時間と同じ長さである。「地震や津波による死者の数は日を追って増加し、犠牲者が何人になるのかも分かりません。一人でも多くの人の無事が確認されることを願っています」と天皇は語りかけた。そして「厳しい寒さの中で、多くの人々が、食糧、飲料水、燃料などの不足により、極めて苦しい避難生活を余儀なくされています」と被災者を気遣い、予断を許さない状況の原発事故についても深い懸念を表明したのだった。「関係者の尽力により事態の更なる悪化が回避されることを切に願っています」[1]

だが原発をめぐる状況は、天皇が懸念するよりはるかに絶望的だった。その日の朝、私の乗った飛行機がまだ上空にあった頃、福島第一原発で水素爆発が起きたのである。三日間で三度目の爆発だった。かつて社会運動家だったこともある菅首相は東京の都心にある東電本社に乗り込んだ。民間人の立場から後に原発事故の検証を行なった「民間事故調」[2]は、菅が原発から全面撤退したいという東電の申し出に激怒したと報告している。菅は当時の清水正《しみずまさ》孝《たか》社長に詰め寄ると「一体何が起きているんだ」と問いただしたのだ。あまりにも危機的な状況の中、菅は閣僚たちと最悪のシナリオを検討し始めた。福島第一から東電が全面撤退すれば原発は完全に制御不能になる。そうなれば近距離にある他の原発からの撤退も避けられなくなり、次々とメルトダウンが起きる可能性があった。地に足がついた印象の外見と度重なるテレビ会見によって、政府の危機対応の顔になっていた枝野《えだの》幸男《ゆきお》内閣官房長官は、非公式な場では「悪魔の連鎖」反応が起きて東京から避難する必要が生じるかもしれないと同僚に語っていた。「一［福島第一］がだめになれば、そう遠からず放射線量が高くなって二［福島第二］もだめになる。二もだめになったら、今度は東海もだめになる。（略）そんなことになったら常識的に考えて東京までだめでしょう」[3]

この時点ではうろたえた閣僚たちの協議内容を知る者は皆無だったにもかかわらず、東京の住民たちは間違いなく状況を固唾《かたず》を呑《の》んで見守っていた。その後、政府に近い一部の人間だけがひそかに東京から脱出するよう勧告されたという噂も飛び交っている。夜の東京は昼間よりもさらに異様な様相を呈した。ある同僚記者は、この都市は「まるで照明の設定を一番暗くしたまま活動している」ようだと書いている。[4]平時においては、おそらく世界中の都市の中で最もまばゆい光を放っているのが東京だった。銀座のファッション街や渋谷、池袋、新宿、それに赤坂などの雑踏は常にネオンの光に包まれている。道路は黄色や緑や赤のタクシーでごった返し、歩道は千鳥足で歩く男女の会社員やイブニングドレスで着飾ったバーのホステスなどで身動きが取れないほどである。ところが今やどこもかしこも薄暗く寂れていた。寿司屋、トンカツ屋、A級グルメにB級グルメの店、見た目は汚いが飯はうまい穴場の店、ラーメン屋、居酒屋、クラブ、ジャズバー、カラオケ店、それに各種の飲み屋など、かつて訪れる者を幻惑した不夜城のあらゆる店が午後八時か九時になると早々と店仕舞《みせじま》いを始める始末だった。以前なら朝の二時か三時まで人の行き交いが絶えなかった活況の面影はない。震災から数日後の「節電都市」東京で働く人々は、停電や電車の運行ストップで帰宅難民となるのを避けるために家路を急ぐことしか念頭になかった。ある薄暗い地下鉄の車内で鉱山労働者のようなヘルメットを被り、その照明で新聞を読んでいる男性を見掛けたこともある。エッフェル塔にそっくりのこの都市のシンボル、東京タワーでさえ節電のためにライトアップを自粛していた。タワーの先端部分にあるアンテナは地震による衝撃で曲がってしまったという。

その夜、私は古い友人の緒方四十郎《おがたしじゆうろう》に電話をかけた。才気煥発でリベラルな考えの持ち主でもあり、完璧な英語を話す魅力的な人物だ。かつては日本銀行で国際関係統括理事という重職に就いていたにもかかわらず、日本の重要人物にありがちな尊大な態度は微塵《みじん》も見せない。電話に出た緒方は普段と変わらない快活な口調で話した。元気でやってますよと彼は言った。地震発生後は近所に生活必需品を買いに行く時以外はほとんど外出していないそうである。だが彼は困難な時にも冷静さを失わない国民の態度に感銘を受けたと語った。彼らの多くは交通機関の混乱や巨大地震再来の恐怖に惑わされることもなく、定刻通りに職場に出社しようと奮闘していた。また緒方が住んでいる地域ではほとんど買いだめも行なわれておらず、誰もがミルクの紙パックを一個、豆腐を一パックというように落ち着いた消費行動を取っているという。

一方、緒方は東電経営陣に対する不満を隠そうとせず、原発危機の現状をほとんど把握できていないだけでなく、驚くほどコミュニケーション能力に欠けていると言って嘆いた。「ひどく手際が悪いし、状況を理解するために必要な知識も不足しているように見えます」と彼はいつもの控え目な口調で言ったものである。だが全体として見れば、日本はこの国難を乗り越えられるはずだと彼は考えていた。「今回のことで期待していることがあります」と彼は言った。「これが日本的精神の覚醒を促すきっかけとなればいいのですが。ちょうどそれが戦後の日本復興を可能にした時のように」。それから彼は私が初めて聞く日本語のことわざを引用したのである。『災いを転じて福となす』ですよ」。電話を置いた後で辞書を引いてみると、「不利な状況を最大限に活用する」という面白くも何ともない定義が載っていた。そこで少し考えた末に、もっとしっくりくる訳を思いついた。「逆境をバネにして幸せをつかむ」である。

変わり果てた大船渡

そこは以前にも訪れたことのある場所だった。だが今のそこ、、はもはや誰も来たことがない場所に変わり果てていた。四年前のほとんど同じ日付に、私は東京から四〇〇キロほど北にある東北沿岸部の岩手県大船渡市《おおふなと》を訪れた。当時、私はサバ、ブリ、マグロ、ヤリイカを含め何十種類もの魚介類が、東北の豊かな漁場からどのようにして全国の寿司屋のカウンターやスーパーの冷凍庫に運ばれてくるのかを取材して記事にしようと考えていた。そこで、ある日の早朝（記憶によればかなり早い時間だった）、ある漁船に同乗させてもらうために船員の一人と一緒に海に繰り出したのである。私たちはまだ暗いうちに港を出発し、身を切るような寒さの中で数時間にわたって漁を行なった後に帰港の途についた。船が暗闇の中を猛烈な勢いで漁場へ向かって突き進む間に、船内の狭苦しい食堂で一緒に地酒を飲み、魚汁をすすった。後でわかったのだが、その時に私が食べた焼き肉はイルカの肉であった。巨大な網が海に投げ込まれ、引き揚げられた時にはバタバタと暴れる銀色の獲物で一杯になっていた。それはとても心に残る体験だった。漁師たちの潮風にさらされた日常を垣間見ることで、都会の食卓に供される魚を獲る彼らのことが少しだけわかったような気がしたものだ。その場所にまた戻ってきたわけだが、前と違うのはそこから漁船の姿が消えていたことである。それどころか大船渡市そのものが消失していたのだ。

地震発生直後の数日間は、大船渡（というより、かつて大船渡だった場所だが）は簡単にたどり着ける所ではなくなっていた。東京から北に向かう主要道路の一部が事実上交通不能区間になっていたからだ。東北最大の都市である仙台の空港は壊滅状態で、津波に運ばれた泥の下に埋もれていた。私が目指そうとしていた福島、宮城、岩手の被災三県における他の空港に向かう便も援助物資を運び込もうとするボランティアや救助隊員たちによる予約で満席状態だった。結局、被災地の反対側の日本海沿岸にある秋田まで飛び、そこで写真家の友人である瀬ノ上俊毅と待ち合わせると、陸路で一六〇キロほど離れた大船渡を目指すことにしたのである。アメリカ留学経験のある俊毅はちょっと野性味のある男だ。平均的な日本人男性よりも背が高く、少なくともスーツを着て大企業で働く会社員よりは無骨で身だしなみを気にかけないところがある。バイクと車を愛してやまず、野宿をするのを好む。だがそんな彼も被災地に同行することには二の足を踏んだ。出発の前日、私が最初に彼に白状しなくてはならなかったのはガイガーカウンターを持ってこなかったことであった。

その夜、私はあらゆる設備を完備していながら棺桶ほどのスペースしかないホテルの部屋でテレビに見入っていた。ある局では女性アナウンサーが行方不明者と遺体が確認された死亡者の名前の果てしないリストを抑揚のない声で読み上げていた。日本語では姓が最初で名前が後に来るので、名前の後には必ず「さん」という敬称を付け、礼儀正しくゆっくりと読んでいくのである。「サイトウヨシエさん、タカハシミチコさん、スズキミツコさん」。日本語の名前に用いられる漢字にはいく通りかの読み方がある（「裕子」はユウコとヒロコのどちらにも読める）ため、アナウンサーは時折、「カワノさん、あるいはコウノさん」「キヨナリさん、あるいはキヨシゲさん」というように断定を避ける言い方をした。もはや不明になっているのは人々の遺体だけではなく、彼らの名前さえも実体を失いつつあるようであった。

チャンネルを変えると東京消防庁のハイパーレスキュー隊がオレンジ色の防火服を来て出発式に臨んでいた。福島第一原発に派遣され、屈折放水塔車のちっぽけなホースで使用済み核燃料プールに放水活動を行なったのがこのチームである。いまだに大量の放射線を出し続ける原発に向かってひるむことなく進んでいく雄姿を見て、私は第二次世界大戦末期に決死の覚悟で出撃した神風特攻隊を思い出した。別の局は通常のバラエティ番組の代わりに被災者支援のための資金集めを実施し、視聴者に「ドラえもん募金」への協力を呼び掛けていた。必要な物は何でも取り出せる「四次元ポケット」の持ち主は、まさにこの役割にぴったりである。一時間ほど後に最初に見ていた局にチャンネルを戻すと、同じアナウンサーがいまだに礼儀正しく抑揚のない声で名前を読み続けていた。「オノメグミさん、ウチヤマトモエさん、ウチヤマミツオさん」

翌朝、私たちは大船渡に向けて出発した。津波に直撃された被災地では食糧や水が不足していると聞いていたのでどちらも車に満載しておいた。だが俊毅はこれ以外にもがれきの山をよじ登る際に履く頑丈なワークブーツなど、何点か追加の装備が必要だと主張した。ところがホームセンターに行くと、自動ドアの前に買いだめで在庫が尽きた商品のリストが張り出されていたのである。それは短いリストではなかった。燃料ボトル、バッテリー、ラジオ、懐中電燈、携帯ストーブ、カセットボンベ、携帯電話の充電器、水、それにお茶まで切れていた。震災は人間にとって本当の生活必需品とは何かを明らかにしたねと俊毅は言った。「水と火とコミュニケーションの手段だ」

大船渡までの道のりは何事もなく過ぎていったし、途中で車を見掛けることもほとんどなかった。私たちは緊急通行許可証をまんまと入手することに成功していたが、おかげで給油する許可を得られただけでなく、高速道路の料金も免除されたのである。車は森が地平線まで続く山中を走り続けた。視界に入るのは雪原、小さな集落、モミの木、それに鉛色の空だけだった。時折コンビニ店の前を通過することがあったが、大半は照明を落としている。「弁当あります」の張り紙が見えたが、それ以外にはほとんど商品は残っていなさそうだ。海岸から数キロ前の地点でマルハンのパチンコ店の前を通ったが、俊毅は満杯になった駐車場を見てあきれたように首を振った。悲劇の舞台からこれほどの至近距離にいながら、人々は店内を満たすたばこの煙と銀玉の騒音の中でゲームに興じていたのである。その数分後、角を曲がると私たちはかつて大船渡だった谷間に車を乗り入れた。

がれきの中の二つの人影

津波による凄まじい破壊の跡を、実際に目にしたことのない人間が想像するのは不可能に近い。ある同僚はその光景を原爆投下直後の広島の写真の中に迷い込んだようだと形容した。当時の取材メモには、まるで人によって創造された世界が内臓を吐き出したようだと書かれている。普段は人目に触れない場所にあるさまざまなモノ（パイプ、電気ケーブル、マットレスの詰め物、鉄骨、下着、発電機、それにさまざまな導線）が突然丸見えになってしまった。まるで現代生活のはらわたから引きずり出された秘密であるかのように。木造家屋の残骸、折れ曲がった鉄材、醬油のペットボトルが散乱している中で、真っ先に私の目を引いたのは仰向けに倒れている鹿の死体であった。生気を失った目はぼんやりと空を見詰めている。その隣には歯をむき出したまま息絶えたかのように見えるオコジョがおり、ワシ、フクロウ、クジャク、それに鹿がもう一頭いた。この時点で、ようやく自分が目にしているモノの正体を悟った。これは誰かが所有していた剝製《はくせい》のコレクションに違いない。よく見ると鹿やその他の動物たちのひづめや足は、緑色の生地で覆われた木の台にしっかりと固定されていた。

これらは本来ここにあるはずのモノではない。だが実際にあるべきモノ（家屋、街路、店舗、工場）の大半は消滅してしまっていた。頑丈なコンクリート製の建物でさえ骨組みだけの廃墟と化し、凄まじい破壊力で壁がぶち抜かれた結果、中は人形の家のように丸見えになっている。部屋の中身は無残に引き裂かれ、風を受けてぼろ切れのようにパタパタとはためいているありさまだ。それ以外にも大破した自動車が樹上に引っ掛かっていたり、横転したり、逆さまにひっくり返されたりしている。中には何らかの偶然で転がっているうちに元の状態に戻っていた車もあった。ある建物の崩れかけたベランダでは緑色の金網の束が巨大なニシキヘビのように頭をもたげ、下界の惨状を見下ろしていた。一台のタンクローリーがまるで上空から真っ逆さまに突き落とされたかのように地面で逆立ちをしている。泥の中にはシャワー室から出ようとしている半裸の女性の写真が載ったエロ雑誌が散乱している。魚の死体はかなり内陸にまで打ち上げられており、潮の香りが冷たい風に乗って運ばれてきた。

そこへ突然、がれきの中から二つの小さな人影が現れた。ねじ曲がった線路沿いに、もはや存在しない駅を目指してためらいがちにゆっくりと足を進めてくる。何もかもが死に絶えたような谷間の平地で生命がうごめいているのを見るのはちょっとした衝撃だった。それは、コーマック・マッカーシーが小説『ザ・ロード』で描いた一シーンを思わせるような光景であった。核戦争後の焼け野原を父と息子が二人でてくてくと歩いているあの場面である。人影が近づくにつれ、そのうちの一人の女性が赤い杖をついていることがわかった。彼女は青い毛糸の帽子とスカーフ、セーター、ジーンズという出で立ちでピンク色のバックパックを背負っていた。頬は厳しい寒さに赤く染まっている。彼女の相棒はもっと若くてやせており、眼鏡をかけて白いマスクをしていた。彼女もバックパックを背負っていた。二人は地上を食い入るように見詰めながらじりじりと足を前に進めている。時折、がれきの中を杖でかき回したり、何かをもっとよく見るために腰をかがめたりしていた。

私は二人に近づくと、何をしているのですかと尋ねた。まるで砂漠の真ん中で自分と同じ境遇の旅人に出会ったような気分だった。彼女たちは軽く頭を下げたが、その礼儀正しさは周囲の現実離れした情景にまるでそぐわない。赤い頬の女性、下舘博美《しもだてひろみ》は友人と二人で運営していたカフェにあった物が残っていないか探していたのですと説明した。「私たちの物なら何でもいいんです。椅子とかでもいいから、何か残っていればと思って」と彼女は言った。ちょうど一週間前、地震が起きた時には二人ともカフェの中にいたという。下舘は海岸の方に手を振って、他の残骸と区別がつかないがれきの山を示した。地震があった日の朝、彼女は確定申告をするために市役所に出向いていたのである。荷物を抱えてカフェに戻ってきたのは、ランチタイムの最後の二人の客が席を立つ頃だった。「木村《きむら》さん（スタッフの木村康子《やすこ》）も一緒にいたので、私たちも食事をしところかと思ったところでした」と彼女は言う。「その時です、揺れが始まったのは。いつもとまったく違う地震でした。揺れている時間がひどく長いんです。あんな感じは初めてでした」。まだ揺れが収まり切る前に下舘は外に走り出ると、カフェの大家でもある年配の夫婦の様子を見に行った。「お二人は家の裏の線路沿いでしがみつくようにして身を寄せ合っていました」

揺れが収まった後、彼女は木村を探しに戻る。「駐車場へ行くと、残っていたのは私と木村さんの車だけでした。家の近くには小川が流れていて、普段は何メートルもの深さがあるのに水が引いて一〇センチほどになっていました。水は黒く濁ってたくさんの魚がはねていました。それで直感したんです。何かとんでもないことが起こるって」。駐車場はすでに液状化してアスファルトの下からは水が浸み出している。二人はそれぞれ自分の車に何とかたどり着くと急いでその場を離れた。木村の車は左に、下舘の車は右方向に向かったが、下舘はすぐに渋滞に巻き込まれる。彼女が最初に取った道はすでに丘陵を目指す車で一杯だったので、すぐに迂回ルートに切り替えた。もしあの時そうしていなければ、今こうして生きていなかったでしょうと彼女は言う。高台にある姉の家に到着すると彼女は振り返って谷間を見下ろした。巨大な津波がすでに海岸まで押し寄せていた。

そこまで話すと下舘は黙り込む。木村は携帯を取り出すとかつてあったカフェの写真を見せてくれた。内装はピンクで壁には額に入った絵が飾ってあった。ほんの数日前に撮られたばかりなのに、それはもはや別の時代の写真としか思えない。下舘は、津波は海岸線を変えてしまったと言う。「私はここで生まれ育ったし、家族もずっとここで暮らしてきました。ここにはそういう人たちが大勢います」と彼女は言った。「だから誰が見てもわかるんです。毎日見ていた景色が変わってしまったんですから。海は間違いなく以前よりも高くなっています。皆言っていますよ。海が近くなったって」

突然、彼女は叫び声を上げた。「見て。あそこに何かあるわ」。そう言って一メートルほど前に飛び出すと、折り重なった木の破片の中から銀色に光る物体を拾い上げる。土を払いのけるとそれが何であるかはすぐにわかった。金属製の平たい網杓子《あみじゃくし》で、簡単な針金の取っ手が付いている。スープの灰汁《あく》を取ったり、お湯から豆腐をすくい上げたりする時に使う調理器具である。彼女はそれを持ち上げると嬉しさと悲しさが半々という表情をする。悲しいのはそれが呼び起こした記憶のせいだ。「私のだってすぐにわかりました。毎日使っていたものだから」。彼女はそう言うと慣れ親しんだ取っ手や網の部分を指でなでる。杓子は彼女の手の平よりわずかに大きかった。彼女はもう一度周囲の惨状を見渡し、崩壊したビル、大破した自動車、それにつぶされた家屋に目をやった。それから荒れ果てた風景の中で唯一慣れ親しんだ物体である杓子を見詰め直すと、ぽつりとつぶやいたのである。「何だか切ないですね」

その後の沈黙を破ったのは木村だった。「大勢のお年寄りがここで亡くなりました。逃げなかったからです」と彼女は言う。大船渡の高齢者層には巨大津波を生涯に三度も経験した人たちもおり、そのうち最大の一九六〇年のチリ地震津波のこともよく覚えていた。それは観測史上世界最大の地震で、地球の裏側で起きたにもかかわらず、巨大な津波が太平洋を渡って日本の海岸に襲い掛かったのだ。「その時の津波はあそこまでしか来ませんでした」と木村は私たちが立っていた所からさほど遠くない場所を指差す。「お年寄りたちは水がそんなに遠くまで来るはずがないと考えて動こうとしなかったのです」。それは人々がよく陥る過ちだと彼女は言う。歴史の教訓を熟知していると思い込んで危険に無頓着になってしまうのだと。それでも大船渡が被った物理的損失を考えれば、もっと多くの死者と行方不明者が出ていてもおかしくはなかったと彼女は付け加える。「山向こうの隣の谷ははるかに悲惨な状態ですから」と下舘も言う。その時は知らなかったのだが、彼女の言う隣町とは陸前高田のことだった。

かつて七万本の松林に象徴されたその町は、大船渡から海岸線に沿って南に一三キロほど行った先にある。山向こうに到着する頃にはすでに夜のとばりが下りていた。私たちは車を止めると周囲の静けさに耳を傾けてみた。暗闇の中に荒れ果てた市街地が広がっていることは何となくわかったが、実際に見ることはできない。がれきが散乱するいくつもの通りに沿ってゆっくりと車を進ませていくと、ヘッドライトの光の中に自動車の残骸やひっくり返ったトロール船が浮かび上がったが、建物は一つも確認できない。だが実際に見ることができたとしても、そこには津波の猛威に耐えた少数のコンクリート建造物が残っているだけだったのである。キャピタルホテルもそのうちの一つだった。

津波の爪跡

二〇一一年八月、私は俊毅とともに再び東北を訪れる機会を得た。今度は東京から四〇〇キロの距離を車で走り抜けたのである。震災から半年近くたった東京はようやく平常に近い状態に戻りつつあった。三月一一日の直後の何週間かは一日に数回起きていた余震の発生頻度も低くなっている。首都は覚束《おぼつか》なげではあるが、少しずつ以前のリズムを取り戻しかけていた。学生や会社員らが大量の刺身、焼き鳥、焼き魚などをさらに大量の生ビールや日本酒で胃に流し込む騒々しい居酒屋も、かつてのように満席になっている。電車やバスは、以前のように時刻表通りに正確に運行されるようになった。それでも節電のためにビルの中は依然として薄暗く、空調も設定温度を高くするか完全に停めてあるので室内はやたら蒸し暑い。都内ではエスカレーターを運行停止にしている場所も多く、まるで犯罪現場のように黄色いテープで立ち入り禁止にされている。ある大企業の社員が語ったところによれば、彼は毎日必ず懐中電燈を持参して出社しているという。超近代的なオフィスビルの薄暗い廊下で、同僚たちの顔を判別できるようにしたいからだ（メールルームで働く「バイト君」に最敬礼するのは御免だということらしい）。数カ月前の花見シーズンには、例年のようなバカ騒ぎは自粛される傾向にあった。当時都知事だった右派政治家の石原慎太郎《いしはらしんたろう》は、「津波をうまく利用して『我欲』を洗い落とす必要がある」「これはやっぱり天罰」などと述べて一時は物議を醸したが、花見に関しては「一杯飲んで歓談するような状況じゃない」「同胞の痛みを分かち合うことで初めて連帯感が出来てくる」などと都民を諭したのである。

一方、東北では三月の霜と雪はとっくに消え、ハエと蚊の季節になっていた。陸前高田の現状を見る限り、がれき除去の作業はわずか五カ月間でかなり進行しているようであった。市内はいまだに大量のがれきに埋もれていたが、それらはきっちり整理され、大半は除去されるか整然と積み上げられている。ほとんど原形をとどめていないほど大破した自動車が、まるで中古車販売店の在庫ででもあるかのように丁寧に積み重ねられている。木材は一方に積まれ、がらくたになった家財道具はもう一方に積まれている。だが地元当局は次に取るべき行動について頭を悩ませていた。日本全国を探しても、数百万トンものがれきを処理する場所は見つけようがなかったからだ。お隣の宮城県だけでも、レスキュー隊によって一般廃棄物の一九年分に相当する一六〇〇万トンものがれきが集積されている。陸前高田ではがれきが除去された後で、市の街路網がきれいに露出してしまった。知らない人間が見たら、縦横に交差する道路だけが先にできた新しい町だと思うかもしれない。何も存在しない荒野を背景に、キャピタルホテルがシルエットを浮かび上がらせていた。それはまるで、広島の爆心地近くで唯一形が残ってしまった原爆ドームのポストモダン版のように見えた。

私は廃墟と化したホテルの外で佐々木と待ち合わせた。かつてそこを職場としていた彼の電話番号を教えてくれたのは、がれき撤去や泥出しを手伝いに来たボランティアの一人であった。当時は同じような人たちが何万人も、陸前高田やその他の被災した沿岸地域を訪れていたのである。佐々木は破壊されたホテル内部を先頭に立って案内してくれた。まるで新築物件を顧客に買わせようとしている不動産営業マンのように、手際よく見所を紹介していく。外から見ただけでは大きく破損しているようには見えなかったが、一階の壁にはズタズタに引き裂かれている場所が数ヵ所あった。正面玄関の上には赤とピンクの大きくて粋《いき》なロゴが残っていたが、潮の香りがするホテル内部に人影はまったくない。床一面には砕け散ったガラスの破片が散乱し、天井からは針金や金属片が垂れ下がっている。木の破片が山積みになり、松の木が数本、海に面した眺望のいい大きな窓《ピクチャーウィンドウ》を突き破って中に入り込んでいる。階段の厚いじゅうたんは泥で固まり、松かさが散乱している。上階に行くと壊れた椅子があちこちに倒れていた。地震直後に佐々木が取ったのと同じルートで上に向かう。四階まで来ると泥やがれきの量は少なくなり、五階はほぼ無傷のままである。屋上にたどり着く頃には佐々木は滝のような汗をかいていた。私たちは入り江の方向を眺めたが、海は穏やかでまったく脅威を感じさせない。彼は高田松原と七万本の松林がかつてあった場所を指差した。今ではそこに残っているのはたった一本の松の木だけである。「私たちの希望の象徴です」と彼は言った。

実は七万本の松林については決して心温まるとは言えないエピソードも存在する。それは危機に際して日本人が示した団結の強さに水を差すような話だった。佐々木は自分の仮設住宅に私を案内してくれた時に、その経緯を語ってくれた。その家はしっかりした造りの木造家屋で、町から少し離れた丘陵に建てられている。彼は小さな卓上にすいかとカルピスを出してもてなしてくれた。部屋の隅には仏壇が置かれ、りんごと線香が妻の遺影の前に供えられている。彼は座布団を敷きながら「私の御殿にようこそ」と言うとにこりと笑った。

三月に津波の水が引いて多くの遺体が回収された後、生き延びた陸前高田の人々は何らかの方法で死者の霊を慰めたいと考えた。中にはまだ身元確認ができていない遺体もあった。「家族全員が亡くなったケースもあります」と佐々木は視線を床に落とすと言う。「その場合、遺体を探す遺族さえ残されていないわけです。そういう方たちが大勢いるのです」。彼らの遺骨は木箱に納められ、白い布で包まれて普門寺《ふもんじ》に保管された。普門寺は他の多くの仏教寺院と同様、高台に建てられていたので津波の被害を免れたのである。一部の遺体は少なくとも顔だけでは身元確認ができないほど損傷が激しかった。六月になってから海岸に打ち上げられた例さえある。「がれきに挟まっていた体が余震で自由になったのでしょう」と佐々木は言った。DNA鑑定の結果、それは彼のかつての級友の一人であることが判明した。

陸前高田の人々は津波になぎ倒された高田松原の松は、犠牲者の供養のために使うのが最もふさわしいと考えた。そこでそれらを加工して三四〇本の薪《まき》を作り、その上に犠牲者を弔《とむら》うメッセージや祈りの言葉を書き込んだのである。薪は直線距離で約六八〇キロ南にある古都京都に搬送され、そこで八月の伝統行事「五山送り火《ござんのおくりび》」の大文字で護摩木《ごまぎ》として燃やされることになった。これは京都市内の五山で行なわれるかがり火で、漢字の「大」の形に炎が上がる壮観は特に有名だ。蒸し暑い八月中旬に行なわれる送り火の行事には、お盆に迎えた先祖の精霊を再びあの世へ送り届ける意味があるとされている。

ところがこの企画は思わぬ障害にぶつかった。陸前高田は福島第一原発から一六〇キロほどしか離れていない。そのために薪が放射性物質に汚染されている可能性があるというクレームが京都の住民の間から寄せられたのである。燃やせば灰が飛んでどんな弊害があるかわからないという指摘もあった。結局、行事の運営当局は薪の使用を見送った。京都には閉鎖的でよそよそしい一面があるかもしれないが、それはちょうど日本が外の世界に与えている印象によく似ている。地域に特有の方言を話し、住民の多くは自分たちの文化は他の地方よりも純粋に日本的だと考えている。何世紀にもわたって中央から軽んじられてきた貧しい東北のことなどほとんど眼中にないようにさえ思える。「京都から見ると私たち東北人は鬼みたいなもんじゃないでしょうか」と佐々木は日本語で悪魔を意味する言葉を使って言った。「やり切れないのはここに放射能が降ってきたという考えやイメージを持たれていることです」と彼は話し続けた。「京都は日本の精神的中心のはずじゃないですか。私たちはあの松に祈りの言葉を書くために頑張ってきたのに、結局最後は自分たちのことしか考えなかったのですね」

原爆体験を生き延びた日本の被爆者《ヒバクシャ》たちも、たびたび「放射能がうつる」と隣人たちから差別を受けてきた。今回の震災でも極端な事例として、福島からの転入者に避難先の自治体が放射能検査の証明書の提示を求めたケースが報告されている。結局、三四〇本の薪は陸前高田に送り返され、地元で行なわれた迎え火で燃やされた。

この話には続きがある。自責の念と世間からの激しい批判に耐えられなくなった京都市は前言を撤回し、新たに陸前高田から五〇〇本の薪を取り寄せて燃やす計画を発表した。新たな薪は期日通りに用意され、発送された。ところが薪から半減期三〇年の放射性セシウムが検出されたため、またしても燃やすのは危険だという理由で計画は中止されたのである。津波で妻を亡くした陸前高田の戸羽太市長は「京都市には陸前高田を心配してくれる人もたくさんいます。京都市民にも迷惑がかかる話でしょう」と気遣う姿勢を見せた。実に立派な態度である。だが、言うまでもなく一番迷惑を被ったのは陸前高田の人々だった。

毎日新聞論説室の布施広《ふせひろし》は、コラム『発信箱』でこの不幸な出来事について次のように記している。「今回の一件では京都市や保存会を『心が狭い』と批判する人もいるし『情に流されない冷静な判断』を評価する声もある」。彼自身はそれほど微量の放射性物質を恐れる必要があったかと残念に思ったが、「一六日の送り火に祈った。来年は被災地の松を燃やせるように。何よりも、この『放射能時代』が早く終わるように」[5]。

佐々木が京都市に拒絶された松の話をしている間に、私は俊毅がそっとテーブルを離れたことに気付いた。向かった方を振り返ると線香に火を灯したところだった。仏壇の前に正座し、佐々木の妻の遺影に頭を垂れると静かに祈りを捧げていたのである。

第2部

「二重に錠のかかった国」

第3章　島国であることの意味——日本人論の虚実

呪文のごとく

日本は島国である。この事実を極端なまでに重視する日本人は少なくない。日本語の島《シマ》という言葉は山の頂上に鳥が座っているような漢字で表されるが、それはまるで広大な海洋を飛び疲れた鳥が留まる場所を見つけて羽を休めているようにも見える。それが国《クニ》と組み合わさると何とも魔術的な響きを持つ「島国《シマグニ》」という言葉が生み出されるのだ。それは文字通り「島の上にある国家」を意味するのだが、口から発せられる時、それらの音節には太古の叙事詩のタイトルを思わせる何となく重々しい響きがある。日常会話においてさえ、その言葉さえ使えばすべては丸く収まるとでもいうように呪文のごとく唱えられることがある。とりわけ外国人が同席している席では、日本に関する議論に決着をつける決め台詞（「島国だから」）として都合よく使われやすい。まるで日本列島には部外者の理解を超えるユニークな風習があって、その事実だけ知っていれば事足りるとでも言いたげだ。どうせすべてを知ることなどできないのだから、とでもいうように。

日本人は何かというと自国が島国であることを強調しすぎるきらいがあるが、その事実がこの国の歴史と文化にさまざまな形で影響を及ぼしてきたことは否定できない。外国人の目には、日本は神秘的で不可知の存在であるように思えることさえある。一九世紀後半にアメリカの軍艦によって開国を強要されるまで、日本は歴史上の長い年月を（アジアはともかく）西欧の影響に対して扉を閉ざしたまま過ごしてきた。日本と中国はどちらも歴史上のある一時期に遠洋まで航海できる船舶の建造を禁じていた。日本の場合、その意図は主として自国民が外来思想に汚染されるのを防ぐことにあった。封建社会の頂点に立つ将軍に対して民衆を反乱に駆り立てかねない思想がキリスト教などに含まれていることを危惧したのだ。こうして約二五〇年もの間、固く閉じた殻をこじ開けられるまで、江戸幕府は一部の例外を除いて海外渡航と出入国を禁じ、国禁を犯した者は死刑に処せられた。一七世紀初頭に始まった「鎖国」体制によって、李氏《りし》朝鮮、中国〔明《みん》朝と清《しん》朝〕、オランダとの極めて小規模な通商関係を除いて、海外との接触は禁止された。オランダの商船は、長崎湾に築造された扇形をした小さな人工島「出島《でじま》」にしか人の出入りを許されず、それは入国地であると同時に事実上の「監獄」として機能したのである。

もっとも鎖国制度が始まる前の時代でさえ、中国が日本に及ぼす文化的影響は日本列島をアジア大陸から隔てる海によって薄められていた。現代の福岡市から朝鮮半島までの最短距離はおよそ二〇〇キロ。イギリスと欧州大陸を隔てる海峡は約三四キロしかないので、そのおよそ六倍だ。日本が文化的に大きな影響を受けた中国はさらに遠方の七、八〇〇キロ先にある。何世紀も昔にはたどり着くだけでも命懸けの大事業だった。

海と一体化した日本文化

『銃・病原菌・鉄』の著者として知られるアメリカ人思想家のジャレド・ダイアモンドは、地理的条件が国家の発展に及ぼす影響に関して幅広い執筆活動を行ない、議論を巻き起こしてきた。その彼も日本が大陸の最も近い地点から二〇〇キロほど離れている事実は、この国の文化に独特の影響を与えたと主張している。[1] 多くのイギリス人にとっては認めたくない事実かもしれないが、イギリスを構成するブリテン諸島は数百年間にわたって欧州大陸と一体化し、お互いに切っても切れない関係にあった。過去一〇世紀の歴史のどの世紀を切り取っても、イギリスの軍隊が欧州大陸に駐屯していなかった時代は皆無である。イギリス自体もケルト人、ローマ人、サクソン人、バイキング、それにノルマン人による侵略を相次いで受けてきた。それと対照的に、日本の軍隊がアジア本土にまで進出したのは、一五九〇年代に天下統一直後の豊臣《とよとみ》政権が二度にわたる朝鮮出兵を行なった時、それに一九世紀後半から二〇世紀にかけて韓国を併合し、中国に侵攻した時だけであった。逆に日本に対しては二三〇〇年前に朝鮮半島から大量の渡来人が流入したと言われているが、それを除けば他の国家の形成に大きな影響を与えたような軍事的征服を免れてきた。[2] モンゴル帝国の元《げん》は、一二七四年と一二八一年の二度にわたって日本侵攻（元寇《げんこう》）を企てたが失敗に終わっている。二度目の「弘安の役《こうあんのえき》」では、フビライ・ハーンの艦隊は「神風《かみかぜ》」と呼ばれた台風によって壊滅したが、後の神風特攻隊の名前はこれに由来している。

第二次世界大戦の敗戦後も、日本は完全な植民地化を免れている。ダグラス・マッカーサー司令官指揮下の占領軍はたったの七年しか駐留せず、日本の統治は日本人官僚にまかせて、直接手を下すことを避けた。その結果、日本では高度な英語運用能力を習得する伝統が定着せず、現在も日本人の英語力判定テストの成績はアジア諸国で最低レベルに近い。チベット仏教の最高指導者ダライ・ラマは来日すると「日本をよくするには何が必要ですか」と質問されることがある。どんな時も聴衆の期待を裏切らないダライ・ラマは、哲学や宗教の話をするより、日本が世界と一体化するための実践的アドバイスを授けようとする。「英語を勉強しなさい」と彼は諭すのである。[3]

ユーラシア大陸東端の極東に位置する日本はかつて、辺境の後進地域であった。中国本土で発達した思想や概念が到達するのに時間がかかっただけでなく、それらは淀んだ池に藻が繁殖するかのように独自の発展を遂げていったのである。中国で生まれた新しい文化や技術はしばしば朝鮮半島を経由して日本に伝えられた。その中には文字、儒教、仏教、建築技術、冶金学《やきんがく》、それに漢詩などが含まれていた。しかし、それらは日本に伝来すると伝統的な土着文化と融合して微妙な変化を遂げる。国境を越えた絶え間ない交流に乱されることがないために、伝来した思想は独自の進化をたどったのである。宗教の世界では仏教が日本のアニミズム的汎神論《はんしんろん》、祖先崇拝、原始神道などと融合した。今日でもブッダを祀る寺院のすぐ隣にキツネを祀る神社がある光景をよく見掛けるのはそのためだ。日本人もこの国では異なる宗教が混合した習合思想《シンクレティズム》が支配的であることを自覚しており、生まれた時は神道の信者だが結婚式はキリスト教で葬式は仏教だとよく口にするほどである。世論調査でも国民の大半は「無宗教」だと回答する。

日本語にも古代中国で数千年前に発祥した漢字が取り入れられている。紀元前一七世紀頃から紀元前一一世紀まで存在した商王朝《しょう》（殷《いん》）後期にはすでにカメの甲羅や牛や鹿の骨に亀甲獣骨文字と呼ばれる漢字が刻まれ、国王が政治的に重視した占いに使われていた。その数百年後、固有の文字を持っていなかった日本は、甲骨文字を基礎として発展した中国の漢字をまったく独自の系統的な文字に作り変えたのである。その際、日本語は漢文と音韻や構文が異なる上、そのまま表記できない言葉もあったので、さらに漢字をもとに二種類の音節文字（仮名）が作られた。こうして現代日本語の書き言葉が誕生し、中国から伝来した漢字と日本で生まれた平仮名と片仮名の三種類の文字体系を用いるようになったわけである。

このように外国文化を摂取して、それを微妙に変質させることで外的影響を中和してしまう伝統は、決して日本固有の現象ではない。だが日本と外界を隔てる海という物理的な障壁と、それによって生じた心理的な壁が、その現象を一層誇張されたものにした可能性はある。日本人は海外から伝えられた文化に日本独自の味付けをすることを得意としている。典型的な日本の食材である海苔《のり》やウニを欧米のパスタ料理に取り入れるといった工夫もその一例だ。日本語でスーツを意味する「背広《せびろ》」が、ロンドンで名門紳士服店が軒を連ねるサヴィル・ロウという通りを語源とすることもそうだろう。[4]最近では欧米のテクノロジーに独特の工夫を加えた例も少なくない。日本の創意あふれるエンジニアたちの手によって電車は新幹線に、携帯電話はアップルのiPhoneが登場するよりかなり前からパソコン並みの機能を持つ携帯端末（しかも電子マネー機能付き）に変身させられていた。西洋式トイレなどという卑しい存在でさえ、清潔マニアの日本人の手にかかると、温水で洗浄し温風で乾かす電子化された多機能トイレへと生まれ変わってしまう。もっとも近代化が伝統的風習を完全に駆逐してしまうことはまれだ。公衆トイレの多くでは、いまだにこうした多機能便器とともに地面に穴を掘ったような和式トイレが併設されている。

日本を取り囲む海洋は外国の影響がもたらす衝撃を吸収する緩衝装置として機能してきたが、日本人にとってはそれ以上の存在でもある。海そのものがもはや日本文化と一体化しているのだ。日本人はおそらく他のどんな大国の住民よりも周囲の海と深い関係にある。日本列島には海から一三〇キロ以上離れた場所はどこにもない。また、最近は牛乳や肉類の比重が高まってはいるものの、魚介類はいまだに日本人の食生活で最も重要な動物性タンパク源である。一万年以上前の縄文時代の貝塚からは複数種の魚の骨が出土しており、日本人がそれほど昔から盛んに漁業活動を行なっていたことを示唆している。

海洋が日本文化にもたらした影響は至る所に見られる。野球ファンはたこ焼きを食べながら試合を観戦する。この国の人々はイギリス人が天気やサッカーの試合の話をする時と同じような熱意をもって「旬の魚」について語り合う。東北をはじめ日本各地の沿岸地域では、巨大津波が襲来した年は歴史上大きな合戦のあった日のように記憶されている。日本語にも海や魚にまつわる言い回しが多い。おべっか使いや腰ぎんちゃくは主人に付き従う「金魚のフン」だし、金などの相場が急騰すれば「うなぎ登り」と言われる（数年前には「うなぎのぼり」という缶入り飲料も発売された）。日本の首相にも自分を魚と比べた人物が何人かいる。そのうち一人は政界の泥水を泳ぐにはふさわしいという理由で、自らを水底に生活する地味なドジョウにたとえた。[5] 極度の恐怖を体験している瞬間でさえ、最初に心に浮かぶのは海にいる動物のイメージかもしれない。広島の空に原爆のきのこ雲が毒々しく立ち上った時、ある母親が口にしたのはこんな言葉だった。「その動きはまるでウミウシのようでした[6]」

日本特殊論と『国家の品格』

日本は一つの島ではなく多数の島で構成される列島である。四つの大きな島（北海道、本州、四国、九州）はユーラシア大陸の東端で北東から南西の方向へおよそ二〇〇〇キロにわたって弓なりに連なっている。つまり日本はアメリカの東海岸とほぼ同じ長さがあるということになるが、総面積はモンタナ州にさえ及ばない。しかも日本の国土の三分の二以上は居住に適さない険しい山地で、耕作可能な土地は全体の一七％に過ぎない。その結果、一億二七〇〇万人の日本人はブルガリアとほぼ同じ面積に押し込まれて生活しているのだ。とはいえ、それ以外の面では日本に「小さい」という形容詞はまったく似合わない。もし日本がヨーロッパ大陸の一部であれば、他の諸国よりはるかに人口の多い国になったはずだ。何しろ国民の数がイギリスとイタリアを合わせたよりも多いのだから。経済面でもいわゆる「失われた一〇年」を二度も経験したにもかかわらず、現在でもドイツの一・五倍以上のGDP（国内総生産）を誇る経済大国である。

日本が島国であることは、なぜか諸文明の中でユニークな存在であるという考えを助長した。もちろん自国を特別視するのは日本に限ったことではない。二〇一二年のアメリカ大統領選挙の選挙戦では、共和党指名候補者のミット・ロムニーが「アメリカ国民であることの特殊性」に信頼を置いていると表明。反対にオバマ大統領は、アメリカ例外主義の考え方に疑問を呈したことで非難されるはめに陥った。それでも、日本が他の文化と違う独自性を有しているという考えは、外国人と日本人の双方に受け入れられてきた（もっとも後述するように、この見方に対しては多くの専門家が正式な形で精力的に反論を展開している）。アメリカの国際政治学者サミュエル・P・ハンチントンは、一九九六年の著書『文明の衝突』において世界を七つ（または八つ）の主要文明に区分し、その中で日本だけが一国のみで文明を成立させていると主張した。

あらゆる文化には他の文化と異なる側面があるという前提に立ち、日本の独自性を浮き彫りにすることでこの国の特徴を明らかにしようとするだけなら、日本特殊論に取り立てて目くじらを立てる必要はない。ところが日本は世界でも珍しい、均質で集団志向の強い社会だという主張へのこだわりは、やがて異常なまでの執着と化す。そこから生まれたのは最悪な形の国家主義で、民族的優位性の主張という危険な罠に陥っていった。結局、一九三〇年代と一九四〇年代には、日本は神の末裔である天皇が治める世界で唯一の神国だという観念が、有害極まりない選民意識や日本は世界を支配する運命にあるという思い込みへとつながっていったのである。だが、それは主として一九世紀後半に創作された神話に過ぎなかった。

　だが当時、日本の独自性について詳細に論じたのは日本人だけではなかった。アメリカの人類学者ルース・ベネディクトは一九四六年の著書『菊《きく》と刀《かたな》』で「アメリカ合衆国が全面戦争においてこれまで戦った敵の中で、日本人ほど不可解な国民はなかった」と断言している。どうして日本文化を詳しく調査する必要があるのかを彼女はこう説明する。「手ごわい敵と戦争になったことは以前にもあったが、見越しておかねばならない行動と思考の習慣がこれほどいちじるしく異なった例《ためし》はない」〔『菊と刀』角田安正訳、光文社、二〇〇八年、一三頁〕。ベネディクトの著書の根底にある考えは、日本人は西洋人とはまったく異なる行動基準を持つ国民であるというもので、それは日本特殊論に学問的正当性を付与する結果となった。戦後、『菊と刀』の成功は出版界において「日本人論」（つまり日本人の特殊性について論じた説）と呼ばれる一ジャンルの活性化につながった。その起源は古くは一七世紀にまでさかのぼるが、最盛期を極めたのは現代になってからである。

　一九七七年に詩人で英文学者の森常治《もりじようじ》が出版した『日本人＝〈殻なし卵〉の自我像』は、日本は集団主義的な社会であることを論じた本であった。[7] 同書で森は、ヨーロッパ人とアメリカ人は「殻付き卵」のように自己完結した自我を持つと主張している。対照的に、日本人は「殻なし卵」のように固くなくてねばねばしており、形も固定されず不定形のままだ。つまり日本人は自分を独立した個人とは見なしておらず、常に自らを家族、村、職場、上司と部下、部内者と部外者という関係性の中で定義するというのである。一部の日本人は一九八〇年代までに、日本はこの特殊性を生かしてやがてアメリカを凌駕《りょうが》し、世界随一の経済超大国になるだろうと確信していた。そして書店には、この種の自己陶酔に満ちた書籍がうず高く積み上げられたコーナーが設けられるようになった。

日本人論は日本が単一民族社会であるという誤った前提に基づいている。東京や大阪の地下鉄で乗客の顔立ちを見渡しただけでも、日本人がアジアのさまざまな地域にルーツを持つことは容易に見て取れる。それにもかかわらず、「純粋な日本人」特有の本質があるという考えは依然として根強く残っている。それに従えば、日本人はお互いに協力し合って米作を営む定住型農村社会の住民であって、移動性が高くておしゃべりな人間の多い狩猟採集社会の出身ではないということになる。自然に対して独特の感受性を有し、一種の社会的テレパシーによって意思疎通を行なう。冷徹な論理よりも本能や「心」の感情的な部分を駆使することに長け、ある種の高尚な芸術的感覚を有している。さらに、彼らは調和の取れた社会の優れた点を極めて重視する。戦後、日本の工場の生産性を飛躍的に高めた「ジャストインタイム生産システム」〔かんばん方式、あるいはトヨタ生産方式と呼ばれることもある〕を体系化したことで知られる大野耐一《おおのたいいち》は、あるドキュメンタリー映画の制作者に屈託ない口調で次のように語っている。「単一民族の職場だから議論だってとても簡単に進められます。実際に私たちは何をするにも全会一致で決めますが、ごく自然にそうなってしまうのです[8]」

二一世紀初頭、私が海外特派員として東京に移転してきた頃までには、日本経済もかつての勢いを失い、日本の称賛すべき独自性に関する議論も色あせてきていた。「以心伝心《いしんでんしん》の話をしている人たちがいると、彼らの頭の中はどうなっているのかと思いますね」と社会学者の古市憲寿《ふるいちのりとし》は私に言った。日本人には言葉を使わずに意思疎通を行なうユニークな能力があるという説について感想を述べているところだった。「日本人論について興味深いのは、日本人がそこまでそれを信じたがっているという事実です」

確かに日本人論は完全に廃れてしまったわけではなかった。二〇〇五年にはお茶の水女子大学理学部数学科教授でエッセイストの藤原正彦《ふじわらまさひこ》が『国家の品格』という薄い新書を出版した。だが同書における藤原の主張は、一九八〇年代に流行した「日本はその特殊性によって、国際経済競争でアメリカのお株を奪うべく運命づけられていた」というものとはまるで違っていた。株価と不動産価格の暴落でかなり派手にバブルが崩壊して以来、経済成長率は二〇年近くも低迷しており、そうした主張はもはや説得力を失っていたからだ。むしろ彼は日本を特徴づける昔ながらの国家の本質に立ち返る議論を展開し、ルース・ベネディクトの読者にはおなじみの武士道精神や行動基準にこそ、そうした「国柄」が体現されていると説いた。彼は欧米の資本主義に触れて汚されてしまう前の古き良き時代の日本を懐かしんだ。そして時に耳障りに思える国家主義的なレトリックで、日本がまだ無垢だった時代の神話上の国を取り戻すべきだと主張したのである。

私も当初は、これは単なる変人のたわごとに過ぎないと片付けようかと思っていた。しかし、『国家の品格』が出版されてからの数カ月間というもの、ビジネスマン、政治家、官僚らとの会話で同書が何度となく話題になることには嫌でも気付かざるを得なかった。しかも短期間で二〇〇万部以上売れた超ベストセラーである。販売部数でそれを上回ったのは「ハリー・ポッター」最新刊の翻訳本だけだった。私は自分で藤原に会って直接話を聞くべきだと思うようになった。彼は最初気乗りがしない様子だった。電話での受け答えにはどこか身構えた印象があり、外国人に自分の真意を説明することにほとんど関心を示そうとしなかったのだ。いずれにせよ、彼は都合が悪いと言った。夏は山の避暑地で過ごすことにしているので、東京で会うのは難しいというのである。だが最終的に彼は折れた。電車で二時間かけて長野まで来てくれるなら、昼食をとりながら話をしてもいいということになったのだ。

私たちが待ち合わせた北欧風のレストランは、緑に覆われて新鮮な空気に満ちた谷間の中にあった。うだるような暑さの東京とはまったくの別世界である。私は長野県茅野《ちの》駅の汚れ一つない小さな駅舎からタクシーを拾った。こんな所まで来ても運転手はやはり白手袋をしており、カーナビが車をしっかりと誘導している。周囲にはスイスアルプスを彷彿とさせる絵葉書のような景色が広がっていた。藤原は先にレストランに到着していた。年齢は六十代前半、やせぎすで動作が少しぎこちなく見える。服装はチェックシャツとカジュアルな白いスラックスという組み合わせで、頭からは白髪交じりの髪が野生の雑草のようにあちこちに飛び出していた。彼はややぎこちないところはあるが、かなり上手な英語を話した。これは公立小学校では英語を教えるべきではないと主張している人物としては興味深い一面に思える。藤原によれば、英語は日本語と本質的に違いすぎるので、日本の子どもたちが習得するのはほとんど不可能に近いのだという。「両方の言語に熟達できるのは一万人に一人でしょう」と藤原は言った。「私自身、英語の勉強に時間を費やしすぎたと、今では後悔しているほどです」。それに、と彼は素っ気ない口調で付け加えた。意思の疎通ができなければ、日本人は何か深遠なことを考えているらしいと外国人が勝手に考えてくれるから好都合ではありませんかと。言葉の壁を打ち破ったりすれば、日本人の頭の中身が空っぽであることが外の世界に露呈してしまうというのである。

私たちが注文したランチコースは、どの料理も盛り付けの技巧が冴えわたっていた。最初の料理は皿の上に一尾の車海老が載せられたもので、その脇には細心の注意を払って数個のひよこ豆が並べられている。藤原と私の料理はまったく同じように見えたので、配膳係はきっとひよこ豆の数までそろえたに違いないと考え、確認のために数えかけたほどだった。だが藤原が滔々《とうとう》とまくしたて始めたので、結局、その作業は中断せざるをえなかった。彼は『国家の品格』はどうしてここまで時代精神を捉えることができたのかという私の質問に答えようとしていたのだ。日本は浮世離れした金銭至上主義に六〇年間も取りつかれてきたと彼は語った。あまりにも性急に繁栄を追い求めたために、採用した資本主義モデルの無謀さを見抜けなくなっていたのであると。しかし、それ以上に深刻な問題は、日本が自らの美徳に気付いていなかったことだという。だが二〇年近くも続いた経済低迷によって、日本はかえって冷静に物事を判断する視点を取り戻した。「イギリスのジェントルマンと同様、日本人も昔は金《かね》を軽蔑していたものです」と彼は言った。「ところが戦後、私たちはアメリカの影響を受けて繁栄ばかり追い求めるようになってしまいました」。藤原は、一六〇三年から一八六八年まで続いた江戸時代こそが、日本人が目を向けるべき黄金時代だと主張した。それは侍の道徳的・精神的基準である「武士道」が、物語、浄瑠璃、歌舞伎、講談などを通じて一般大衆にまで広められた時代であった。「人々は武士道を信奉し、そのために二六〇年も戦争が起きなかったのです」と彼は言った。それは徳川幕府によって諸藩の大名が厳重な支配下に置かれ、国内の平和が維持された時代であった。「一二世紀に武士道が発祥した時には一種の『戦いの掟』のようなものでした。しかし江戸時代には戦争がなかったので、それは［一連の］価値観〔武士道精神〕へと変化したのです。その中には貧者や弱者を思いやる感受性〔惻隠《そくいん》〕、慈愛、誠実、勤勉、忍耐、勇気、公正さなどが含まれていました」

だがこうした美徳の多くは、彼の言う西欧流の弱肉強食の価値観に汚染されて失われてしまった。たとえば、近年になって欧米企業が、日本ではなじみの薄い「株主価値」や「敵対的買収」という概念を持ち込もうとして物議を醸したことがある。「敵対的買収は論理的で合法的かもしれませんが、我々日本人にとってはあまり尊敬に値する行為とは言えません」。彼はそう言うと慈愛に満ちた微笑みを浮かべた。「私にとって企業が株主のものであるというのは実におぞましい論理的結論です。企業というのはそこで働く従業員のものです。そんなことは言うまでもありません」

また新しい料理が運ばれてきた。今度は完璧なまでに美しく盛り付けられたホタテ貝だった。「もちろん中華料理はとても美味ですが、私たちには美的感覚に対するもっと大きなこだわりがあります。文字を書けば書道になるし、花を生ければ生け花〔華道〕になるのです」と彼は言った。つまり日本には日常的な体験を非日常化する文化的伝統があるというのだ。藤原はイギリス滞在中に尊敬を集めるケンブリッジ大学の教授たちが欠けたマグカップで紅茶を飲むのを見てあぜんとしたことがある（実際にはひそかにほくそ笑んでいたのであろうが）と語った。「日本には茶道があります。私たちはあらゆるものを芸術に仕立て上げてしまうのです」

藤原は日本が軍国主義に身を堕としていったのは、日本人が武士道の価値観を捨てて当時支配的だった欧米的な考え方を受け入れたせいだと主張した。大国の仲間入りをしようと望むあまり、もう一つの島国であるイギリスの植民地支配の手法をそっくりまねた結果だというのだ。「私は常に日本は異常な国になるべきだと主張してきました。日本は普通の国になってはいけないのです。私たちは他の大国と同じような普通の国になってしまいました。他の国々にとってはそれでよいのです。でも私たちは孤高を保つべきだし、とりわけ精神面でそうすべきなのです。産業革命以来の二〇〇年間で、欧米人はあまりにも論理的思考に依存するようになってしまいました。今でさえ、論理や合理精神に頼ってさえいればすべてはうまく行くと考える傾向があります。でも本当にそうでしょうか。私はそれ以外の何かが必要だと思うのです。その何かがキリスト教だったらどうだとあなたは反論するかもしれませんね。でも我々日本人はキリスト教やイスラム教のような宗教を持っていません。ですから別の何かが必要になるのです。それこそ私たちが二〇〇〇年も前から持ち続けてきた日本古来の深い情緒なのです」

この深い情緒こそが殻なし卵の外側にあるどろりとした卵白であり、それを使えば日本人の行動に見られる多くの側面は説明可能だというのである。その中にはお互いに対する接し方から、事もあろうに日本人に固有とされる虫の声の聞き方まで含まれる。会話を始めてほどなく、藤原は東京医科歯科大学名誉教授の角田《つのだ》忠信《ただのぶ》による悪名高い研究を引き合いに出してきた。私としてはやっぱりそう来たかと思わざるをえない展開だったが、それを聞いて最初に脳裏に浮かんだのは、頭に電極を装着されたボランティアたちが真剣な面持ちで実験に臨んでいる姿だった。角田の結論は、日本人の脳はほとんどすべての外国人の脳と異なる働き方をするというものだった。[9]彼の研究によれば、日本人は寺の鐘の音、虫の音、それにいびきの音でさえ左脳で聞いて（つまり処理して）いるが、欧米人は右脳で聞くというのだ。

藤原の著作には彼の家に遊びに来たあるアメリカ人教授がコオロギの鳴き声を聞いて「あのノイズは何だ」と言ったというエピソードがかなり不愉快な表現で紹介されている。どうしてこれが美しい音楽に聞こえないのか不思議に思ったと、彼はわざとらしくあきれた様子を装いながら書いている。「なんでこんな奴らに戦争で負けたんだろう」とその時彼は思ったという。「あらゆる日本人は虫の音を音楽として聞きます。秋が深まる頃にはコオロギの鳴き声がすると、私たちの耳には音楽のように響くのです。冬が近くなる頃には秋の悲しさが募ってきます。夏はとっくに終わっています。これは日本人なら誰でも持っている感性です。

かりそめのはかない人生に悲しさを覚えるのです」

私は疑わしそうな表情を浮かべていたが、彼は意に介さずに先を続けた。そしてこれと関連があるもののあはれというよく知られた概念の説明を始めた。これは“the pathos of things”と英語に直訳されることがあるが、はかなく消えゆくものに美を発見する感性と言い換えることもできる。だからこそ日本人はすぐに散ってしまう桜を愛するのである。毎年春になるたびに聞かされるこの説明を、彼もここで繰り返した。「もし桜が半年も満開のままだったら、日本人の誰にも愛されなかったでしょう」と彼は言う。「一週間で消えてしまうからこそ美しいのです」

私はそれらが文化的に重要なよりどころであって、親から子へと伝えられ、詩人や哲学者によって詳しく解説されてきたことに何の疑問も持っていないと彼に言った。はかなく散ってしまう桜は隠喩《いんゆ》としてもとても美しいイメージを喚起する。しかしそれを説明するために脳機能マッピングによる実験結果や日本人だけに固有の感性があるという主張まで持ち出す必要があるだろうか。虫や桜に対する反応やそれ以外の数え切れないほどの事例については、日本人の「文化的連想」として説明できるのであるまいか。たとえばイギリスの村で公共の草地を使ってクリケットの試合が行なわれているとしよう。日本人の目には白いユニフォームに身を包み、顔を真っ赤にした男たちが、試合場をあえぎながらあてどなく駆け回っているだけに見えるかもしれない。だが我々イギリス人にとっては夏の日の美しさ、ビール特有のホップの苦み、チーズとオニオン風味のポテトチップの味、それに子どもたちのはしゃいだ声などは何にも代えがたい体験をもたらしてくれるのだ。だからと言って、私たちにクリケットの革製のボールが柳でできたバットに当たる音を生まれつき敏感に感じ取れる感性があるわけではない。同じ文化的体験を共有しているために自然とそういう反応が生じるだけだ。それが文化的連想というものだろう。

藤原は私の主張を部分的には認めたが、日本人には自然を愛する独自の感性があるという考えをなかなか捨て切れないようだった。それでは聞きますが、と私は攻撃の手を緩めずに迫った。どうして日本人はあんな風に盆栽を枯れる一歩手前まで剪定するのですか？「それは日本人が自然を愛するあまり、そばに置きたいと考えるからですよ」と彼は巧みに切り返した。私はさらにたたみ掛けた。しかし自然を愛するはずの日本人がことさらに雨を嫌がるのはどうしてでしょう？　まばらなにわか雨が降ってきただけで通りはあっという間に雨傘で埋め尽くされるし、タクシーから舗道に渡る間に雨粒が二、三滴降りかかってきただけで悲鳴を上げる若い女性の姿をよく見掛けますよね。私はびしょ濡れになっても平気だし、雨傘なんて持とうと思ったことさえありませんよ、と挑むような口調で宣言した。それはつまり私の方が豊かな自然と調和していることを意味していませんか？　だが藤原の口を突いて出たのは、聞く前からほとんど予想できるほど彼らしい答えだった。「イギリスの雨と日本の雨はまったく違いますからね」

「日本」は定義できない？

日本は部外者を寄せ付けない島国の文化であるという固定観念を突き崩すのは容易なことではない。私はある時、日本特殊論に異論を唱えるエッセイを書いたことがある。その際に、入稿する前の原稿を友人で慶應義塾《けいおうぎじゅく》大学経済学部教授の嘉治佐保子《かじさほこ》に送って一読してもらおうと考えた。彼女の専門は欧州連合のマクロ経済学で、ほとんど何かの罰ゲームとしか思えないような難解な代物である。嘉治は非の打ちどころのない英語を話し、欧米人が相手でも日本人と同じように自然体で交流できるだけでなく、まるでロンドンやニューヨークに住む現代的な女性が振る舞うように行動する。五十代前半の彼女はかつて、『日本人のまっかなホント』という共著を出したことがある。その薄い本の中で彼女と二人の共著者らは、日本人のさまざまな行動を辛口のユーモアで皮肉ってみせた。槍玉に挙がったのはラブホテルを愛好し、季節の贈り物を決して欠かさず、さまざまな場面でお辞儀のマナーを使い分ける習慣などである。それと同時に、これらの習慣が何を意味するのか誤解している外国人のことをチクリと風刺することも忘れなかった。世知に長けて皮肉のセンスも一流の彼女だからこそ、戻ってきたEメールにはいささか面食らわざるを得なかった。彼女は私のエッセイについて次のような感想を記していたのである。

> 地球上で日本を理解しようと頭を悩ませていないのは日本人だけのような気がします。欧米で定義されるような意味で日本を「理解」できる人なんて誰もいないと思いますよ。

だって日本には絶対的なものは何もないのですから。

日本や日本人を定義しようとしている欧米人を見ていると、時々気の毒になってしまいます。日本人の中にさえ、日頃から来賓や外国人に親切にしたいというサービス精神から、欧米の専門用語を使って日本のことを「説明」しようとする善意の人たちがいます。

でもそれは無駄な努力というものです。日本人であることを正確に定義できる日本人に出会ったら、彼（彼女）は真の日本人ではありえません。日本では一つのことが別のことに継ぎ目なく溶け込んでいきます。重要なのは、どこで線引きがされているかなんて誰も（日本人なら誰もという意味ですが）気にしないということ。だから殻なし卵のたとえには同意できます。

もう一つ付け加えれば、私の姉［外務省のエリート官僚で私の友人でもある］はこれ以上ないというくらい日本的な日本人です。たぶん私が知っている中では一番日本的でしょう。彼女は自分の周りにまったく境界線を引かないし、何かを定義しようなんて思いもしないでしょう。だから、この問題は外国語を話せるかどうかとか、海外に長年住んでいたかどうかとはまったく関係ないのです。

私も欧米人が相手だと、何かを定義したり境界線を引いたりしないと実のある会話をする自信はありません。それでも自分のことを日本人だと思うのは、私もまた定義不可能なこの日本という存在を定義しようとする欧米人の努力には思わず「瞠目」せざるを得ないからです。だってやるだけ無駄なのですよ。できっこないのですから。私にはやろうという気さえ起きません。

もし日本の本質が捉えられたり、定義されたり、理解されたりするようなことがあれば、それはきっと日本がもはや日本ではなくなる時です。これであなたはすっかり混乱してしまったでしょうね。本当は締め切りがある人に混乱させるようなことを書くべきではなかったのですが、私の考えはこの通りです。

確かに何かを定義するのは厄介な作業だ。第一、一体どうしたら一人の個人を「定義」できるというのか。そして、それすら定かではないのに、複雑で多面的な一国の文化を定義するなどということが果たして可能なのだろうか？　だが日本が他国と比べて定義しにくいというのも納得のいかない話だ。それに日本人はどうして境界線（それが何を意味するにせよ）を引いたりせず、世界の他の国民と比べて絶対的なものに信頼を置こうとしないのだろうか？

当時、私はケンブリッジ大学社会人類学科教授のアラン・マクファーレンが書いた『鏡の国の日本』という本を読み終えたばかりだった。マクファーレンは私と違って、日本の文化は他の文化とあまりにも異なるのでそれ自体に関連付けて理解するしか方法がないと考えていた。「日本人と西洋や他の文明との違いは些細なものではなく、あまりにも深いレベルで異なっているので私たちが通常使用する学問的ツールでは歯が立たない」と彼は書いている。

ある晩、私はケンブリッジにある彼の自宅に東京から電話をかけた。彼はまるでアマゾン流域で発見された未知の部族について語るような口調で、日本はこれまで調査した他の社会とは違って考えれば考えるほど理解不能になると語った。「インドや中国に行くと奇妙であっと驚くような発見が多くあります。でも時間とともに頭がさらに混乱してくるというようなことはありません。ところが日本の場合、最初は類似点が多いという印象から始まるのに、次第に奇妙な点ばかりが目に付くようになるのです」

マクファーレンの言っていることに覚えがないと言えば嘘になる。私も日本に来るたびに、自分のこの国に対する理解が指の間からすり抜けていくように感じることがあったからだ。経験豊かな日本研究家にとってさえ、日本の本質を突きとめるのはひどく骨の折れる作業のようだ。一八九〇年、開国からまだ数十年後の日本列島に上陸したラフカディオ・ハーンは次のように書いている。「日本の事物の外見上の物珍しさは、はじめて接触すると（少なくともある人たちには）名状し難い、何か奇妙な、ぞくぞくするような気持〔ママ〕を起こさせる。――いわば、それは私たちがまだ接したことのないものを見るときに起こるあの不気味な感じなのである」〔『神国日本　解明への一試論』柏倉俊三訳、平凡社、一九七六年、七頁〕。日本を心から愛したハーンは決して世間知らずの純朴な青年ではなかったし、もちろん人種偏見のかけらもなかった。その一方で、彼の日本に関する文章には、実際より異国情緒にあふれた描写が目立つことも確かかもしれない。日本国籍を取得したハーンはこの国ではヤクモ・コイズミと名乗ったが、何でもかんでも西洋とはあべこべの日本では「小泉八雲」として知られていた。武家の血を引く女性と結婚し、日本語を流暢に話した八雲は旅に費やした生涯の最後の一五年間を日本で過ごし、この国について次のように書き残している。「あのすばらしさと楽しさは、その後消え失せたことがない。滞日一四年に及んだ今になっても、なお何かの拍子に、あれがよみがえってくるのである」〔前掲書、六頁〕。だが彼もまた日本に長期滞在している現代の外国人と同様、この国の本質をどうしても理解できない理由がわからずに頭を悩ませていた。彼はこう続けている。「ずっと以前のことだが、わたくしの最も親しくしていた日本人の親友が、その亡くなる前にわたくしに言ったことがある、『あなたは、もう四、五年も経って、日本人というものはまだ少しもわかっていないなと自ら気がつくようになった時にはじめて日本人を少しはわかりかけてくるのでしょうね』と」〔前掲書、六頁〕。これらの言葉が記された著書には、その内容にふさわしい『神国日本　解明への一試論』というタイトルが付けられている。ハーンが没したのは同書が出版された一年後のことであった。

確かにこの国には外国人にはなじみのないマナーやしきたりが何百通りもあって、他国と（少なくとも欧米諸国とは）多少波長が合わないような気がすることもあるかもしれない。これほど現代的な社会であるにもかかわらず、どこか我々には窺い知れないリズムに乗って動いているように思えるのだ。経験豊富な旅行者たちも初めて日本に来た時には、極めて興味深いがまるで異質な文化に遭遇したような印象を抱くことが多い。京都近郊に二五年も住み続けているピコ・アイヤーは、ある文章で日本のことを「私が知っている他のどんな場所よりもどこにも似てない場所」[11]と形容している。

ハーンやアイヤーと同様、私もまた日本でよく体験する多くの行動パターンに初めて出会ったかのように動揺することがある。たとえば、この国は多くの点で保守的であるにもかかわらず、公衆トイレで男たちが用を足しているところへ女性の清掃員が平然と入り込んで来る。これが起きると私はいまだに不意打ちを受けたように反応してしまう。日本人は自分を指差す時に心臓ではなく鼻を指すが、これにも毎回意表をつかれる。他人に名刺やお札を手渡す時には必ず逆さにならないようにひっくり返してから差し出すが、そうしないのは重大なエチケット違反になるのだ。言葉の問題を取っても、日本人はあいまいな表現が大好きだ。第一人称、第二人称、第三人称はしばしば混じり合って一つになる。「愛してる」という言葉には「私」も「あなた」も含まれない。ビジネスマンは自己紹介する時に自分はどこどこの会社に所属しているという言い方をする（「みずほ銀行の田中です」）が、それはまるで自分と職場のアイデンティティーの区別がつかなくなっているかのような印象を与える。名前の後に付けられる「さん」という敬称は動物にも使用される（「動物園で象さんを見た？」）。

もっとも、私たちはこうした違いにあまりこだわるべきではないし、むしろまったく無視してしまった方がいいのかもしれない。自分たちの行動だけが「正常」だと考える欧米中心主義の観察者の目には、ペルー、インド、それにパプアニューギニアの風習も同じように奇異に感じられるはずだからだ。マクファーレンはこの議論をさらに一歩進めて、日本と他の諸国の違いは表面的なものではなく、より深いレベルに達していると主張した。彼によれば、他の現代社会では精神世界と日常世界の間に決定的な分離が起きたが、日本はそれを経験しなかったというのだ。つまり、日本はドイツの哲学者カール・ヤスパースの言う「枢軸時代《すうじく》〔世界史の軸となる時代〕」を経験しなかったのであると。それは人類が精神的に覚醒し、物質世界と精神世界が分離した結果、両者の間に強い緊張関係が生じた時代だった。日本にはこの世における行動の基準となるような天国も地獄も存在しない。「理想や善が宿るこの世とは別の世界や、人や自然とは別に存在する精神世界があって、それを行動規範にしたり、救済のよりどころとしたりするという哲学的な考えを日本は受け入れなかった」[12]

ある時、かつて京都の花街で芸者をしていた女性が私に同じようなことを言ったことがある。彼女はアーサー・ゴールデンが書いた小説『さゆり』〔後にハリウッドで映画化された〕のモデルであり、情報提供者の一人となった人物だった。「聖書を読んだことがありますけど」と彼女はあまり感心できないという口調で言った。「私たちの神様たちは、いちいち人間が善か悪かなんて試したりしません。そこが違いますね」[13]。私は好奇心も手伝って、日本人の友人数人に神はどういう存在だと思うか、それともそんなことは考えたこともないかと尋ねてみた。電話セールスの仕事をしている若い女性は、その質問を聞くとすぐに死んだ祖母のことが頭に浮かんだと言った。欧米でこういう回答を聞くことはまず考えられない。別の友人で外務省に勤務する千葉明《ちばあきら》は「キリスト教のことはよく知りませんが、外部から見ると人間の役割と神の役割が明確に分離され、人間の領分と神の領分も違っているように思えます。一方、日本の神々はそこら中にふわふわ浮いていて常に人間とともにあります。ぼくらは基本的に神々と一緒に暮らしているのです」

　マクファーレンは日本の至る所に、彼の言う分離の欠如を見た。たとえば、塩をまいて土俵を清める相撲はスポーツであると同時に宗教的側面を持つ。日本の庭園は自然を愛でるものであると同時に芸術でもあるし、藤原と一緒に食べたランチにもそうした一面があった。日本は基本的に信仰のない国であるにもかかわらず、祈りを捧げる神社仏閣が至る所に存在する。藤原が言っていたように、経済もまた科学であると同時に道徳的側面と切り離すことはできない。「〔日本の〕庭園や儀式や国民はそれ自体では理解することは不可能であり、常に他の何かと関連付ける必要がある」[14]とマクファーレンは書いている。彼によれば日本は「ついたてのない社会」なのだが、それは私の友人の嘉治がメールに書いていた「境界線を引かない日本」という考えに酷似している。つまり「一つのことが別のことに継ぎ目なく溶け込んでいく」社会なのである。

　マクファーレンはこの分離の欠如を日本の芸術にも見出している。日本人は美術と工芸を区別しないと彼は言う。日本で最高水準の芸術家は同時に工芸家（陶芸家、刀工、和紙作りの職人、漆職人、それに書道家など）でもあり、大変な敬意をもって遇され、「人間国宝」に認定されることもある。他の多くの日本研究家と同様、彼もまたあらゆる状況や場所から芸術の香りを感じ取っていた。たとえば、華道における絶妙の花合わせ、漆器や陶器などの器や盛り付けに粋を凝らした和食、さらには何世代にもわたって受け継がれてきた魚を下ろす時の包丁さばきや石庭をほうきで掃く際の身のこなしにさえ「芸」が感じられた。「詩人キーツの言葉を借りれば、日本人にとって『真実は美、美は真実』なのだ」と彼は述べている。

たった一七音からなる日本の俳句には必ず季語を入れる決まりがあるが、これもまた日本ではあらゆるものが何かに関連付けて理解されるという考えを裏付けている。たとえば松尾《まつお》芭蕉《ばしよう》の作品で最も人口《じんこう》に膾炙《かいしや》した句と言えば、

古池や
蛙《かわず》飛びこむ
水の音

であろうが、ラフカディオ・ハーンはこれを次のように英語に直訳している。

old pond
frogs jumped in
sound of water

残念ながら直訳してしまうと単なるへぼ詩にしか見えないのだが、芭蕉の日本語の美しさは直接言及されていない外部の何かに関連付けられることによって一層際立つのである。た

とえば季節（春はカエルにとって繁殖期、つまり愛の季節である）、場所〔古池〕、そして音（飛び込んだ後の静寂をかえって深くする擬音語《オノマトペ》の使用）（「音」という言葉は声や物に当たる音、あるいはさまざまな擬音に語源があるとする諸説がある）。ある時、日本酒にも造詣が深いあるワインの専門家が私にこう言ったことがある。最も洗練された日本酒はシャルドネやクラレットなどのワインとは反対に、雑味が取り除かれてサラサラした水のような飲み口になるのだ、と。「ワインはそこにあるもので定義されますが、日本酒はそこにはないもので定義されるのです。それは言葉とよく似ています。私たちは間や沈黙を置くことで、そこにない何かから言外の意味を汲み取らせようとします。最も上質の酒もそれと同じで、ほとんど自己主張をしないのです」

プロパガンダがかき立てた幻想

日本が他のどんな国とも異なるというのは、なかなか魅力的な考えだ。だがそれを拒むべき理由は、枚挙にいとまがない。たとえば日本人の行動は、大半の外国人にとって不可解なリズムに支配されているという考えがあるが、それは結果として日本と諸外国の間に過剰なまでの距離感を生じさせた。オーストラリアの歴史学者ガヴァン・マコーマックは、ルース・ベネディクトの『菊と刀』について「二〇世紀で最も見事な成果を上げたプロパガンダの一つ」という評価を下している。[15] マコーマックによれば、同書は戦後の一時期に自らの独自性に関する日本人自身の幻想をかき立て、アジアの近隣諸国との心理的絆を断ち切ることに一役買った。その結果、日本の対米依存度を高めることに成功したというのである。

日本の「本質」なるものをよく吟味してみると、その大半が実は比較的近年になってからの創作であることがわかる。一九世紀の国家主義的な指導者層、つまり明治政府は封建的な武家社会から新しい国家への転換を図ろうとしていた。その際に天皇を中心とした神話を創造すれば国民統合の支柱として役に立つと考えたのだ。神道は元来、自然や自然現象を敬う汎神論的《アニミズム》な自然崇拝に基づく民間信仰であったが、彼らはそれを国家神道の地位にまで引き上げたのである。その結果、さまざまな神道の宗派は天皇の名の下に統制され、皇室の祖神とされる天照大神《あまてらすおおみかみ》を頂点とする祭祀体系が誕生した。一八八〇年代以降、歴史教科書の記述は石器時代ではなく太陽神としても知られる天照大神の誕生、つまり皇室が誕生した由来から始められるようになった。言い換えれば、日本の独自性あるいは特異性とされるものの大半は、プロパガンダに過ぎなかったわけである。日本固有のアニミズムと天皇崇拝思想を融合させたのは、政治的な策略以外の何物でもなかった。だがその過程で天皇は、もはやその存在なしに日本国を語ることさえ困難なほどの巨大な存在になってしまったのである。そのためにアメリカの占領軍でさえ天皇制を廃止せず、天皇の名の下に行なわれた戦争の責任をすべて免除したほどだった。「こうして、あいかわらず天皇は、日本人は遺伝的に違うのだという意識を維持させ、『血統』にもとづくナショナリズムを象徴する最高の偶像となり、日本人をして他の民族や文化とは永久に切り離された——しかも上位の——存在たらしめる、架空の本質を体現する存在となったのであった[16]」〔ジョン・ダワー『増補版　敗北を抱きしめて』

下巻、三浦陽一他訳、岩波書店、二〇〇四年、五頁〕

政治権力強化の方策に過ぎなかった制度に文化的意味を後付けするのはあまりにもたやすいことだった。たとえば、新しい天皇が即位するたびに元号《げんごう》を変える習慣は、ある周期で時間が元に戻るという日本に固有の世界観を表しているという主張が一部にあるが、それは誤った考えである。正しくは、その起源は天皇崇拝思想が作り出された一九世紀半ばまでにしかさかのぼることができないのだ。いわゆる日本的「本質」の復活を切望する現代の国家主義者たちについて、マコーマックは次のように書いている。「彼らが古代からの伝統と考えたものは典型的な現代のイデオロギーに過ぎなかった[17]」

「日本的経営」は日本的ではない

戦後、「GNP神話《国民総生産》」の幕開けによって国民が天皇に代わる崇拝対象を見つけると、日本人であることは新たな意味を持つようになった。同志社大学教授でエコノミストの浜矩子《はまのりこ》は、素っ気ない口調で権威や因習をばっさり切り捨てる魅力的な人物だ。彼女に言わせれば、戦後の経済成長モデルに本質的に「日本的」な部分など皆無だったという。奇跡的な経済成長を可能にした「日本的経営」の特徴は集団主義や共同体的な価値観にあるとされている。だが二〇世紀初頭の日本はそれらとまったく相容れないエネルギッシュで過酷な競争を特徴とする資本主義を実践していたというのだ。浜によれば、戦後に終身雇用や年功序列といった制度が採用された背景には、人口動態を考慮して製造業界が必要とする労働力を確保する狙いがあったという。それは決して日本人に「人に優しい資本主義」を好む潜在的傾向があったためではない。成長が鈍化して社会の高齢化が進むに従い、かつて日本的経営の長所としてもてはやされたさまざまな制度は急速に崩壊していった。たとえばパートやアルバイトなどの臨時労働者の比率の高さから判断する限り、日本の労働市場は今や多くの欧米諸国より柔軟性が高いとさえ言える。その一方で、終身雇用と年功序列は、藤原の言う武士道精神を現代に移し替えたものであると考える日本人が一部にいることも確かだ。だが、たとえそれが本当に日本人の本質であったとしても、今やあっけなく雲散霧消しようとしていた。

日本は均質な国か

保守的な「本質主義者」たちの主張と異なり、文化は決して不変ではない。変化には数世代かかることもあるが、それが言語のように進化と適応を繰り返す存在であることは確かだ。一国の未来はもちろん、歴史を永遠不変の国民性に基づいて説明するのは決定論的な世界観に屈することを意味する。こうした誤った考えを助長する思い込みに、私たちは異議を申し立てる必要がある。

最初に取り上げたいのは、日本人が単一民族であるという考えだ。そもそも彼らは一体どこからやって来たのだろうか？　古代の人々は二つの異なる段階を経て日本に到来した。最初に渡来した集団は、おそらく氷河期に海面の水位が下がって日本列島が大陸と陸続きになった時代に歩いてやって来たものと思われる。出土した石器の形式から、およそ五〇万年前に北東と南西の方向から別々に到来したことが推測できるのだ。一万二〇〇〇年ほど前、つまり世界中で氷河が溶け始めた直後の時代には、これらの狩猟採集民たちは列島で繁栄するようになっていた。[18] これが縄文人《じょうもんじん》と呼ばれる人々で、これまで発見された中で世界最古の部類に入る土器を作っていた。その暮らしぶりはアメリカ北西部の先住民とよく似ており、変化に富んだ食生活を送っていたことがわかっている。木の実、ベリー類、穀物を採取して食べ、モリを使ってマグロ漁を行ない、イルカやアシカを海岸で捕殺し、網や鹿の角を加工した釣り針で魚を獲っていた。彼らの社会に身分制や階級序列が存在したという証拠はほとんど見つかっていない。

　ところが一万年にわたってほとんど変化らしい変化を経てこなかった縄文式生活様式は、紀元前四〇〇年頃に突如として劇的な大変動に見舞われる。その頃までに日本列島の住民は鉄器を用いるようになり、高度な灌漑システムを利用して水稲耕作を行なっていた。後に弥生人《やよいじん》と呼ばれるようになったこれらの人々は、古い日本人とは風習も異なっていたのである。機《はた》織りを利用して布を作り、青銅器やガラス玉を用いたり、米を保管する貯蔵穴を掘ったりした。死者を埋葬する時も縄文時代と異なり、かめやつぼを棺とする「かめ棺墓」に葬るようになった。だが弥生人とは一体何者だったのだろうか？　これまで発見された考古学的な証拠や遺伝子解析の結果は、朝鮮半島から大量の渡来人が流入したことを暗示しているが、日本にはこの説を認めたがらない学者も一部にいる。だが先住者の縄文人たちを圧倒するほどの大移動が半島を経由して行なわれた可能性は否定できない。また別の考え方として、当初流入した人数は限られていたが、優れた農業技術によって豊富な食糧を確保し、縄文人よりはるかに急速に人口を増加させた可能性もある。いずれにせよ、弥生人の生活様式は最初に定着した九州から急速に広がり、四国に渡って本州を北上する形で普及していったが、寒冷地の北海道にだけは到達することはなかった。朝鮮半島から渡来したらしき弥生人がそれ以前からいた縄文人と混血して現在の日本人を形作ったという説は、今では学問的にも広く受け入れられている。だが日本の文明は本質的に島国という地理的条件の下で生まれ、文化も遺伝的形質も大陸から独立した形で発展したと主張する人々にとって、これは同意し難い考えだった。

現代の日本も、しばしば当然視されているような単一民族や単一文化の国、あるいは単一の社会階層の国では決してない。もちろん大きな移民人口を抱える多民族国家と比較すれば、民族的多様性が低いことは否めない。だが、ある研究者はやや誇張した表現で、日本は「自らが多民族・多文化国家である現実から目を背けている」[19]と指摘している。日本の総人口一億二七〇〇万人のうち約二〇〇万人が「在留外国人」としてこの国に滞在している。その比率は全体の一・五%ほどで、アメリカ、イギリス、スペインなど外国人により広く門戸を開放している国々に比べれば小さいが、決して無視できる数字ではない。しかも、この国には約五〇万人の在日韓国・朝鮮人がいる。彼らは一九一〇年から一九四五年までの日本統治時代の朝鮮から、時には自らの意思に反して移住してきた人々の子孫で、大半は日本で生まれ育った。これほど閉鎖的な国でなければ、とっくの昔に全員が日本国籍を取得していてもおかしくない〔帰化を経て日本国籍を取得した人々も数十万人いる〕。だがたとえ彼らを除外しても、日本には依然として一五〇万人以上の在留外国人がいることになるし、加えて法務省入国管理局によれば推定六万人の不法滞在者がいるという〔二〇一四年一月一日現在〕。多くは学生ビザ、観光ビザ、研修ビザなどを使って入国し、在留期限満了後も滞在する不法残留《オーバーステイ》の外国人である。

また、沖縄にはおよそ一四〇万人の人々が住んでいるが、彼らの多くは一八七九年に明治政府によって廃止された琉球《りゆうきゆう》王国の住民の子孫だ。そして北方の狩猟採集民であるアイヌ民族の血を引く人々の多くが今も北海道に住んでいるが、他の地方に移住した人たちも少なくない。アイヌは二三〇〇年ほど前から日本列島の北部に押し込められて生活してきたが、日本語とほとんど共通点のない孤立言語を話し、日本人より色白で体毛が濃い。沖縄と同様、北海道が日本の領土になったのも比較的最近のことである。古代大和朝廷から続く歴代の中央政権は、東北地方や北海道を何世紀にもわたって蝦夷（古くは「えみし」、後に「えぞ」と呼ばれるようになった）という蔑称で呼び、後にそれらの地域の先住民であるアイヌのこともそう呼ぶようになった。

一方、社会的階級に関する差別として、日本には一〇〇万人から三〇〇万人のいわゆる〝被差別部落住民〟と言われる人々がいる。徳川幕藩体制の下では、〝穢多《えた》〟と呼ばれた最下層階級の人々がいた。当時、彼らはインドのカースト制における不可触民と同様、牛馬の死体の処理、獣皮の加工、革製品の製造販売などの「けがれが多い仕事」にしか従事させてもらえなかった。明治維新後の一八六九年（明治二年）には封建体制下の「農工商」は平民とされ、七一年の解放令によって公には「穢多」の呼称も廃止されたが、その後も被差別部落出身者に対する差別は解消されず現在に至っている。[20]

国民の大多数が自らを中流階級と考える日本社会では、身分や階級、性、地域などによる差別の問題はことさら軽視される傾向がある。だが差別の存在は否定しようのない現実だ。戦時中に「一億一心」をスローガンにしたこの国でも、その点はそうした歴史のない国々と何ら変わりはない。社会学者の杉本良夫は「日本人が皆、判で押したように同じ国民性を持つ」[21]という考えを否定している。

創作された自己イメージ

一八六八年の明治維新のリーダーたちは、日本人であることの意味を根本から作り直す必要があった。古い封建体制は近代化の名の下に解体され、武士は刀とまげを捨て、それまで武器を持つことさえ禁じられていた平民は突然、必要に応じて国家に命を捧げることを要求されたのである。新たな国家意識を創造することはもはや急務であった。日本の帝国主義的野心が膨張するにつれ、日本人としてのアイデンティティーは戦争への心の準備と切り離せなくなってきた。一八九〇年に発布された教育勅語は国民教育の思想的基盤として神聖化され、生徒たちは全文を暗唱させられた。この文書が日本国民に求めたのは天皇に対する忠誠心と先祖や皇祖に対する孝行心、そして非常事態が発生した場合は良き臣民として皇国のために勇敢に仕える（つまり命を捧げる）ことであった。当時は学校で天皇と皇后の写真である「御真影《ごしんえい》」を拝礼する儀式も定着していた。ベネディクトは、ある学校の校長が御真影を守るために燃え盛る校舎の中に飛び込んで焼死した事件について言及し、それは決して消えることのない日本人の文化的特質を表していると考えた。だがその実態は皇室への忠誠を体で覚えさせる洗脳の結果としか思えない。

それから半世紀後の一九四六年元日、新聞各紙の一面に天皇の「人間宣言」が掲載された。「天皇ヲ以テ現御神《アキツミカミ》トシ、且日本国民ヲ以テ他ノ民族ニ優越セル民族ニシテ、延テ世界ヲ支配スベキ運命ヲ有ストノ架空ナル観念」が明確に否定されたのである。その文面から読み取れるのは戦前の日本がまさにそれを真実として受け入れていたという事実だった。今日においてさえ、皇室にまつわる迷信は完全に抹消されたとは言い難い。たとえば、紀元三世紀から七世紀にかけて天皇を埋葬するために造られた数十基以上もの巨大古墳が、国内の考古学者たちにさえ立ち入り禁止にされている事実がある。おそらく宮内庁は、それらの墳墓の調査によって何らかの不愉快な真実が判明するのを恐れているのだろう。一つ考えられるのは、日本の皇室の起源が朝鮮半島にまでさかのぼれるという可能性だ。

現代日本の作家や知識人の中には、集団内の慣習に従うよりも自分の頭で考えて行動することの大切さを主張する人たちもいる。小説家の村上春樹もその一人だ。彼の作品の主人公には一匹狼や流れ者が多い。二〇〇九年、村上はイスラエルで外国人作家に贈られる最高の文学賞であるエルサレム賞を受賞した。授賞式ではイスラエルのシモン・ペレス首相の隣に立ち、多くの人がパレスチナ寄りの発言と解釈した受賞スピーチを行なった。「もし固くて高い壁があって、壁にぶつかれば壊れてしまう卵があれば、いかに壁が正しく、いかに卵が間違っていようと、私は卵の側に立つでしょう」と彼は述べたのである。そのスピーチには日本社会が集団主義的でねばねばしていると主張した森常治の「殻なし卵」に通じる面があったが、村上は卵にたとえた個人を擁護しているようにも聞こえた。それは日本人同質論とはまさに正反対の主張である。「私たち一人一人もまた、卵なのです。壊れやすい殻の中には、その人だけの掛け替えのない魂が入っています」と彼は言ったが、その言葉は日本人論が掲げる主張の多くを暗に否定していた。「高い壁は私たち一人一人の前に立ち塞がっています。その高い壁とは『システム』に他なりません」[22]

　私の友人で外交官の千葉は、日本人の自己イメージの形成には教育が根本的な役割を演じていると主張する。「たとえば、学校で教えられることの一つに、日本は外国から持ってきた物を自国向けに作り変えるのがうまいということがあります。それが自己イメージとしてインプットされるわけです。この国はそうやって子どもたちに教えているのです。日本人は他の国の人たちとは違うということを」。学校教育で教え込まれたことは頭の中で呪文のように繰り返されることになりかねないと彼は言う。「こうして皆と同じことをしないのは恥ずべきこととされ、周囲と行動を合わせたり伝統を守ったりすることを重視する精神構造が出来上がるのです」。だが千葉はこれが日本の特殊性や独自性を高めているとは到底思えないという。「昔は生の魚を食べただけでどんな国とも違うと主張できましたが、今やどの国でも珍しいことではなくなったので、それだけではポイントを稼げなくなりました」と彼はいつもの皮肉な口調で言った。「やたら太った連中が取っ組み合いをする相撲も昔は珍しいスポーツでしたが、今ではモンゴル出身やベラルーシ出身の力士さえいます。これでまた減点です」。千葉によれば、日本人は自分をアジア人と比べることはめったになく、欧米人とばかり比べる傾向があるという。だがそれが本当なら、ヨーロッパ人の視点やユダヤ＝キリスト教的な観点から見て、日本がいまだに毛色が変わった国に見えるのはある意味で無理からぬことかもしれない。

　こうした傾向は日本の自己イメージだけでなく、海外から見た日本のイメージにも影響を及ぼす。たとえば、少しの間、こんな思考実験をしてみよう。二〇世紀後半に欧米諸国に匹敵する経済規模と技術水準を獲得して世界を驚かせた国が、日本ではなくタイだったらどうだろう。その場合、書店にはタイが成功した秘密を解明しようとする書籍が所狭しと並ぶはずだ。そしてタイの独特な文化、国民に人気の高い国王の存在、タイ式の商慣行、タイ料理で使われるユニークな食材や香辛料などがさまざまな側面から分析されるに違いない。もし日本を欧州諸国やアメリカとばかり比べるのでなく、中国や韓国との関連で観察すれば、もはやそれほど突出して変わった国とは思えなくなるはずだ。「韓国にも独自のアニミズム信仰がありますが、日本のそれと大して変わりません。中国でも道教から多くの民間信仰が派生していますが、日本の神道や自然崇拝から懸け離れているわけではないのです」[23]と北東アジアに関する思慮に富んだ分析で知られるイアン・ブルマは語っている。彼によれば、問題は日本人が自国について語ることを外国人が額面通りに受け止めすぎることだという。「日本の国粋主義者たちが自国文化は中国とまったく異なると主張するのは、一種の防衛機制に過ぎません。日本は言うまでもなく中国に深い影響を受けてきました。まさにそれだからこそ、両国の違いを誇張することで独自の立場を確立しようとしているのです」

孤立した島か、世界とつながる島か

船橋洋一《ふなばしよういち》は日本で最も尊敬されているジャーナリストの一人で、国際的にも名の知られた評論家だ。私にとっては古くからの友人でもある。そこで彼に、日本人の特殊性を強調する自己イメージは新たな国造りや政治権力の維持のために創作されたという説に同意するか尋ねてみた。「確かにある程度はそういう側面もあるかもしれません」と彼は言うと、一九〇〇年前後に書かれた何冊かの書物の題名を挙げた。新渡戸稲造《にとべいなぞう》の『武士道』、それに岡倉覚三《おかくらかくぞう》(天心《てんしん》)の『茶の本』などである。「彼らは『日本人論』という言葉こそ使いませんでしたが、『新たな日本像』を探求している点では共通していました。それは画期的な概念でした。彼らは日本の伝統がこの国の将来に大きくかかわってくることを疑わなかったのです。そこでドイツ、フランス、イギリス、そして最終的にはアメリカなどの諸外国から多くを学んだにもかかわらず、日本古来の精神と外国の優れた専門知識をうまく調和させたやり方を模索し始めました。それが和魂洋才と呼ばれるものです」と彼は言った。

だが一九三〇年代から四〇年代にかけて、日本が軍拡路線と領土拡張主義への道をひた走るようになると、和魂洋才の二つの要素はバランスを欠き始めたのだと船橋は言った。つまり「日本人は日本主義に酔いしれていたのです」。敗戦後、日本は再びバランスを取り戻して海外の先進国から学ぶ姿勢を示し始め、とりわけアメリカから多くを吸収しようとした。「しかし私たちは再度、この微妙なバランス感覚を失い始めているようです。日本に固有のモノや現象にばかり夢中になるガラパゴス化現象が起きているのです」

日本の文化は、外界から隔絶した環境に最適化して独自の進化を遂げた「ガラパゴス諸島」のような存在だという見方が、しばらく前から流行している。それはビジネス環境にも応用できる考えで、日本の消費者の好みに合わせようとするあまり、汎用性の低い商品開発が行なわれたり、世界標準との互換性がない独自仕様が採用されたりする弊害が指摘されているのだ。「このガラパゴス化は携帯電話だけの問題ではありません」と船橋は言った。「原子力安全規制から英語教育の指導方法まで、ほとんどあらゆる事柄に影響が及んでいます。しかも私の考えでは、このガラパゴス的な発想は日本が特殊な国だという確信を強め、自己愛を増幅させる危険性があるという意味で極めて有害なのです。そこからは『外国のやり方を学ぶ必要はない。世界で最も品質にうるさい日本の消費者を満足させているのだから、外国の方がまねるべきだ』という考えが生じるからです」。彼はそこで効果を狙って言葉を切ると、こう続けた。「しかし、それは神話に過ぎません」

私は島国という言葉は彼にとってどういう意味を持つか尋ねてみた。彼はアジアの海に関するノンフィクションの旅行記を書くために、半年間の休暇を取った時の話をした。「日本の海岸線に沿って旅をすればするほどこの小さな島が愛おしくなってきました」と彼は言った。その後で向かったのが中国だった。まず北東部の港町である大連《ターリエン》を起点として東部沿岸を延々と天津《ティエンチン》にまで下り、上海《シャンハイ》、古都杭州《ハンチョウ》を経て中国南端の珠江《チューチアン》デルタにある広州《コワンチョウ》の貿易港にたどり着いた。そこから香港までは目と鼻の先である。「私は今回、中国が面している海の広大さに感銘を受けた、というより圧倒されました。突然この現実に気付かされた時には大きなショックを受けたものです」。その旅は、それまで彼が長年抱いていたアジアの地理に関する理解を根底から覆した。それは、海に囲まれた列島である日本こそがアジア屈指の海洋国家であり、中国は広大な大陸に根を下ろした陸地の大国であるというアジア像だった。「私たちは、中国もまた海洋国家であるという現実を理解する必要があります」

船橋の指摘は同志社大学教授の浜が私に言ったことを思い出させた。島国というのはその気になれば内向きにも外向きにもなれる、と彼女は言ったのだ。「日本もかつてイギリスほどの規模ではないにせよ、海賊国家だった時期があります。当時の日本人は海へ出ることを恐れなかったし、冒険心があってあえて危険を冒すような行動を取ったものでした。海洋国家だった体験は、日本的精神の潜在的な特質の一部として刷り込まれていると考えるべきでしょう。でも海外から自らを孤立させればさせるほど、そうした陽気な騒々しさや海賊に特有の冒険的精神を持ち続けることは難しくなってきました。私は島国という言葉が暗示している海賊のイメージが好きなのですが。でも会話の中で何らかの記号として用いられる場合、それは間違いなく外から隔絶された社会の島国根性を意味しています。内向きで、海の向こうを見据えるような気概とは無縁の精神構造です」

船橋は、日本が視線を外に向けていた時代は確かにあったが、徳川幕藩体制の支配が続いた江戸時代（一六〇三‐一八六八）に内向きになってしまったのだと語った。それでもあえて孤立を選んだ鎖国時代においてさえ、一般に考えられているほど海外との接点が途絶えたわけではなかった。「島国という言葉は、世界から自らを切り離した島という意味にも取れますが、同時に世界とつながっている島と解釈することも可能です。日本の場合、国民は以前のような孤立した平和な国に戻れるのではないかと考える傾向があります。島国根性のなせるわざですが、そんなことは実現不可能だし、江戸時代でさえ外部との接触を完全に断ったわけではありませんでした。日本が孤立して生きていけるというのは幻想に過ぎないのです」。彼はそう言うと、再び言葉を切ってから先を続けた。「本当に危険な兆候です。江戸時代に戻れるわけではないし、内側に引きこもるわけにもいきません。何らかの形で世界と折り合っていく方法を見つけるしかないのです」

第4章　「脱亜《だつあ》」への決意——日本外交のルーツ

「脱亜」に成功し、「入欧」に失敗する

島国である日本は十数世紀の長きにわたって、外部世界と複雑で時に決して良好とは言えない関係を築いてきた。たとえば、一六世紀に西欧と初めて接触する以前は、威圧的な態度で接してくる中国は日本にとってかなり煙たい存在であった（もちろん、文化や知識の源泉としては称賛の対象でもあったのだが）。その後の歴史で、西欧人が「邪教」[1]のキリスト教を日本に持ち込もうとした時も、後に列強が不平等条約を押し付けたり、隙あらば植民地化しようとする姿勢を見せたりした時も、関係構築は一筋縄ではいかなかったのである。今日の日本が大戦時に敵対関係にあったアジアの隣人たちから警戒され、地球の反対側にあるアメリカとしか同盟関係を築けていない状況にもそうした歴史が反映されている。

日本経済が絶頂期を迎えた一九八〇年代には、いずれ世界経済の覇者になるだろうと大げさに騒ぎ立てられたこともあったが、そんな時でさえ日本は地政学的な影響力を欠いていた。

アメリカ人が書いた平和憲法によって軍隊保有の権利を剝奪《はくだつ》されていたために、経済大国でありながら外交的には卑小な存在でしかなかったからだ。その現実は、アメリカが一九九〇年に起こした第一次湾岸戦争の際に屈辱的な形で突きつけられた。日本政府は多国籍軍への資金援助として関係国で最大の総額一三五億ドルを拠出した。それにもかかわらず、イラク軍から解放されたクウェートが戦後に出した感謝決議の対象に、日本の名前は含まれていなかったのである。

日本は地理的位置関係よりも、経済的な先進国であることを理由に「欧米諸国」の一員と見なされることが多いため、アジアでは孤立しがちだ。また、アメリカという「宗主国」による半植民地主義的な支配から、いつまでも抜け出せない「従属国」であるという見方も一部にある。[2]戦後の「金持ちクラブ」として結成されたG7（先進七ヵ国首脳会議）は、今や急速に存在意義が薄れつつあるが、日本もその一員である。ところが、日本は真に重要な「クラブ」である国連安全保障理事会常任理事国の仲間入りをすることは決して認めてもらえなかった。アジア地域においても、その圧倒的な経済力にふさわしい指導力を発揮したことは一度もない。日本はインドネシアやタイなどへの大規模な投資を通じてアジアの経済活性化に貢献してきた。それだけでなく、地域内の開発援助でも先駆的役割を果たし、中国も含めて経済的に成功したアジア諸国が模範とするような活動を続けてきたのである。それでも戦時中から現在に至るまでくすぶり続ける反日感情によって、域内で指導的立場につくという望みはことごとく打ち砕かれてきた。

日本は何世紀も前から世界で確固たる地位を築こうと苦心してきた。一六三〇年代に鎖国体制が確立すると、日本は当面、国際社会の一員になる必要はなくなった。だが明治維新の遂行によって西欧の学問を習得し、それがついに実現すると、日本はアジア人の国でありながら「西欧」列強の一員となれたという誇りに胸を膨らませた。だが、それは日本にとって最悪のタイミングだった。日本が植民地帝国として台頭したのは、イギリス、スペイン、ポルトガルなどのむき出しの植民地主義が次第に「正当性」を失っていった時代でもあったからだ。「東洋の大英帝国」になるという希望は打ち砕かれた。日本の帝国主義的な軍事行動は時代にそぐわなくなっていただけでなく、政府の恐るべき誤算によって状況はさらに悪化した。狂信的な天皇崇拝で目がくらんでいた半ファシスト的軍事政権は、敗戦が不可避であるという現実を把握できなくなっていたのである。終戦までには国家滅亡の危機に瀕するありさまで、もはや軍事的手段で国際的な「地位」を確立する望みは完全に断たれてしまった。日本に残された道は、経済発展を通じてその望みを達成することだけであった。

ある研究者は、日本が海外との関係で経験した悲惨な歴史は、この国に「強烈な劣等感をもたらし、国際的地位への執拗なまでの執着心を生んだ」[3]と分析している。アメリカの歴史家ケネス・パイルは、一八六八年に日本の封建体制が崩壊した後、それに続く半封建的社会が目をしばたたかせて西欧の啓蒙主義を仰ぎ見る様子を卓越した文章で描いている。「日本が国際社会の仲間入りをする際に抱いていた世界観には、国内の社会秩序に対する見方が投影されていた」と彼は書いた。「国際的地位にこれほど過敏になるのは、封建時代に何世紀にもわたって培われてきた日本固有の名誉の文化があるからだ」[4]。そのため、日本は国際舞台に「序列がもたらす秩序への信頼」を持ち込んだのだという。これについて、パイルは私との直接の会話でこう詳しく説明している。「明治時代の日本人を調べると、彼らが常に序列のどこにいるかを気にしている様子がわかります。『トルコは超えたが、まだスペインの下だ』というように。日本は多かれ少なかれ、国際的な地位にずっと同様の関心を示してきたのです」[5]

小泉純一郎元首相のブレーンの一人だった田中直毅《たなかなおき》は、日本は国際的地位の向上のためにアジアに背を向けたのだと私に語ったことがある。「明治以降の日本のリーダーたちは、中国と朝鮮の指導層がひどく腐敗していると考えていました」と彼は言った。「そこで西欧からの圧力に屈しないためには（アジアから離れる）『脱亜』を何よりも優先させるべきだと考えたのです」[6]

日本が「西欧列強」の一員でありながら、地図上の位置と歴史に縛られているという「地理的悲劇」は極めて重要なテーマである。一九世紀に日本が中国の知的伝統のくびきを振り払おうと四苦八苦していた時、学者たちの中で最も大胆な者たちは、日本について極めてヨーロッパ的な視点で考え始めた。フィリピンをはじめとするアジア諸国の多くは、すでに列強の植民地と化す運命に屈していたが、日本はその屈辱を免れたいと考えていたのだ。自らを世界の絶対的な中心と考える中華思想の持ち主だった強大な中国でさえ、一八三九年から一八四二年まで続いた第一次アヘン戦争でイギリスに敗れてしまった。その結果、開港などを含む不平等条約の調印を強いられ、最終的には複数の植民地帝国によって「メロンのように切り分けられる」屈辱に見舞われたのである。一八七八年までに世界の陸地の六七%は欧州諸国とその従属国の支配下に置かれ、一九一四年までにその比率はさらに八四%という驚異的な数字にはね上がることになる。この怒濤のような勢いに抵抗するにはアジアから完全に離れ、「ヨーロッパ」の仲間入りをする「脱亜入欧」を果たすしか方法はなかった。だがそのためには産業化を進め、より近代的な新しい憲法を制定する必要があった。そればかりか、日本自らが植民地を保有することが求められるはずであった。なぜなら当時の世界では、列強の一員になることを希望するほどの誇り高き大国にとって、それは当然の権利というより義務とさえ考えられていたからである。

だが日本は「脱亜」には成功したものの「入欧」、つまり植民地主義国家として成功することには無残なまでに失敗した。この国がいまだに外の世界とうまく関係を結べないのは、この歴史的経緯と深い関係がある。「西欧クラブ」の一員になろうとして失敗したために、日本は外交的に宙ぶらりんの状態に置かれ、しかもかつて征服しようと試みた反日感情の強い隣国に囲まれている。一体どうしてそんなことになってしまったのか。それを探るのがこの章のテーマである。

中国の影響からの脱却

日本の近代化は、人種差別的な考えによって植民地支配を正当化してきた西欧人に、彼らが想像だにしなかった事実を突きつけた。それは、非白人の国にも西欧の国家と対等になるか、それを凌駕するレベルにまで発展する能力があるということだった。だが多くのアジアの人々にとっては、この輝かしい業績も戦時中に日本が近隣諸国に対して行なった残忍な行為や、アジアから自分を切り離そうとした過去に対する微妙な感情によって、取り返しがつかないほど汚されてしまったのである。

今日、私たちが日本文化と認識しているものの大半は、起源を中国にまでさかのぼれる。「中国」という名前が示唆するように、この国は知られている限りの世界の中心とされており、あらゆる文化、技術、宗教、そして道徳の起源でもあった。稲作と同時に青銅と鉄の利用法も朝鮮半島を経由して中国本土から伝わった。紀元一世紀前後から、日本を支配していた多くの部族長らは朝鮮半島に使節団を送るようになったが、その地もまた中国の影響下にあったのである。[7]紀元四〇〇年頃から日本は中国王朝に定期的に朝貢団を派遣するようになり、最初は建康《けんこう》（現在の南京《ナンチン》市）に、それから遠方にある唐《とう》の首都長安《ちょうあん》（現在の西安《シーアン》市）にまで送られるようになった。使節たちは中国のありとあらゆる慣習や教義に感銘を受けて帰国したが、持ち帰った知識の中で最も重要な役割を演じたのが仏教（起源はインドにある）と儒教の教えである。紀元六〇四年に聖徳太子《しょうとくたいし》が書いたとされる十七条憲法は道徳的な規範を示したもので、その内容には儒教や仏教の思想がふんだんに盛り込まれていた。

近代以前の日本史を専門とした歴史家のジョージ・サンソムは、仏教は新たな形態の宗教というだけでなく、包括的な一連の信条だったと書いている。「それはまるで巨大な魔法の鳥が力強く翼を羽ばたかせて海を渡り、新たな生活のあらゆる要素を日本に運び込んできたかのようだった。新しい道徳、ありとあらゆる種類の学問、文学、芸術や工芸、それに日本土着の伝統には相当するものがない繊細な形而上学までもたらしたのだ」[8]。聖徳太子が建立を命じた法隆寺《ほうりゅうじ》は、今も古《いにしえ》の仏教建造物の姿を現在に伝えている。優れた建築や彫刻で知られ、京都と奈良の二つの古都の間に建てられた壮麗な木造の仏教寺院である。中国から伝えられた律令制に基づく租税制度、土地制度、そして精密に階級と任務を規定した官僚制度は、日本の社会と政治体制に深く浸透していった。

このように中国の文化的優位が揺らぎようのなかった時代でさえ、両国関係は常に順風満帆とは言えなかった。紀元六〇七年、隋《ずい》の首都長安に派遣された遣隋使がもたらした国書には、日本が大国の隋と対等の関係にあることを示唆する文言〔「日出処の天子、書を日没する処の天子に致す」〕が含まれていた。これは日本を「蕃夷《ばんい》〔辺境の野蛮人〕」に過ぎないと考えていた隋の朝廷にとっては笑止千万な言い草であった[9]。日本はその後も、必ずしも貢ぎ物を送るような関係ではないにせよ、中国の学問や知識に対しては多大な敬意を払い続けた。「日本の文明はその当初から、つねに中国を直接間接の模範として仰いできた」と日本文学研究者のドナルド・キーンは書いている。「その過程で中国の思想は、当然のことながらかなりの日本的変容を余儀なくされたし、また日本人の美的観念や精神的価値のなかには、中国文化からはなんの決定的な影響も受けずにきたものもあった。だが全体として見れば、たしかに中国はあらゆる叡智の源として尊ばれてきたのであった」[10]〔『日本人の西洋発見』芳賀徹訳、中央公

論社、一九六八年、三七頁〕

日中離反としか描写しようのないプロセスは、数百年かけて徐々に進行していった。それが最初に段階的に始まったのは、一六〇〇年頃に政権を掌握した徳川将軍家が、一八六八年の明治維新まで日本を支配し続けた江戸時代においてであった。「世界に関する知識が増大するにつれて、日本人は中国が世界の中心ではないことに気付き始めました。中国の弱点が目につくようになったのです」と日本研究者で作家のイアン・ブルマは私に語った。「そこで彼らは考えたわけです。『そろそろ別の方向を向くべきかもしれない』と」。日本が中国の知的支配下から完全に離脱するのは、近代化を目指す改革派のリーダーたちが徳川幕府を倒して明治政府を樹立して以降のことである。日本がアジア最初の「欧州列強」になるために、中国至上主義から完全に脱却した時期を正確に特定できるとすれば、それは明治元年（一八六八年）以外ではありえない。それは日本の目覚ましい近代化の夜明けであると同時に、最終的にはこの国を敗戦へと追い込む軍事的膨張主義の始まりでもあった。

鎖国

二世紀半以上にわたって日本を支配した徳川将軍家の覇権を決定づけたのは、関ヶ原《せきがはら》の戦いである。後に江戸幕府の初代将軍となった家康《いえやす》は、この戦いで対立する大名らを掃討し、もはや並ぶ者のない最高権力者となった。当時は政治的に無力で象徴的存在に過ぎなかった天皇が、家康を古くからある官名の「征夷大将軍《せいいたいしょうぐん》」に任命し、それを子孫が世襲する形を取った。ほんの数十年前まで、日本は荒々しい戦国時代にあり、全国各地で数百もの領土を支配する大名らが互いに戦闘に明け暮れていた。だが天下統一を果たした家康は中央政権体制を確立し、後に東京となる江戸に幕府を置いて、武力によって前例のない平和な時代を築いたのである。江戸時代の日本は〔一六三七年に起きた島原の乱以降は〕大きな戦争のない平和な国であった。あまりにも平穏な時代が続いたために、主家の大名のために戦闘を行なうことが本分だった武士階級は、気ままで無為な毎日を過ごすだけの存在に落ちぶれてしまったほどである。徳川幕府は権力基盤を固めていく過程で、仏教の僧侶、農民、大名、そして京都の朝廷に至るまで、あらゆる潜在的な抵抗勢力を無力化するためにさまざまな統制策を実施した。

徳川幕府は国外からの脅威にも容赦しなかった。キリスト教への弾圧は、一五九〇年代には豊臣政権下ですでに開始されていたが、江戸時代初期になると一段と加速したのである。幕府の権威を脅かす存在はすべて否定されたが、とりわけ異国の神による挑戦は論外であった。キリスト教を初めて日本に伝えたのは一五四〇年代にポルトガルの商船で来日した宣教師たちで、一六〇〇年までにカトリックに改宗した日本人の数はおよそ三〇万人に達する。[11]狙われたのは日本人の魂だけではなかった。奴隷貿易にも従事していたポルトガルの商人が日本人を奴隷として海外に売りさばいていたことは、江戸幕府の成立以前から日本の支配者たちの神経を逆なでしていたのだ。その後キリスト教の弾圧は、キリスト教徒であるかどうかにかかわらず、あらゆる西洋人との関係を厳しく制限する政策に取り込まれていく。家康の孫である三代将軍家光《いえみつ》は一六三三年から一六三九年にかけて、海外との関係を完全に断絶するとは言わないまでも、抑制することを意図した「鎖国令」を数度にわたって布告した。キリスト教の布教は禁止され、日本の船舶は朝鮮より西や琉球王国（後に沖縄として日本に併合されるが当時はまだ独立国だった）より南に航行することを禁じられたのである。一方、外国人は日本内地への旅行や書籍を配布することを禁じられた。[12]イギリスはインドとの交易から莫大な利益を得られることを知ると、早々と日本に見切りをつけた。ポルトガル人も追放されたため、西洋人の中で日本人とある程度の接触を保っていたのは、人工島の出島に押し込められたオランダ人だけとなった。

今日から見れば、これらの制約は日本が極端すぎるほどの外国人嫌いであることを示しているように思えるかもしれない。だが当時のアジアで西洋人との接触が良い結果に終わることはめったになかったことは、記憶にとどめておく必要がある。日本では腰が低くて礼儀正しかったオランダ人も、一七四〇年には植民地バタヴィア（現在のジャカルタ）で一万人の華僑を虐殺する事件を起こしている。日本が外国と結んできたとげとげしい関係は常に良い結果をもたらしたわけではなかったが、アジアで植民地支配の屈辱を免れた事実上唯一の国であることも紛れのない事実なのである。[13]

アメリカの小説家ハーマン・メルヴィルは、日本を「二重に錠のかかった国」と呼んだが、この国はそこまで堅く門戸を閉ざしていたわけではない。日本史家のマリウス・ジャンセンは、徳川幕府の外交政策は「ベルリンの壁というより『竹すだれ』に近かった」[14]と書いている（つまり、「鉄のカーテン」より「竹のカーテン」に近かったというわけだ）。朝鮮や中国との貿易・外交関係も少なくともある程度までは維持された。日本が締め出そうとした相手は主に西欧諸国であった。幕府は外の世界の情勢に対する注視を怠らず、「日本人の世界は心理的にも文化的にも、そして技術的にさえ隔離された状態からは程遠かった」[15]と彼は主張している。それでも、日本の政策に国益を損なった面があることも否定できない。日本が西洋との関係を制限している間に、欧州の歴史は極めて重要な時期に突入していたからだ。欧州諸国では産業革命が始まり、植民地支配を拡大する動きを加速させていたのである。その対象には南北アメリカの「新世界」も含まれていた。

ジャンセンの主張にもかかわらず、技術的な面では日本は確実に世界から取り残されていた。わかりやすい例を挙げれば、銃器の性能がある。一六世紀の日本では、多くの兵士が日本人の鉄砲鍛冶が作った銃で戦った。それらの武器はポルトガル人によって持ち込まれた火縄銃をまねて作られたものであった。日本人の職人は、原型となった銃に改良を施すことさえあった。夜の戦闘で銃に点火する際に、敵に発見されないような工夫を加えたのだ[16]。だが徳川幕府の下で二七〇年近くも平和が続いたために、銃製造の技術も廃れていった。それに実戦に出る必要がなくなった武士階級も銃よりは刀を好んだ。一八五三年にアメリカのペリー提督が日本の門戸をこじ開け、何が何でも開国させる決意で日本に上陸した時、彼と相対した武士たちの多くは一七世紀に作られた火縄銃で武装していたのである[17]。

蘭学の芽生え

一八世紀までの間に外国人と会ったことのある日本人はほとんどいなかったし、まして近代兵器を目にする機会などあるはずがなかった。長崎の住民には、遠くから中国人の商人や船員の姿を見掛ける者も一部にいたかもしれない。あるいは、江戸に向かう街道沿いに住む人々の中にも、年に一度将軍に謁見するためにかごに乗って参府するオランダ人を垣間見た者もいたかもしれない。だがキーンによれば、日本人の大半は外国人（ことに毛深い西洋人）のことを「普通の人間とは外側しか似ていない鬼の一変種のようなもの」[18]（『日本人の西洋発見』芳賀徹訳、中央公論社、一九六八年、二二頁）と考えていたという。オランダ人は漢語を読めなかったので素養のない野蛮人と見なされ、排尿する時も犬のように片足を上げるものと広く信じられていた。実際に彼らは犬同様の存在と見なされることが多かった。

だがそんな下卑《げび》た相手であっても、商取引をするには直接オランダ人と交渉しなくてはならない。そのため、一六七〇年までにはオランダ語を読んだり話したりできる通詞《つうじ》（通訳）が何人か登場していたが、必ずしも流暢《りゅうちょう》とまではいかなかった。長崎には世襲によって受け継がれる通詞を務める家が二〇世帯もあった。日本人は医学と天文学については、オランダ人から多くの知識を吸収したのである。だが幕府は西洋の学問がキリスト教とかかわりがあるのではないかという疑念を捨て切れなかった。西洋の宗教と科学に関する中国語の書籍も禁じられていたが、一部の違法な写本が個人の蔵書としてひそかに持ち込まれる場合もあった。幕府の「天文方《てんもんかた》（天文学者）」を務めた高橋景保《たかはしかげやす》は、西洋の知識に対する学問的探究心を抑え切れなかったために高い代償を払う結果となる。一八二八年にオランダ商館の医師シーボルトに禁制品扱いだった日本地図を渡し、それと交換にアーダム・ヨハン・フォン・クルーゼンシュテルンの『世界周航記』全四巻を贈られたことが発覚して投獄されたのである〔クルーゼンシュテルンはロシアで初めて世界周航を行なった探検家で、「日本海」を最初に命名した人物として知られている〕。高橋は吟味が終わる前に獄死したために、遺体は塩漬けにされて保存され、その状態のまま罪状を申し渡されると斬首刑に処された。[19]

一七二〇年、八代将軍徳川吉宗は西洋の暦法の研究を奨励し、必要な資料を入手するために書物の禁輸措置を緩和した。彼は西洋人が天文学の知識を用いて、中国人より正確に時間の経過を測定できるという話を耳にしていた。この技術を利用して季節を正確に把握すれば、農業に役立つかもしれないと考えたのである。そうすれば、常に困窮していて、時折生活を守るために一揆を起こしたりする農民の暮らしを少しは楽にしてやれるかもしれないと。[20] こうして吉宗の時代にオランダを通じて欧州の学問や知識を吸収する「蘭学《らんがく》」が芽生え、少数だが極めて熱心な蘭学者の一団が登場したのである。彼らは、欧州から得られる知識は中国の学問に匹敵するだけでなく、重要な点で一層優れていることに少しずつ気付き始めた。最終的に日本が中国一辺倒の世界から脱却することを後押ししたのは、この新たな認識であった。

たとえば、蘭学が西洋科学の優越性を示した重要な事例は、解剖学の分野で起きている。一七七一年、蘭学医の杉田玄白《すぎたげんぱく》が四〇年ほど前にドイツ人医師によって書かれた解剖学書

『ターヘル・アナトミア（解剖図譜）』を入手した。「もとより私は一字も読むことができなかった。だが内臓や骨格や筋肉の図解は私がこれまで見聞したところと大いに異なっていたので、これはかならずや実験にもとづいて図説したものにちがいないと思った」と杉田は書いている[21]〔『日本人の西洋発見』前掲書、二八頁〕。当時の日本では死体の解剖を行なっていたのは〝穢多〟と呼ばれる最下層階級の人々だけで、彼らは牛馬の死体の処理や獣皮の加工などの「けがれが多い仕事」に従事していた。[22]この本を入手してほどなく、杉田は江戸近辺の骨《こつ》ガ原《はら》という仕置場〔刑場〕で「腑分《ふわ》け」〔解剖〕に立ち会う機会を得た。解剖されたのは「青茶婆《あおちゃばば》」という通り名の五〇歳ほどの女性で、何らかの大罪を犯した罪で処刑されたということであった。杉田は当日の模様を次のように記している。

そのころまでの腑分けというのは穢多にまかせきりで、その穢多が自分の切開した部分を指して、見ている者にこれは肺だ、それは腎臓だと教えるのであった。（略）もとより各器官にその名前が書きしるしてあるわけではないのだから、見学者の方はなんでも穢多の教えてくれるとおりを鵜呑みにする以外になかった[23]〔前掲書、三〇－三二頁〕。

杉田がその場に持参した『ターヘル・アナトミア』の挿絵と目の前にある死体の臓器の位置を比べてみたところ、図に書かれている内容と寸分も違わないことに気付いた。それと同時に、これまで完全無欠とされていた中国の古い医書には、大きな欠点があることが明らかになった。そこに描かれた図は、内臓の実際の位置や形状から大きく隔たっていたのである。

こうした発見は、少なくとも科学分野においては、ヨーロッパの「鬼」の方が中国の学者たちより優れているという認識が少しずつ広まるきっかけとなった。世界の中心が中国ではなかったという発見は、「天動説」が欧州で否定された時に匹敵する衝撃をこの国にもたらしたに違いない。オランダの「犬」が特定の分野で日本人や中国人より秀でているという現実を受け入れるのは、かなりの苦痛を伴う知的プロセスであった。その時まで徳川幕府が指針としていた理想は「和魂漢才」、つまり中国の知識や技術と「大和魂（日本固有の精神）」を組み合わせた概念であった。そこには三つ目の要素が加わる余地はなく、西洋の知識の受容はそれが中国の影響力に取って代わることを意味したのである。

福沢諭吉に見る日本の近代

日本が中国から離反した理由は、欧州の学問の魅力だけでは説明できない。それは中国自体がかつての輝きを失ってしまったことにも原因がある。一六四四年、明朝は国内の反乱を受けて滅亡した〔その後、明の残党勢力も満州人の建てた清朝に制圧された〕。「明が異民族『夷狄』の王朝の支配に服したことは、日本人の中国評価を下げ、往時の輝ける文化の理想像をくもらせ」[24]た〔ロナルド・トビ『近世日本の国家形成と外交』速水融他訳、創文社、一九九〇年、一七五頁〕とある研究者は分析している。当時、日本では国学という新たな学問が興り、中国の影響から抜け出して日本古来の文化や伝統を見直そうという動きが生まれていた。それは日本固有の文学や宗教思想に一つの文化の完成形を見出し、中国の知的束縛から自由になろうという発想に由来する。とりわけ重視されたのが、歌や物語が到達した純粋な文学的境地であった。「彼らにとって、そこに見られる巧みな自然描写や情緒の礼賛は、儒教の形式ばった教訓主義から懸け離れているように思えたのだ」[25]とジャンセンは書いている。似たような考え方は現代でも受け継がれている。反中感情を吐露した発言で知られる国家主義的《ナショナリスト》政治家の石原慎太郎は、かつてフランスの作家アンドレ・マルローが彼に述べた言葉を私に教えてくれた。「日本人は世界で唯一、永遠をある瞬間の中にとらえられる民族だと彼は私に言ったのです」。石原はそう言うと微笑を浮かべ、フクロウのように目を瞬かせた。「たとえば、俳句は世界で最も短い定型詩です。これを生み出したのは中国人ではなく日本人でした」

幕末から明治中期を代表する偉大な開明的思想家である福沢諭吉（一八三五－一九〇一）の人生には、日本が中国と決別して西洋文明を受け入れるまでの歴史が凝縮されている。一八六八年の明治維新に巻き込まれた若いサムライたちの大半にとって、夷人《いじん》〔外国人〕の知識や技術はあくまで手段に過ぎなかった。最終的な目標はそれを吸収して彼らを追い出す「攘夷《じょうい》」を実現することにあり、西洋そのものを受け入れたわけではなかったのである。対照的に、福沢は西洋の思想を受容すれば日本は文明国の仲間入りをし、対等の扱いを受けられるようになるはずだと考えた。日本が強い独立国家でいるためには、内向きの考えを捨てて西洋文明を積極的に受け入れるべきだというのが彼の信念であった。

福沢の人生は明治維新を挟んで、途方もなく深い谷間に隔たれた二つの時代にまたがっている。彼が書いた『福翁自伝』は引き込まれずにはいられない魅力にあふれた本であるが、その英訳書に英ケンブリッジ大学の日本学者カーメン・ブラッカーは次のような序文を寄せている。

彼は、日本がまだ外部の世界からほぼ完全に孤立していた時代に産声を上げた。それは儒教的な道徳倫理規範に基づいた、封建的な階層社会であった。戦争に対する考え方はまだ中世的で、経済は農業主体、しかも近代科学の知識は長崎の商館を通じて細々と流入するオランダ語の書籍だけが頼りだった。だが彼が死期を迎える頃には、日本は誰が見ても立派な近代国家に成長していたのである。よく訓練された陸軍と海軍は［一八九五年には］中国〔清朝〕、［一九〇五年には］ロシアを打ち破るほど優秀だった。

「福沢にとっては、日本が威厳と自信に満ちた態度で近代的な文明国の仲間入りをするには、汽車や銃砲や戦艦や帽子や雨傘といった文明の『利器』を獲得するだけでは不十分だった。これらの利器の発明や製造を可能にした西洋の学問そのものを理解する必要があったのだ」とブラッカーは述べている。[26]

下級武士の家に生まれた福沢は、幼少の頃から西洋の学問に魅了され、その深遠な知識に触れるためにオランダ語を習い始めた。彼の文章からは、当時の震えるような興奮が伝わってくる。福沢は蘭学塾で一緒に学んでいた塾生たちの行動を次のように描写している。「犬猫は勿論《もちろん》、死刑人の解剖その他製薬の試験は毎度の事であったが、シテみると当時の蘭学書生はいかにも乱暴なようであるが、人の知らぬところに読書研究、また実地の事についてもなかなか勉強したものだ」[27]〔『福翁自伝』土橋俊一校訂・校注、講談社、二〇一〇年、九七頁〕。その後、福沢はオランダ語がかなり上達したが、一八五九年に外国人居留地になっていた横浜の見物に出掛けた際、外国語の看板がすべて英語で書かれているのを見て衝撃を受ける。その頃までには、ペリー提督の「黒船」（「まさに水上を自由自在に動く城塞に他ならない」[28]）が日本沿岸にその恐ろしげな姿を現していた。アメリカはすでに日本の開国に向けて重大な成果を上げていた。福沢が横浜を訪れた年には日米修好通商条約が結ばれ、横浜を含めて数ヵ所が開港されることになったのである。屈辱的な不平等条約を呑まされた中国では、長年「治外法権」が認められてきたが、日本でも同じように海外の貿易商らは国内の法律に縛られず、領事裁判所の裁定に従うだけでよかった。

福沢は、開港が日本の主権を脅かす可能性よりも、自分が英語を知らないことに動揺を隠せないようであった。だがすぐに英語の習得（彼にとってはオランダ語と同じ「横書き」の言葉である）に乗り出すと、一八六〇年には幕府所有の蒸気船「咸臨丸《かんりんまる》」の艦長となる軍艦奉行の従者として、日本で初めて渡米する使節団に同行する。当時の日本人にとっては想像を絶する距離であったサンフランシスコまでの航海について、彼は次のように書いている。

「私が西洋を信ずるの念が骨に徹していたものとみえて、ちょいとも怖いと思ったことがない」[29]〔前掲書、一二〇頁〕

一五〇年前の出来事であるにもかかわらず、日本人が西洋文化を初体験した時の逸話は今も民間伝承のように語り継がれている。数年前、私は引退を間近に控えた故大原一三《おおはらいちぞう》衆議院議員に会ったことがある。生き生きとした魅力的な人物で、その時も渡米した使節団の体験を面白おかしく話してくれた。「彼らは伝統的な着物を着て腰に刀を差していました。そこで西洋人の服装に着替える必要があったのですが、靴だけ用意していなかったのです」と彼は笑いながら言った。「そこで商館で買い求めたところ、二人分の足が入りそうなほど大きなサイズしかありませんでした。それを履いてアメリカの街を歩くと『カランカランカラン』と音がして、靴がまるで楽器みたいに鳴り響くのです。サンフランシスコに到着した時はだぶだぶの洋服にぶかぶかの靴という格好だったもので、さんざん笑いものにされました。おまけに日本の全権大使はナイフとフォークの使い方さえ知らなかったのです」

福沢の自伝は今読んでも、その現代性に深く感銘を受けざるを得ない。彼は個人の擁護者であった。下級武士である自分の父親を蔑みの対象とした封建的な因習を憎み、実績に基づく個人の立身出世を阻む伝統に異を唱えた。「門閥制度は親の敵《かたき》でござる」〔前掲書、一六頁〕と彼は書いている。後に日本の名門大学の一つとなる慶應義塾を創立した福沢は、学内で教師にお辞儀をすることを禁じた。理由は時間の無駄であるからというもので、その自由な校風は今日でも受け継がれている。「封建制度の束縛」について彼はこう書いている。「私は儀式の箱に入れられて小さくなるのを嫌う通りに、その通りに儀式張って横風な顔をして人を目下《もつか》に見下すこともまたはなはだ嫌いである」〔二〇三頁〕。福沢の文章は現代でも通用するような新鮮な物の見方にあふれている。だが、その中で最も驚くべき特徴の一つが中国の学問（「腐儒《ふじゅ》の腐説」）に対する激烈な敵意だ。彼にとって封建体制の保守的な行動規範や慣習は中国の価値体系を体現するものであり、全面的に排除すべき対象であった。蘭学塾の塾生だった当時を彼はこう回想している。「何でもかでも支那流はいっさい打ち払いということはどことなくきまっていたようだ」[30]〔一〇二頁〕

明治維新のリーダーたち

一八五三年七月八日の明け方、ペリー提督の黒船艦隊が浦賀《うらが》湾に来航した当時は、福沢のような考え方をする日本人はまだ珍しかった。大半はもうもうと煙を吐く巨大な海の怪物を見て、その圧倒的な火力の前に恐れおののくばかりであった。艦隊で最大の旗艦サスケハナ（積載量二四五〇トン）は、日本が保有する最大の帆船より二〇倍も大きかった。[31]一〇年前の第一次アヘン戦争で強大な清国がわずか数千人のイギリス人船員の前にひれ伏していたという事実も、災厄の予感に拍車をかけていたに違いない。もはや蛮人たちの来襲は避けられそうになかった。日本は神々の国かもしれないが、西洋人たちは神国日本でさえ太刀打ちできないほどの高度な技術力を有していたのだ。

ある意味でその予感は的中したと言えるだろう。ペリー来日が引き金となって明治維新が起きるまでには、わずか一五年しか要さなかった。それは革命であると同時に一部勢力が示した最後の抵抗であり、旧体制派の降伏を意味した。そして日本の政治と社会の隅々にまで途方もない激変をもたらした動乱でもあった。もはや日本には、世界の周縁で「光栄ある孤立」を保ち続けるという選択肢は残されていなかったのである。今後は何とか外の世界と折り合いをつけていく方法を見つけ出す必要があった。この点において、明治政府の若きリーダーたちは徹底的なプラグマティストであった。「彼らはいざとなれば、日本の文化的な慣習を守ることよりも、権力維持の重要性と国家の安泰を優先することをいとわなかった」[32]とパイルは書いている。封建制は天皇の名の下に解体され、武士は武装を解除されて、急速な工業化のプロセスが始動した。それでも明治政府の指導層の大半は単に変化のための変化を求めていたわけではなく、それはあくまで国家を保護するための手段に過ぎなかったのである。この国の歴史で何度も繰り返されてきたように、この時も日本は現状を維持するために変化を受け入れた。ちょうど伊勢神宮が遷宮のたびに社殿を造り替えるように。「近代のほとんどの革命と違って、明治維新は極めて保守的な出来事であった[33]」

明治維新のリーダーたちの多くは下級武士の出身であり、武士の行動規範を重んじる軍人でもあった。彼らの持つ革命的資質は、日本文化の本質を維持するためなら、その封建的な形式の破棄をいとわない点にあった。そのため、西洋の知識を吸収したいという彼らの行動は、しばしば完全に実用的な動機に突き動かされていた。日本は西洋人が使いこなしている汽車や火器や戦艦を自ら生産する方法を学ばねばならない。それが本質的に名誉ある行為だからではなく、列強の武力侵略に対抗するための道具として利用できるからである。彼らの戦略を一言で言えば「汝の敵を知れ」であった。

「脱亜論」の誕生

日本は最初から開国することに不本意であったが、その事実はその後ずっとこの国の国際関係に影を落としてきた。しかも明治維新の立役者たちは軍人だったため、強者が弱者を淘汰する「社会進化論的なレトリックを好んで用い、国際政治における行動規範は弱肉強食にほかならないと指摘してきた」[34]のである。日本が列強の植民地政策の矛先である弱者から、アジアの侵略国家という強者に変貌を遂げることは、ある意味で容易に予想できた。日本は確かに恐るべき残虐行為を犯し、植民地主義的な軍事行動によって多くの苦痛をもたらした。だが私たちは日本を非難することにかまけるあまり、この国にとって戦争や帝国主義的な領土拡張への道を進むことがいかに自然な流れだったのかを忘れがちである。「明治の開国以来、日本にとって西洋化とは優れた帝国主義者になることを意味してきたのです」[35]とジョン・ダワーは私に語っている。「日本の戦前における成功や西欧諸国を模範とした近代化は、単なる産業や文化の興隆にとどまりません。西洋化とは帝国主義を意味するのです」

当時の日本において最も開明的な思想家であった福沢でさえ、自国にはアジアの他の諸国を「啓蒙」する義務があると信じて疑わなかった。一八九五年に日本が清国との戦争に勝利した時も、彼は次のように書いている。「日清戦争など官民一致の勝利、愉快とも難有《ありがた》いともいいようがない。命あればこそコンナ事を見聞するのだ、前《さき》に死んだ同志の朋友が不幸だ、アア見せてやりたいと、毎度私は泣きました」[36]〔『福翁自伝』、三四五頁〕。その数年前、「脱亜論」と題する一本の無記名の社説がある新聞に掲載された。後に福沢が執筆したと考えられるようになったその論考で、筆者は中国と朝鮮は「文明化」への道を日本と一緒に進むには後進的すぎると断定している。両国は明治政府の近代化政策と肩を並べるような改革を実施できなかったからというのがその理由であった。以上のことから、福沢は「西洋の文明国と進退をともにし（略）アジア東方の悪友を謝絶すべきものなり」と宣言している（『福沢諭吉朝鮮・中国・台湾論集』杉田聡編、明石書店、二〇一〇年、二〇頁）。日本が欧州列強の「文明化」政策をモデルとし、自らも植民地を獲得すべきだという結論に達するには、そこから大した論理的飛躍を要さなかった。「福沢は、東アジアの将来は日中間の対立を中心に展開するだろうと考えていました」と小室正紀《こむろまさみち》は福沢が創立した慶應義塾大学の研究室で私に語った。「東アジアが儒教圏ブロックになるのか、それとも近代国家ブロックになるのかという問題に決着をつける必要があったのです」

明治維新からわずかに三〇年後の一九世紀末までには、日本と諸外国との関係は激変していた。日本はアジア東端の取るに足らない辺境国から、域内で支配的地位を確立するまでに成長した。少なくとも表向きには、世界の列強の仲間入りをするほどの実力を急速に身に付けつつあったのである。一八八〇年代には自らの領土拡張に乗り出し、アメリカがかつて日本に押し付けたような不平等条約を朝鮮に無理やり締結させた。一八九四年、日本は日清戦争勃発の数週間前に初めてイギリスに治外法権撤廃に合意させることに成功。これにより、四半世紀前の不平等条約を改正するという、長年の外交的目標の達成に向けて重大な一歩を踏み出した。日本はついに「擬似植民地」の地位を卒業したのである。一八九五年には日清戦争の勝利で台湾を領有することになった。中国は日本に賠償金を支払い、揚子江流域を日本の船舶に開港した。一九〇二年には日英同盟を締結して、少なくとも書類上は福沢が描いたありそうもない夢（「絶遠の東洋に一新文明国を開き、東に日本、西に英国と、相対して後《おく》れを取らぬようになられまいものでもない」〔『福翁自伝』三四五頁〕）がついに実現した形となったのである。一九〇五年には日露戦争に勝利して全世界を驚嘆させ、早い時期から満州進出への足掛かりを得た（後にこれが不幸な結末を生むことになる）。一九一〇年には大韓帝国を正式に併合し、朝鮮半島を領有。無理難題を押しつけられる側から押しつける側への道を着実に歩み始めていた。「文明化」された大国に期待された行動を『茶の本』の著者、岡倉覚三（天心）は次のように見事に要約してみせた。「たいていの西洋人は（略）日本が平和で穏やかな技芸にふけっていたあいだ、日本を野蛮な国とみていました。そして、満州の戦場で大殺戮《さつりく》に手を染めると文明国扱いするのです」[37]〔『新訳　茶の本』木下長宏訳、明石書店、二〇一三年、一五-一六頁〕

海外での一連の行動以外にも、国内ではかなり乙《おつ》にすました態度で外国人の習慣を徹底的に模倣する試みが行なわれていた。日本の上流社会の人々は舞踏会に出たり、オーダーメイドのスーツを着たり、シルクハットを被ったりすることに夢中になった。そして色街から足を遠ざけ、福沢が国民の体格を改善する効果があると主張していた牛肉を熱心に食べるようになったのである。歌舞伎は元はと言えば、京都の遊女が河原で披露していた卑俗な娯楽に端を発する大衆芸能であったが、堅苦しく古典的な演劇に変身していった。明治時代の歌舞伎役者、九代目市川團十郎《いちかわだんじゅうろう》（彼の子孫は今も舞台で活躍している）は歌舞伎の荒唐無稽な筋書きを批判し、西洋にも通用する内容にしようと試みるようになる。新たな劇場のこけら落としにもさっそうとした和服姿や鬼の衣装ではなく、白い燕尾服を着て臨んだこともあった。[38]明治政府は国民に西洋的道徳観を押し付けるようになり、たとえば公共の場で裸体になることや混浴を禁止した。ある布告はその理由を次のように説明している。「これらは我が国では一般的な風習であり、取り立てて嫌悪されているわけではないが、外国では大変軽蔑される行為なのである。それゆえ我が国民もこれを大いに恥じるべきである」[39]

こうして戦場はおろか舞踏会や公衆浴場においてさえ、西洋に恥じない国になるために必死の努力が続けられたが、日本が切望していたような形で受け入れられることは決してなかった。第一次世界大戦終了後の一九一九年に行なわれたパリ講和会議では、人種平等の原則を国際連盟の連盟規約に追加するように主張したが、欧米列強がこれを拒否したのである。日本人は激しい失望感にさいなまれた。要するに、人種差別的な欧米諸国が「黄色人種」の国を対等な仲間として受け入れることはありえないのだ。彼らはそう判断せざるを得なかったが、その考えにはおそらくかなりの真実が含まれていた。

自国が今後も常に白人専用クラブから排除されるであろうという感覚は、日本が軍国主義化して侵略戦争に突入していく過程で重要な心理的要因となった。日本人は第二八代米大統領のウッドロウ・ウィルソンが提唱した新たな「民族自決」の原則は偽善に過ぎないと考えた。欧米列強はすでに十分な植民地を手に入れ、世界の天然資源に対する支配権を確立してしまったので、今後は日本のような新興国を締め出そうとしているに違いない、と。新たな世界秩序で示された礼節が口先だけのものであり、その下から透けて見える真実を日本がどう理解していたかは、一八八〇年代のある流行歌によく表れている。「万国公法ありとても、いざ事あれば腕力の、強弱肉を争ふは、覚悟の前のことなるぞ」[40]〔『増補版　敗北を抱きしめて』上巻、二頁〕

日本が中国とロシアに勝ち、朝鮮を併合したことは、かえってこの国を悲劇的な方向に導くことになった。明治期におけるこれらの勝利は、天命に導かれているという錯覚とおごりを日本に植え付け、アジア全域で残忍な軍事作戦を展開する遠因となる。一九四五年に第二次世界大戦が終結するまでに、中国では数百万人が死亡し（国連の推定によれば、餓死者や病死者を除いても戦時中の死者は九〇〇〇万人に上ったという）、他のアジア諸国でもさらに数百万人が戦争の直接的あるいは間接的な犠牲者となって命を落とした。さらにインドネシア、朝鮮、マレーシア、中国、そしてそれ以外の国々から来た数十万人もの人々が強制労働に従事し、鉱山や「死の鉄道」と呼ばれた泰緬《たいめん》鉄道の建設などで文字通り死ぬまで酷使されたのである。戦後、フランスは日本支配下のインドシナで欧州系住民の五・五％と地元住民の二・五％が死亡したという前提に基づき、賠償金を請求した。太平洋戦線では、アメリカ軍は一〇万一〇〇〇人の戦死者と二九万一五〇〇人の負傷者を出した。日本の被害も甚大であった。一七五万人の軍関係者と、東京大空襲や広島と長崎への原爆投下の犠牲者を含む四

○万人近くの民間人が死亡したのである。合計二一○万人以上が命を落とした計算になるが、これは当時の日本の人口のおよそ三％に当たっていた。[41]

　それでも戦前には、日本の軍事的野心に喝采を送るアジア人も一部にいたのである。一九○五年に日本がロシアに前代未聞の勝利を収めた後、さらなる戦争の準備を進めても、彼らはそれがアジア解放にとって強い追い風になると考えた。日本は非白人国家が欧米列強に対抗できることを証明してくれたという思いがそこには働いていたのだ。「中国革命の父」と呼ばれた民族主義者の孫文《そんぶん》（孫中山《スン・チョンシャン》）は「私たちは、日本によるロシアの敗北を東洋による西洋の敗北であると見なした」[42]と述べた。また、インド独立後の初代首相となったジャワハルラール・ネルーは自伝に次のように書いている。「日本の勝利は私の熱意をかき立てた。（略）頭の中は民族主義的な考えで一杯になった。私はヨーロッパによるくびきから解放されたインドの自由とアジアの自由について物思いにふけった」[43]。イギリス陸軍の軍人で軍事史家のジョン・フレデリック・チャールズ・フラーは、日本の勝利の重要性を確信していた。「何にもまして、それはアジアにおける欧米の優位に対する挑戦であった」と彼は書いている。「〔日本軍による〕一九○五年の旅順《りょじゅん》（ポート・アーサー）陥落は、一四五三年のコンスタンチノープル陥落と同様、歴史上の最も偉大な出来事の一つに数えられるべきである」[44]

　こうした初期の反応は、近隣諸国への侵攻は征服のためではなく解放戦争であったという日本のプロパガンダに、たとえ表面的にせよ真実味を与える結果となった。だがその嘘は問もなく露呈する。日本人が仲間であるはずのアジア人に露骨な人種差別的態度を取ったため、彼らの主張はすぐに説得力を失ってしまったのである。日本は「神国」であるという信仰に支えられた天皇制イデオロギーによって、国民は他のアジア人は劣等民族であり、人間以下であるとさえ教えられた。傀儡《かいらい》政権下の満州国では、七三一部隊で働く日本人たちが主に中国人や朝鮮人の被験者を相手に悪魔の所業を働いていた。彼らは生体解剖や生物学の実験台にされた被害者たちを人間ではなく「丸太《まるた》」と呼んでいた。アジア各地で日本の帝国陸軍に「解放」された人々は、すぐに新支配者が旧支配者よりもたちが悪いことを思い知る。ノーベル平和賞を受賞したアウンサン・スーチーの父親であるアウンサン将軍は、日本によるビルマ侵攻を支援したが、すぐに日本の「解放軍」がいかに抑圧的であるかを悟った。「私は、イギリス人から牛のような扱いを受けていた自国民を救うために日本に渡った」と彼は一九四二年に語っている。「それなのに、今や私たちは犬のような扱いを受けている」[45]

なぜ日本は戦争に向かったか

一方、日本が疑似ファシズム的天皇制カルトの呪縛にかかってしまったのは、明治維新によって制定された制度を国内により深く根付かせることに失敗したためであった。福沢は、日本が近代国家として成功するには個人を尊重する思想が必要であると考えていたが、自国がそれを受け入れられないのではないかと不安に思っていた。「この個人尊重の思想は必要不可欠であり、〔日本社会の〕階層構造に対抗することでしかそれを実現できないというのが彼の根本的な信念でした」と慶應義塾大学の小室は言う。「個人が自主性を確保できないようでは、国家もまた自主性を確保できないからです」。だが二〇世紀初期の数十年間には、福沢の期待に反する形で個人主義が徐々に弾圧され、階層社会が再び幅を利かせるようになっていった。日本の封建体制を転覆させたのは、欧州の一部国家が経験したような下からの革命ではなく、近代化を目指していた武士階級による上からの革命であった。そのため、首相も政党も存在したにもかかわらず、議員を選出するのは極めて限定的な層の男性有権者に限られ、近代的な民主国家に特徴的な主権在民という考えが欠如していたのである。こうした状況は、保守的な支配層が天皇崇拝のベールに包まれた国策プロジェクトの下に国民を結集させ、急速な工業化や植民地主義的政策を推進することを容易にした。

一九一二年、明治天皇の崩御によって明治時代は終わりを告げた。それは天皇の名の下で驚異的な近代化が進められた時代であった。だが皮肉なことに、国民はかえって天皇に封建主義を彷彿とさせる熱狂的な忠誠を尽くすようになっていたのである。それは日本がとっくに放棄したはずの前近代的な傾向であった。大喪《たいそう》の礼が執り行なわれた九月一三日当日、日露戦争の英雄で陸軍大将の乃木希典《のぎまれすけ》は軍服を身に付け、静子《しずこ》夫人も喪装に身を包んだ。明治天皇の御真影の下に端坐すると、乃木はまず腹を十文字に切り、次に短刀を喉に突き立てて絶命した。夫人も前後して心臓を突き刺して道を共にした[46]。それは主君の死を家来が追うことが美徳とされた武家社会の風習であり、西洋の知識を吸収し近代化に邁進《まいしん》する将軍の行為ではありえなかった。

明治天皇の跡を継いだ大正天皇の在位期間は一九一二年から二六年までであったが、それは民主主義的な運動や思想が活発化し、より直接的な民主主義が実現する可能性を秘めていた時代として知られている。天皇自身は病弱で、治世も短期間で終わったため、結局期待されたように機能する市民社会が完成を見ることはなかった〔大正天皇の生涯については、日本政治思想史を専門とする原武史の『大正天皇』（朝日新聞社、二〇〇〇年）などに詳しい〕。だが大正時代の政治制度は、明治維新の元勲たちが意図するより速い速度で進化したことも確かである。政党が力を強め、急速な産業化によって生じた新たな労働運動も権利や影響力を要求し始めた。街頭デモの頻度も急激に高まってしばしば暴力的になり、一九一八年には男子の普通選挙権の実現を求めた運動が最高潮に達した。同じ年には米騒動が全国規模で広がり、政府は暴動鎮圧のために軍隊出動に踏み切ったほどである。地主から農地を借りて耕作する小作農が起こした争議が激化したが、すべての階層で識字率が上昇していたことも要因の一つと考えられている。東京大学名誉教授で歴史家の宮地《みやち》正人《まさと》は、これを「都市民衆騒擾《そうじょう》期」と呼んでいる。[47] 労働運動の参加者の中には、当時ヨーロッパの運動を活気づけていたマルクス主義の影響を受けた人々もいた。明治憲法は実権がどこにあるのかについてはあいまいで、主権は天皇にあるが直接統治は行なわず、統治権は各国家機関による輔弼《ほひつ》や協賛を通じて行使されることとしている。[48] その結果、日本が民主国家になれるかどうかについては予断を許さない状態がしばらく続くことになった。

だが結局、「大正デモクラシー」は幻想に終わった。転機となったのは一九二三年に東京をほぼ壊滅状態にし、およそ一四万人の死者を出した関東大震災であった。警察は震災直後の混乱に乗じて、左派活動家や無政府主義者らを次々に逮捕していった。一九二五年には普通選挙法が成立したが、それ以外の面では国民の権利はかえって縮小する傾向にあった。急進的な主張を行なう政治団体は非合法化され、治安維持法によって天皇批判や私有財産否定の言論を展開した者には最高一〇年の懲役刑が科されることになった。[49]一九二〇年代末期になると日本経済は不況に陥り、ますます右傾化が強まる状況が生まれつつあった。一九二八年には日本初の普通選挙が行なわれ、労働者などを支持母体とする無産政党が候補者を擁立したが、総選挙後には再び左派活動家らの一斉検挙が行なわれた。[50]結局、多様なイデオロギー間の競争と対立が避けられない政党政治は、当時の主要な国家目標である戦時経済の強化と相容れないと見なされ、放棄されたのである。陸軍大臣まで務めた軍人で穏健派政治家の宇垣一成《うがきかずしげ》は、一九三一年の日記に次のように記している。「広大無辺の領土を所有して満腹飽満しある国家に於ては（略）二大政党の対立によりて善政の競争をなすと云ふことは頗《すこぶ》る意義ある政治の形式である。（略）併《しか》し乍《なが》ら天啓に浴せざる後進の国家としては国民の幸福の増進を国内以外に対外の発展にも大に求むるの必要がある。対外発展には挙国一致的の歩み方が必要である。夫《そ》れには二大政党の対立は必ずしも無条件に歓迎する訳には行かぬ」[51]〔『宇垣一成日記　I』みすず書房、一九六八年、七九五頁〕（この主張は現在でも、権威主義的な政治家たちに好まれている）

一九三二年五月一五日、軍部抑制を図ったリベラル寄りの犬養毅《いぬかいつよし》首相が暗殺されると、状況は決定的に変化した。犬養を殺したのは、統治システムの中心に天皇を据える親政への「回帰」を望む狂信者の一団であった。その後、総理大臣は政党からではなく軍部やその支持者たちから選ばれるようになり、彼の死によって日本が軍国主義と全面戦争へ突入していくことは決定的になったのである。政治集会で軍部批判を口にする者はすべて弾圧されたが、急進派の政党はなおも奮闘を続けた。一九三七年には社会大衆党が改選議席の八％近くを獲得して第三党に躍進し、国民すべてが万世一系皇国史観の教えにのめり込んでいるわけではないことを証明してみせた。それでも日本の統治システムは、イタリアのファシスト政権やナチス・ドイツにますます酷似していった。類似点としては、皇室を頂点に頂く単一民族であるという説への熱狂的なこだわりや、ほとんど宗教に近い天皇崇拝などを挙げることができる。それ以外にも他国に日本的な「価値観」を広めたいという強い願望があり、それは一部左派層にさえ共有されていた。明治時代の日本の指導層は、欧米列強と同じテーブル（しかも上座）に就くために強い決意で「脱亜」を目指したが、ディナーへの招待状すらもらえないという屈辱を味わった。その結果、国内の知識人の間でも好戦的な傾向が顕著になっていったのである。作家の伊藤整《いとうせい》（一九〇五‐六九）は当時の日記に次のように記している。

「私はこの戦争を戦い抜くことを、日本の知識人階級は、大和民族として絶対に必要と感じていることを信ずることができる。私たちは彼らの所謂《いわゆる》『黄色民族』である。この区別された民族の優秀性を決定するために戦うのだ」[52]（ドナルド・キーン『作家の日記を読む　日本人の戦争』角地幸男訳、文藝春秋、二八頁）

日本が対等の扱いを受けるための努力が報われない状況が続くにつれ、戦争はますます不可避の様相を呈してきた。日本が保有できる戦艦や空母などの総排水量は、条約でアメリカやイギリスの一定比率に制限されていた。一九三三年に国際連盟が満州制圧を非難すると、日本はうんざりしたように連盟を脱退する。それによって、欧米の植民地支配クラブの一員となるという長年の野望に自ら終止符を打ったのである。たがが外れたようになった軍部は、一九三七年までに満州からさらに中国本土の内部深くへと侵攻し、一九四〇年には仏領インドシナ北部に軍隊を進出させた。日本がインドシナ南部へ進駐すると、アメリカ政府は国際的な石油の全面禁輸措置で対抗。包囲網に危機感を覚えた日本は、一九四一年一二月にハワイの真珠湾に（日本側の説明によれば）「自己防衛のための」攻撃を仕掛ける。翌年二月にはマレー半島とシンガポールを陥落させ、その数週間後にはオランダ領東インド（現在のインドネシア）に進駐。それから間もなくフィリピンとビルマの大部分も制圧した。

真珠湾攻撃の成功は、国民を熱狂の渦に巻き込んだ。それを大昔に起きたペリー提督の黒船来襲に対する復讐と見なした者も少なくなかった。詩人の高村光太郎《たかむらこうたろう》（一八八三－一九五六）は、アングロサクソン民族に対するこの大胆な攻撃は何十年にもわたる屈辱への報復であると同時に日本人の優越性を証明するものと考え、それを賛美する詩を書いている。

また神の国なる日本なり。
そを治《しろ》しめたまふ明津御神《あきつみかみ》〔現人神〕なり。

だがこの挑発を受けてアメリカが参戦した以上、戦局が一変するのは時間の問題であった。真珠湾攻撃からわずか半年後、日本海軍は太平洋戦争の天王山とも言えるミッドウェー海戦で壊滅的な敗北を喫したのである。連合艦隊の中核戦力を失った大日本帝国は、もはや太平洋戦域で丸裸同然の状態に置かれた。アメリカ軍は戦略的に重要な島々を次々に攻略する飛《アイ》び石作戦《ランドホッピング》を展開すると、日本本土にじわじわと接近していった。そして一九四四年七月には、日本本土を空襲できる航続距離にあるサイパン島を制圧。ついに各都市に対する大規模な爆撃が開始されたのである。日本にとって不幸なことに、軍指導部はもはや避けられない現実を直視できなくなっていた。海軍はおそらく条件次第で降伏に応じる用意があったと思われるが、連合軍が要求していた無条件降伏を呑むことはできなかった。その結果、悲惨な戦闘が続けられ、中でも沖縄は太平洋戦域最大の激戦地の一つと化したのである。沖縄戦の艦砲射撃はあまりにも凄まじい破壊を引き起こしたため、「鉄の暴風」と呼ばれたほどであった。同地では神風特攻隊が米艦隊への攻撃を一五〇〇回も仕掛け、民間人は集団自殺を行なった。日本軍に「自決」を強要されたケースも少なくない。一九四五年八月六日と八月九日の二回にわたって原爆が投下されると、長く現実逃避を続けてきた日本の指導者たちも、ついに無条件降伏に同意せざるを得なくなった。

日本は廃墟と化し、終戦直後の七年間はアメリカと連合国最高司令官ダグラス・マッカーサーが率いる進駐軍の支配下に置かれることになった。日本は「脱亜」を果たしたが、その代償としてアメリカという大国に従属させられることになったのである。

第3部　失われて戻ってきた二〇年

第5章　無限級数のように――奇跡の戦後復興

敗戦を迎えて

日本が連合国に降伏する二カ月前、著名な新聞記者の父親を持つ緒方四十郎は日本フィルハーモニー交響楽団のチケットを入手した。コンサートの演目はベートーベンの交響曲第九番で、日比谷公会堂で開かれる予定であった。そのレンガ造りの建物は、一九二三年の関東大震災の後に首都復興計画の一環として建設されたものである。コンサート当日の夕方、当時まだ一七歳だった緒方は、路面電車に乗って渋谷から新橋に向かった。それはおよそ五キロの道のりで、途中、今や都内で最も地価が高騰した複数の地域を通過した。現在、そこにはネオン街、高層ビル、オフィスビル、公園、住宅、デパート、ブティック、ボウリング場、アーケード商店街、映画館、劇場、クラブ、美術館、それに数千軒ものカフェ、レストラン、バーなどがひしめき合っている。だが当時、緒方の目の前に広がっていたのは荒涼とした廃墟のみであった。一九四五年前半から、アメリカは数十機のB‐29爆撃機に首都上空を低空飛行させ、木造家屋の多い市街地に焼夷弾を落とす新戦術を展開させていた。同年の三月九日から一〇日にかけての夜間に行なわれた東京大空襲では、約三〇〇機のB-29が轟音を響かせながら次々に焼夷弾をばらまいていった。想像を絶する火災によって、一夜にして約四一平方キロメートルもの面積が焼け野原と化し、数十万軒もの家屋が焼失したのである。民間人の死亡・行方不明者は推定一〇万人に達し、単独の空襲としては広島・長崎の原爆さえ上回り、世界史上最大の被害をもたらしたと考えられている。緒方の自宅は当時まだ新興地域であった新宿にあり、三月の空襲では無事だったが、五月後半に焼け落ちてしまった。「東京はまったくの壊滅状態でした」と緒方は焼け野原を横切るようにして日比谷公会堂まで行った日のことを回想している。「何もかも平らになっていたのです。まったく平らでした」[1]

東日本大震災当時八十代だった緒方〔二〇一四年四月没〕は、職業生活の大半を過ごした日本銀行をすでに退職していた。優しげな表情と機知に富んだ会話が印象的な人物で、「災いを転じて福となす」という日本のことわざを最初に私に教えてくれたのも彼である。日本は津波による荒廃やさまざまな政治的・経済的困難から必ず立ち直れるはずだと、彼はその時に確信を込めて語ってくれた。彼の目には、震災後にごく普通の人々が示した冷静で堂々とした態度と、戦後に廃墟と化した国土の復興に前向きに取り組んだ日本人の不屈の精神が重なって見えたのである。緒方は政治について議論を戦わすのが好きで、とりわけ日本の支配層やエリートたちに関して歯に衣着せぬ発言をすることを好んだ。日本記者クラブや日本外国特派員協会（外国人記者クラブ）で過ごすことが多く、講演会や記者会見に参加しては最新のニュースについて意見交換を行なっていた。また、状況を的確に表現する箴言《しんげん》や格言の知識が豊富で、いつも瞳をキラキラさせながらそれらを口にするのである。緒方が好んで使っていた名言の一つに「日本という国は大将の出来は悪いが兵隊は優秀だ」というものがある。それは彼が日本の敗戦から学んだ教訓だったかもしれないが、現代の日本、とりわけ現在の苦境にも適用できると考えていたことは間違いない。それは庶民が有する勤勉さや良識（特に震災後に顕著になった特質）に対する称賛の念と同時に、国家の指導層に対する失望感をよく表している。日銀の理事まで務めた経歴の持ち主であるにもかかわらず、彼は自分を卑下して「貞子《さだこ》の夫です」とよく自己紹介[2]していた。元国連難民高等弁務官の緒方貞子は、日本で最も知名度の高い市民の一人である。

四十郎の父方の祖父と曾祖父は明治維新よりはるか前に生まれ、二人とも蘭学を学んだ。父の竹虎《たけとら》はリベラル系の朝日新聞で主筆を務め、一九二〇年代後半には民主主義の拡大を支持した。こうしたリベラルな家庭環境で育ったにもかかわらず、四十郎は小学校在学時に日本軍による南京占領〔一九三七年〕の祝賀行事に参加した記憶があるという。その後、占領中に一般市民の強姦や虐殺が行なわれた事件の詳細が明らかになったが、保存された当時の写真には、緒方のような日本の学童たちが皇居の外で無邪気に旭日旗を振っている姿が写っている。その四年後、真珠湾奇襲攻撃のニュースに十代の緒方は衝撃を受けた。だが遠方で行なわれた戦闘に何となく興奮を覚えたことも確かだと彼は告白している。「開戦当初の相次ぐ勝利に、戦争に反対していた人々も含めて国民の大半は興奮に包まれていた」と彼は自らの回想録に記している。[3]

当時の日本人の大半にとっては、検閲済みの帝国主義的プロパガンダを流し続けるマスコミだけが戦時中の唯一の情報源であった。しかし新聞業界との人脈を持つ父親がいる緒方には一般人が知り得ない情報に接する機会が多く、戦況に関する理解もかなり的確だった。日本が敗戦することも、大半の国民より前に悟っていたほどである。八月九日までには、恐るべき新型爆弾によって広島が壊滅し、ソ連が相互不可侵を定めた日ソ中立条約を破棄したことを海軍将校たちから聞かされていた。あのベートーベンのコンサートからまだ二カ月もたっていない頃である。その時にはまだ二発目の原爆が長崎に落とされたことは知らなかったが、終戦が近いことをすでに確信していた。日本が無条件降伏を受け入れた八月一五日の六日前、緒方は日記にこう書いている。「歴史上極めて悲劇的な一日が目前に迫っている」。敗戦による精神的打撃は想像を絶するものがあったに違いない。日本がアジアの盟主になるという夢（というより妄想だが）はあえなくついえた。それまで国民にとって遠い存在というだけでなく、無誤無謬《むびゅう》の現人神であった天皇が、ラジオ放送で自ら降伏の事実を国民に告げたのである。農村でも都会でも人々はパチパチ音を立てるラジオの周囲に集まり、信じられないといった様子で頭を垂れた。天皇の声を聞くのは誰にとっても初めてであったし、しかも考えられないような内容を話しているのだ。元東京都知事の石原慎太郎が玉音放送を聞いたのは一二歳の時だった。「高くて女みたいな声だなと思いました」と彼はその時の印象を私に語った。「まるで猫の金切り声のような」[4]

日本は廃墟と化し、イデオロギーも建物も等しく徹底的に破壊された。終戦直後に撮影された東京、大阪、名古屋、広島、そして長崎の航空写真に写っている光景は、二〇一一年の津波で破壊された東北沿岸都市の航空写真と異様なほど重なって見える。大半の建物が消失し街路網がきれいに露出しているところも、たまにがれきの中から工場の煙突やレンガ造りの建物が突き出しているところもそっくり同じだ。日本はまさに完膚《かんぷ》なきまでに敗北したのであった。全船舶の五分の四、全産業用工作機械の三分の一、全鉄道用車両および全自動車の四分の一近くが破壊された。[5] 終戦直後に撮影されたドキュメンタリーの映像には、ぼろぼろの服をまとった下駄履きの子どもたちが、がれきの中を漁っている様子が映されていた。

昨年夏に亡くなった私の義父、ジーン・アーローは、終戦直後の一九四五年にアメリカ沿岸警備隊の一員として青森港に上陸した。実はこの時、彼は戦闘に巻き込まれることを半ば覚悟していたのだという。何しろ沖縄戦では彼の乗った船の周囲で、神風特攻隊の飛行機が次々に船舶に襲い掛かっては火だるまになって爆発する様子を何度も見せられていたからだ。それに他のアメリカ人たちと同様、彼も日本人は大人の男女から子どもに至るまで、最後の一人になっても決して降伏しない狂信的な天皇崇拝者の一団であるという話を聞かされていた。[6] だが実際に本土で出会った日本国民は完全に打ちのめされ、羊のように従順であった。青森の住民たちは鍋、釜、古着その他なけなしの所有物を道路脇に並べ、アメリカの占領軍兵士たちに買い取ってもらおうとした。義父も切腹に使われるような脇差《わきざ》しを一振り手に入れたが、それは今でもシアトルにある妻の実家の戸棚に大切に保管されている。おそらく数ドル程度のはした金で入手したに違いないが、それが生死を分ける貴重な食糧の調達に使われたことは想像に難くない。

天皇がメッセージを読み上げたあの玉音放送から二週間後、連合国軍最高司令官ダグラス・マッカーサーが東京近郊の厚木飛行場に降り立った。軍服姿は威厳に満ちあふれ、日本の実質的な支配者になることに無頓着を装うかのように、口には巨大なコーンパイプがさりげなくくわえられていた。その後、マッカーサーが天皇と一緒に撮影した写真を見ると、緊張した面持ちの小柄な日本人男性の横にくつろいだ様子でそびえ立つアメリカ人の姿が写っている。それから間もなく、天皇自身にも「耐え難きを耐える」日が訪れた。国民に対して自分は神ではないことを告白したのである。

占領下の日本

日本は歴史上初めて外国の軍隊によって占領されることになった。連合国軍（実質的には米軍）による占領期間は七年に満たなかったが、それは二〇世紀に起きた最もたぐいまれな「出会い」の一つである。ジョン・ダワーが著書で用いた極めて印象的な表現を借りるなら、それは勝者による敗者の「肉体の感触を楽しむかのような抱擁（sensual embrace）」が行なわれた時代であった。マッカーサー自身は保守派だったが、周囲の実務担当者にはローズベルト政権でニューディール政策にかかわった理想主義者が多かった。彼らは近代化に失敗して壊れてしまった日本を平和的で民主的な国家につくり直したいと考え、既存の官僚システムを通じて広範囲に及ぶ一連の政策を実行し始めた。その中には農地改革、労働改革、財閥解体、男女同権の促進、左翼政治犯の釈放、そして新たな平和憲法の起草などが含まれていた。それと並行して旧日本政府と軍部にいた軍国主義者たちの粛清も行なわれたが、マッカーサーはこの時に極めて物議を醸す決断を行なった。国民統合の象徴として残すために、天皇の戦争責任を追及しない方針を固めたのである。

最初に戦争犯罪の容疑をかけられた数千人の中には四十郎の父、緒方竹虎の名前もあった。かつてリベラル派として活躍したにもかかわらず、朝日新聞の論調を政府支持の方向に導き、一九四四年には情報局総裁として入閣していたからだ。そのため、戦後に短期間ではあるがA級戦犯の容疑をかけられ、自宅軟禁下に置かれたのである。一九四六年三月には東京裁判(極東国際軍事裁判)で検察側に喚問され、戦前の政治状況について証言も行なっている。ドイツの戦争犯罪を裁いたニュルンベルク裁判のアジア版ともいうべきこの見せしめ裁判では、東條《とうじょう》英機《ひでき》元首相を含む七人が死刑、一六人が終身刑を言い渡された。それ以外にも世界各地の軍事法廷でBC級戦犯が裁かれ、戦時中の残虐行為を理由に一〇〇〇人近くの下級将校や下士官らが処刑されている。竹虎は公職追放の身となったものの、後に戦犯容疑は晴れた。それでも四十郎はある神社の祭りの日、一人の酔っ払いが何度も緒方家の木造家屋の壁を叩き、「緒方竹虎、貴様は戦争犯罪者だ」と大声で叫んでいたことを覚えているという。あの晩はみじめな気分でした、と彼は当時を回想して語っている。

当時、日本では何百万人もの人々が、日本社会はどうしてここまで道を踏み外してしまったのか大急ぎで解明する必要があると考えていた。終戦直後の何年間かは社会党や共産党が急速に支持を伸ばし、その勢いに恐れをなしたアメリカは自らの方針で解き放った勢力を弾圧せざるを得なくなった。東西冷戦の対立構造が次第に固定化していった一九四八年前後には「逆コース」と呼ばれる占領政策の転換が起き、労組や左翼の政治指導者たちへの弾圧が始まったのである。一九四七年には早くも、計画されていた「二・一ゼネスト」がマッカーサー自らの指令によって中止になった。連合国軍最高司令官総司令部（GHQ）のエコノミスト、エレノア・ハドレーはすぐにその偽善性に気づいた（彼女自身は強力な影響力を持つ財閥を解体する任務を担当していた）。「彼ら［労働者たち］は労働組合を組織するように指示され、ストライキをする権利も持っていました」と彼女は語っている。「ところが権利を行使しようとした瞬間にそれを取り上げられてしまったのです」[7]。一九四九年までには労組、マスコミ、民間企業などで「問題行動を起こす人物」を追放する「レッドパージ（赤狩り）」があまりにも頻繁に行なわれたため、カタカナ英語として定着したほどであった。

こうした一連の動きによって、日本人は大きな知的混乱の渦に放り込まれ、あらゆる事柄が議論の対象になった。緒方が通っていた高校で開かれたある会議では、漢字教育を廃止して日本語をローマ字化することの是非を問う議論が行なわれたという。中には、何千種類もの複雑な漢字の習得が子どもたちの負担となって、近代科学の勉強に十分な時間を取れないことが日本の発展の阻害要因となっているという説さえあった。屈辱的な敗戦の後でさえ、アジアの知的くびきから解放され、欧米の「文明国」の仲間入りをしたいという衝動は依然としてくすぶっていたのである。

だが以前のようなやり方でそれを達成することは、もはや不可能だった。日本は占領下にあったし、一九四六年一一月に公布された新憲法には戦争を放棄し、陸海空軍その他の戦力や交戦権を持たないことを定める条文が含まれていたからだ。植民地の確保によって国際的地位を向上させる道は、これで完全に閉ざされた。つまり、戦争の焼け跡に立ちすくむ日本にとっては、経済発展に賭ける道しか残されていなかったのである。それでも不思議と絶望感はありませんでした、と緒方は語っている。「国民はかなり楽観的だったと思います」と彼は言った。廃墟と化した東京の市街地を路面電車で横切ったあの日から、六五年以上がたっていた。「なぜなら状況はこれ以上悪化しようがなかったからです。生き残るためには必死にはい上がるしかありませんでした」

廃墟からの経済発展

だが今の世界は、日本が廃墟から立ち上がってこれほどの経済発展を遂げたことを忘れてしまったかのようだ。一九五〇年代から一九七三年にかけての驚異的な高度成長期には、年平均一〇%という猛スピードで経済を拡大させたが、最近の景気低迷でその記憶はすっかり薄れてしまった。日本の将来に悲観的な多くの論客たちは、この国の経済に固有の「長所」は幻想に過ぎず、時代遅れで硬直した実態が近年の「失われた二〇年」によって白日の下にさらされたと主張している（後述するように、実際には一部で言われているほど国民の生活の質が低下したわけではなかった）。一九八〇年代にはいずれアメリカを追い越し世界経済の覇者になるとさえ予測されていたこの国が、いまや二進《にっち》も三進《さっち》も行かない状況に置かれていたのである。その結果、かつて日本の経済成長に不可欠な要素とされてきた固有の企業文化や官僚主導の産業政策は、二〇年間に及ぶ迷走の元凶として冷笑の対象にされることさえあった。ノーベル経済学賞を受賞したプリンストン大学教授のポール・クルーグマンは「日本が置かれた現状は恥ずべき事態であり、実に嘆かわしく、ふがいない」と、バブル崩壊後の日本経済低迷について書いた一連の論文で嘆いている。もっとも、その後アメリカとヨーロッパ諸国で経済危機や機能麻痺が表面化すると、クルーグマンは日本に対する論調を修正し、経済停滞に理想的な対応を行なったモデルケースとして持ち上げるようになった。[8] 二〇年間の長期低迷を経た今でさえ、日本はいまだにキャッチアップ型の経済発展を遂げた「後発国」としては最大の成功例と言える。日本人が当然視しているような高い生活水準を達成した国は、シンガポールやカタールといった都市国家を除けば、欧米諸国以外では日本だけなのである。[9]

一九四五年の日本経済がまったく先行きの見えない状況に置かれていたことを、私たちはつい忘れがちである。それに日本が二〇世紀後半の成功によって、アジア域内の多くの国に勇気と刺激を与えたこともまた事実なのである（一部の隣国からいまだに戦時中の侵略行為を非難されていることもあって、これもまた忘れられがちであるが）。日本はアジアで愛されることはなかったかもしれないが、非白人にも白人とまったく同様に経済的・技術的成功を収める能力があるというわかり切った事実を初めて証明してみせた。だが、その自明の真理は、一九五八年に経済学者のジョン・ケネス・ガルブレイスが書いた名著『ゆたかな社会』においても明らかにされることはなかった。彼は同著の冒頭で豊かな国家を「世界の中でヨーロッパ人が住む比較的小さい地域」にある国々と定義したのである[10]〔『ゆたかな社会　決定版』鈴木哲太郎訳、岩波書店、二〇〇六年、一三頁〕。日本が示したアジアの可能性に関する暗黙のメッセージはシンガポール、台湾、韓国、マレーシア、そして香港のテクノクラートや政治指導者たちを大いに刺激し、それらの国々はすべて日本の輸出志向型発展モデルを模倣した。日本を先頭に東南アジア諸国がそれに従う雁行形態《フライングギース》型発展論〔V字形に飛行する雁の群れに似ているところからそう命名された〕は当初は一九三〇年代に提唱され、軍国主義に利用された面もあったが、戦後は経済理論として定着した。日本は肌の色が決して経済発展の妨げにならないことを傲慢な欧米人だけでなく、自分に自信の持てないアジアの人々にも身をもって示したのである。

だが一九四五年の時点でこうした未来を予測することは、少なくとも外部の人間には不可能だった。明治以降成長を続けてきた日本経済は灰燼《かいじん》に帰していたからである。工業への壊滅的打撃に加え、終戦の年に起きた凶作がさらに追い討ちをかけた。冷害、水害、肥料不足に労働不足といった悪条件が重なり、国民は必要量を四割下回る深刻な食糧不足に見舞われた。終戦から四〇年以上後に製作されたアニメ映画『火垂《ほた》るの墓』[11]は、主人公の少年が神戸の三ノ宮駅構内で餓死するというむごたらしいシーンで幕を開ける。だが終戦間もない頃の日本は同じような戦争孤児や浮浪者であふれ、数え切れないほどの人々が少年と同じ運命をたどったのである。食糧事情の悪化で腹をすかした東京の人々は、農村に向かう上野駅発の列車に殺到した。着物や家財と交換して農家から直接食糧を手に入れるためである。こうした「買い出し列車」は混雑を極め、列車の外につかまったまま目的地に向かう乗客もいたほどだ。鉄道職員らはすし詰めの車内で窓が押されて割れないように、外から木の板を打ちつけた。ある東京近郊の農家の妻は、空腹を抱えたまま列車に乗って押し寄せた群衆の行動をこんな風に描写している。「あの人たち、何でも手当たり次第に買っていくんです。芋のツルに生えた葉っぱまで持っていきました」[12]。盗みも横行し、増える一方のヤミ市には大量の食料が流れ込んだ。都会では、金だけでなく希少価値のあるナイロンストッキングや缶詰と交換に米兵と寝る若い女性たちも登場した。「あの頃、下町の決まった場所では毎晩『パンパン・ガール』と呼ばれる娼婦たちが暗がりに出没し、米兵たちを待ち受けていたものです」と緒方も当時を回想して語っている。

日本人がこれほどまでに困窮していたにもかかわらず、アメリカにとっての最大の優先事項は日本経済の復興ではなく、戦時経済体制と軍需産業の解体であった[13]。明治政府の指導者たちが国策として近代化を推し進めるようになった一八八〇年代以降、日本は世界で最も急激な経済成長を遂げた国の一つとなった。そして一九三〇年代を境に総動員体制が敷かれ、日本の産業は戦時体制下で国家に統制されるようになる。アメリカには何があってもその再現を防ぎたいという強い決意があった。そのために軍艦を生産していた造船所は木造漁船以外の建造を禁じられた。アメリカは当初、焼け残った工場の大半も解体し、工作機械類は日本に侵攻された国々に戦争賠償の一部として引き渡そうと考えていた。だがこれらの計画は次第に規模が縮小されていく。当初、アメリカが態度を和らげた背景には、この国が陥っていた絶望的な経済的苦境への同情と、それが引き起こしかねない社会不安に対する懸念があった。だが冷戦構造が顕在化するに従い、アメリカ政府には別の考えが生まれた。この時点で日本を崩壊寸前のまま放置するのは、アメリカの戦略的ニーズに合致しないと判断したのである。それよりは日本を共産主義の防波堤として利用すべきであると。それでも、日本経済の復興の道筋をようやく検討し始めた時でさえ、アメリカが抱く「イメージは基本的にせいぜい二流経済どまりから変わっていなかった」。朝鮮戦争が始まるほんの数日前、トルーマン大統領の特使として来日していたジョン・フォスター・ダレス〔後の国務長官〕は、「カクテル・パーティーの席で大蔵省の高官にむかって、この国はアメリカに、たとえば、そう、パーティー用紙ナプキンかなにかを輸出することを考えるといい、といかにも無頓着に言ってのけた」[14]〔『増補版　敗北を抱きしめて』下巻、三五四頁〕。

だがアメリカが日本に日用雑貨を作らせるつもりであったとしても、日本の官僚たちには別の考えがあった。政府の実務担当者たちは、終戦前からひそかに敗戦後の行動計画を練っていたのである。戦後日本の経済計画立案の立役者だった大来佐武郎《おおきたさぶろう》は、一九四五年八月初旬に、ある会議を招集するための通知を関係者に送付した。「目的は戦後日本経済の将来について議論することにありました」と大来は自ら秘密裏に進めた計画について語っている。「でもそんな議題で集会を開くことを公言すれば、すぐに憲兵隊に逮捕されてしまったでしょう」。終戦翌日の八月一六日、会議に呼ばれた専門家たちは焼け跡となった建物の中に集結した。大来にとって当時の状況はあまりにも絶望的に思えた。「窓から外を見れば、そこには焼け野原が広がっているだけでしたし、誰もが空腹で苦しんでいました。それでも私たちは、会議で一所懸命に日本の将来を話し合ったのです。確かに状況は最悪でした。とはいえ必死に努力を続ければ、日本は今度こそ軍事的な手段ではなく、新しい技術と経済力によってきっと立ち直れるはずだ。誰もがそう思っていました」[15]

これらの早期の政策立案者たちはさまざまな復興モデルを検討し、中には日本は主に農業に重点を置くべきだと主張する者もいた。だが最終的にまとまった統一見解は、戦時経済と同じやり方で平時経済の再建に乗り出すべきだというものだった。つまり総力戦遂行のために国家があらゆる人的・物的資源を総動員した統制経済の手法を平時経済にも応用し、強力な産業の構築を図ろうというのである。一九三〇年代後半から、日本は繊維や手工芸品などの軽工業から軍艦、爆弾、化学製品などが中心の重工業へと産業構造を転換させていった。これによって明治政府が国策の中心的課題とした富国強兵を一層推し進め、それを契機に日本は軍国主義への道をひた走ることになったのだ。だが新憲法によって戦争放棄が規定された今、日本は前回と違って強力な経済の構築のみに国力を傾けることができた。

アメリカ政府はほどなく、日本の新憲法に平和主義の条文を盛り込んだことを後悔することになった。戦後復興期に長期政権を築いた吉田茂《よしだしげる》首相は、平和憲法を最大限利用して経済発展を優先させる方針を貫いたからである。後にこれは「吉田ドクトリン」と呼ばれ、戦後日本の外交方針の柱となる。憲法第九条は「国際紛争を解決する手段」としての戦争を放棄することを定めていたため、日本は持てる国力のすべてを経済復興に充てることができた。その間、国防はアメリカにまかせておけばよかったのである。その背後には、軍事力の代わりに経済力の強化によって国家の威信を高めようという狙いがあった。日本の野望とその遂行手段に戦前戦後を通じて共通点があることは、時折あけすけな形で表面化した。戦前に東京帝国大学工学部で教授を務めた富塚清《とみづかきよし》は、一九四五年四月の日記にこう記している。「軍備というものだって、カーキ色の服の下の軍備だけが軍備ではない。セビロ服の下の、科学技術力や敢闘精神は、いずれも潜在的軍備である」[16]〔『ある科学者の戦中日記』中央公論社、一九七六年、一〇三頁〕

日本が抱いていた大きな野心にもかかわらず、一九四八年までに経済は危機的状況に瀕した。物価は終戦から三年で一二倍に上昇し、労働争議が頻発していた。そこでアメリカは日本経済を安定化させるために、デトロイト銀行頭取のジョゼフ・ドッジをGHQ経済顧問として招聘《しょうへい》した。彼は「ドッジ・ライン」と呼ばれる一連の財政金融引き締め政策を展開し、公務員を解雇して人件費を削減した。インフレは次第に抑制され、円安誘導が進んで輸出が刺激された。やがてレッドパージが始まると、財閥解体の方針はいつの間にか放棄されていく。失業率は上昇し、消費が落ちて多くの企業が倒産した。恐慌の足音はすぐそこにまで迫っていた。だが一九五〇年に朝鮮戦争が勃発すると、日本は窮地を脱することになる。辛うじて焼け残った産業基盤は、軍需品生産のためにフル回転させられた。吉田首相は戦争勃発の報を受けると「これこそ天の恵みだ」と思わず口走った。アメリカが日本の戦争コンプレックスに対する遠慮をかなぐり捨てて有刺鉄線や砲弾などを発注し始めると、長い間稼働していなかったこの国の工場は息を吹き返し始める。一方、一部の企業は戦前の軍需産業から民需産業へと転換した。かつて航空機を製造していた大阪のある工場は、木造家屋に使われる釘の生産に乗り出した。ラジオ部品のメーカーが電球の生産を始めた例もあった。銃の照準器に使われるレンズを研磨していたニコンのような企業も、カメラや双眼鏡などの製造に取り組み始めたのである。

アメリカは船舶の建造も解禁した。そこで史上最大の戦艦として知られる「大和《やまと》」の建造で有名な呉《くれ》海軍工廠《こうしょう》も民需転換を行ない、タンカーなどの商業船を造り始めた。当時、世界の船舶の半数はイギリスで建造されていた。だが造船が禁じられていた間も、技術者たちはイギリス以上の造船大国になるという大それた夢を抱き続けた。しかもその間、就職先がないにもかかわらず、日本の大学は次々に新しい造船技術者たちを生み出していたのだ。だが解禁と同時に彼らはすぐに新しい仕事に駆り出された。呉の工場が採用したのはブロック工法と呼ばれる手法で、船体を複数のブロック（部分）に分けて製造し、最後に溶接して完成させるやり方であった。この革新的手法はすぐに船舶一隻を七カ月で完成させることを可能にしたが、これは他国の造船所が必要とした工期の半分以下である。当時、造船都市として有名だったスコットランドのグラスゴーでは、市内を流れるクライド川流域に多数の造船所が軒を連ねていたが、日本は造船技術を学ぶためにそこへ密使を送り込んだ。ところが彼らが発見したのは、すでに日本の方が技術的に進んでいるという事実だった。解禁から一〇年もたたないうちに、日本はイギリスを抜いて世界最大の造船大国へと成長を遂げたのである。

通産省の誕生と「異端者」たちの活躍

あの伝説的な通商産業省《つうしょうさんぎょうしょう》〔経済産業省の前身〕が設置されたのは、ドッジの来日から間もなくのことであった。旧商工省（戦時中は軍需省に改組）の後身である通産省は、日本経済の司令塔として高度経済成長の牽引役を果たしたと多くの専門家によって評価されている。軍需省時代には軍需生産を増大させるために国家総動員体制で国内企業を統制し、平時になってからは経済復興のために国内産業の潜在力を結集させた。最優先課題の一つは、「産業の米」と呼ばれ、後に日本の高度成長を支えることになる鉄鋼業のてこ入れであった。だが鉄鋼が「米」であるなら、当時はあまりにも実りが薄かった。終戦直後の日本の年間鉄鋼生産量はわずか五〇〇万トンで、アメリカの九〇〇〇万トンにはるかに及ばなかったのである。日本では同じ量の生産に七倍もの工程数がかかっていることも問題だった。明治新政府に派遣された岩倉使節団が世界各地で近代化モデルを探し求めたように、戦後の日本も現状打破のために鉄鋼視察団をアメリカに送り込んだ。その結果、通産省が出した結論は、日本では港湾立地型の製鉄所を増やす必要があるというものだった。統制経済に近い面があった当時の日本経済の利点を生かして、通産省は超近代的な製鉄所を建造するために広大な埋立地の確保に乗り出した。通産省が支援した他の産業と同様、これらの製鉄所にも低利で融資が行なわれ、外貨獲得の際にも優遇された。その間、日本の技術陣は銑鉄を鋼に転換する転炉で酸素を上から吹き込む新技術に早くから注目し、世界に先駆けて積極的に採用した。結果、一九六〇年までには製鋼工程を大幅に効率化させ、年間生産量を従来の四倍の二〇〇〇万トンにまで増大させたのである。その五年後には生産量はさらに倍増した。

同様に、自動車産業も短期間で長足の進歩を遂げた。一九二〇年代の日本には全国でまだ数万台の自動車しかなく、そのすべてが輸入車でゼネラル・モーターズとフォードが市場を牛耳っていた。だが日本国内で軍国主義的傾向が強まるにつれ、この状態は国防的観点から危険視されるようになる。政府が国産化の方針を決めるとアメリカ企業は撤退を余儀なくされ、代わりにトヨタと日産が政府の後押しで軍用トラックの生産を開始した。織機メーカーとして創業したトヨタは、一九三〇年代半ばに初めて自動車生産に乗り出したため、当初の製品品質は低かった。だが戦後間もなく、トヨタ自動車の創業者で初代社長の豊田喜一郎《とよだきいちろう》は、三年以内に必ずアメリカの技術に追いつけと技術陣に発破をかけた。だが、それはトヨタほどの企業にとっても非現実的な目標であった。一九五七年に開始した「クラウン」の対米輸出は悲惨な結果に終わった。アメリカの高速道路に乗れないほどのパワー不足を露呈してしまったのだ。それでも国内市場では、輸入車に対する保護関税や財政優遇措置に助けられて比較的健闘した。通産省の官僚たちは「経済的合理性」を優先する政府部内の他部署と衝突した。自動車に関しては国産にこだわらず、技術面ではるかに進んだアメリカにまかせるべきだと反対派が主張したからである。だが他の産業分野と同様、自動車メーカーも朝鮮特需で大いに潤うことになる。それはトヨタにとって「救いの神」となったと豊田も証言している。「会社のためには嬉しかったのですが、そこには外国の戦争を喜ぶことへの罪悪感も入り混じっていました」[17]。その後、トヨタは純国産路線を貫いたが、他のメーカーは海外メーカーと技術提携を結ぶ道を選んだ。その間、通産省は、海外の優れた技術によって外資系企業が国内市場を席巻することがないように手を打った。そして厳格な期限を設けて、日本企業が部品の国産化率を上げていき、最終的には自動車一台を丸ごと純国産化できるように指導したのである。

確かに通産省の官僚たちは「産業政策」と呼ばれる重商主義的な手法を用いることをいとわなかった。新規産業が国際競争で負けない力をつけるまで高い関税障壁で保護することについて、両角良彦《もろずみよしひこ》元通産事務次官はこう語っている。「日本が十分に力をつけるまで、扉はぴったり閉めておきました。あまり早く開けすぎると強風ですべてつぶされかねないからです」[18]。もっとも日本経済の復興を実現させたのは、通産省などの日本の省庁の力だけによるものではなかった。最新の研究によれば、最も大きな成果を上げたのは政府の支援を受けなかった企業である可能性さえあるという[19]。この主張にはかなり誇張された面があるが、実際に国家主導の計画だけでなく、民間企業によるボトムアップの活動が活発に行なわれていたことは確かである。その典型例が、メーカーの新規参入を阻もうとした通産省の意思に背いて乗用車の生産に乗り出したホンダであった。本田技研工業（通称ホンダ）の創業者、本田《ほんだ》宗一郎《そういちろう》は独学で技術者になり、当初は自動車修理工場を経営し、レーシングカーのチューニングなどに取り組んでいた。二輪車の開発を始めたのは戦後になってからで、最初に発売したのは小型の補助エンジンを普通の自転車に搭載した通称「バタバタ」である。オートバイの「ホンダ・カブ」の発売を開始した後、本田は乗用車やトラックなどの四輪車にも進出する決意を固めていた。だが通産省の官僚たちは、すでに乱立気味だった四輪車メーカーの新規参入に待ったをかけた。本田は彼らと行なったある会議について次のように語っている。

「官僚たちの頭は、いまだに中央政府による統制という古い考えでいっぱいでした」と彼は三〇年後に当時を回想した。「彼らはまったく力になってくれませんでした。通産省の役人には本当にひどい目に遇わされました。私が自動車を作りたいと言うと彼らはこう答えるのです。『この分野には入ってくるな。トヨタと日産がすでにやっている』と。そこで私は言ってやったのです。『私にはしたいことをする権利があります。戦争は終わっていることをお忘れですか』とね[20]」

戦後、日本でゼロからスタートした企業はホンダだけではなかった。廃墟の中からよみがえった日本は、安価な日用品の生産国から世界最先端のテクノロジーで次々に独創的な新製品を生み出す先進国へと成長を遂げたのである。ソニーは他のどの企業よりも、この新しい日本を体現するメーカーであった。同社は文字通り、焼け跡で産声を上げた。一九四五年後半、日本橋のデパート、白木屋の焼け残ったビルの一角で井深大《いぶかまさる》がラジオの修理や改造を行なう事業を立ち上げ、その翌年、盛田《もりた》昭夫《あきお》と共に新会社「東京通信工業」を発足させたのだ。このあまり将来性を感じさせない名前の企業こそが現ソニーの前身であった。名古屋出身の盛田の生家は三〇〇年続いた老舗の造り酒屋で、彼は跡取りとして期待されていたにもかかわらず新企業の取締役に就任した。資本金は当時の金額で一九万円だった。

　盛田と井深は、戦時中に熱線誘導ミサイルを開発する特別任務を通じて知り合った。井深は電子工学が専門の技術者で、分厚い眼鏡をかけ、「シャベルのように大きな手」[21]をしており、話すと東京下町の職人なまりがあった。彼は新しい物を見つけると触らずにはいられないたちでもあった。戦後、渡米するたびに新しいおもちゃを買って帰り、子どもたちに渡す前に必ず自分の手で一度ばらばらに分解しては元通りに組み立て直していた。時には盛田と一緒に分解できるように、同じ物を二つ買ってきたこともある。井深が初期に手掛けた試作品には電気炊飯器（これは失敗作だった）や、日本で初めて商品化されたテープレコーダーなどがある。一九五〇年代には、二万五〇〇〇ドル〔当時約九〇〇万円〕を払ってアメリカのベル研究所とトランジスタのライセンス契約を結び、これが大躍進のきっかけとなった。井深はトランジスタをラジオに応用したいと考えていたのだが、当初はベル研究所にあっさりその可能性を否定されてしまった。それでも彼はあきらめず、一九五五年にソニーは世界で初めてトランジスタラジオで商業的成功を収めたのである。この商品のキャッチフレーズは「ポケッタブル（ポケットに入れて持ち運べるという和製英語）」であったが、当初のモデルは実際にはまだそうするには若干大きすぎた。そこでマーケティングの天才、盛田が妙案を思いつく。普通より大きめのポケットがついたシャツを特注して営業マンたちに着せ、「確かにポケットに入る」という誇張されたイメージを広めさせたのである。[22]

井深より一三歳年下の盛田は、ビジネス面でソニーを支える頭脳であった。ここに彼の企業家精神を物語るエピソードがある。一九五五年、盛田はニューヨークでアメリカを代表する時計メーカー「ブローバ」からトランジスタラジオ一〇万台の注文を受けた。商談が成立すれば、創業一〇年未満のソニーの資産価値を超える受注額となる。ただし、「SONY」ではなくブローバのブランドで売らせてくれというのが相手側の出した条件だった。盛田は役員たちの反対を押し切り、この注文を断った。ソニーは自分のブランドを確立すべきだと彼は言い張ったのである。盛田は後に、あれは自分のキャリアで最高の決断だったと語っている。「盛田はアメリカ的な意味で真の企業家であり、リスクを恐れない大胆な意思決定ができるという点ではジョン・D・ロックフェラーやビル・ゲイツに匹敵する経営者だった」とソニーの歴史に関する優れた本の著者、ジョン・ネイスンは書いている。[23]「彼は市場調査を見下しており、製品に関する自分の勘を信じて行動した」[24]

ホンダと同様、ソニーも当初は国内市場で苦戦を強いられた。政府に優遇された既存の大手企業と違って、小売販売網を欠いていたことも原因の一つであった。どちらの企業も、アメリカ市場において最初の突破口を開いている。盛田は日本的な企業文化のある側面、たとえば社員の学歴を極度に重視する傾向に対して批判的だった。その結果、ソニーは日本で初めて成果主義を採用した企業の一つとなる。また当時は社長以下社員全員が同じ制服《ユニフォーム》を着ていた（今でも多くの日本のメーカーには決められた制服がある）が、三宅一生《みやけいっせい》のデザインを採用した点が他の企業と違ってユニークだった。[25] こうして盛田は企業家として数々の成功を収めたにもかかわらず、通産省の官僚からは傲慢な異端者と見なされていたのである。

日本的経営と系列の功罪

私はジェームズ・アベグレンの晩年に、二度直接話を聞く機会を得た。二〇〇六年には、彼が加盟しているモダンな雰囲気の会員制クラブで昼食を共にさせてもらった。アベグレンはそこで「日本的経営論」の草分けとして知られる人物にふさわしい敬意をもって遇されていた。さすがに体力の衰えは隠せなくなっていたものの、その風格からはかつての威厳がにじみ出ていた。彼は自らが築き上げた理論に揺るぎない自信を持っているようであった。二度目は、都内のあるしゃれたホテルで開かれた彼の八〇歳の誕生パーティーに、半分押し掛けるようにして出席した時のことである。その日、パーティーを主催していたのは彼の日本人の妻や家族たちで、参加者には実業界のそうそうたる顔ぶれがそろっていた。アベグレンはスピーチに人生の主要なエピソードを織り交ぜながら、生涯にわたる日本との関係について話をした。米ウィスコンシン州のチーズ職人の息子として生まれた彼が日本と最初に出会ったのは、アメリカがまさにこの国に侵攻しようとしている時だった。米海兵隊員として硫黄島の戦いで負傷し、終戦後は米軍戦略爆撃調査団の一員として、東京と広島が受けた被害の現地調査を行なった。一九五五年には、フォード財団の研究員として再度来日し、当時はほとんど外部に知られていなかった日本の「会社《カイシャ》」の実態を調べ始めた。この言葉を英語(kaisha)で世界に普及させたのも彼の業績の一つと言えるだろう。その過程で、彼は複数の日本企業から社内を自由に調査する許可を得たが、これは前代未聞のことだった。調査対象リストには日本電気、住友化学、富士製鐵（後の新日鉄〔現・新日鐵住金〕）などの大企業が含まれていた。いずれも機械のように効率的に製品や利益を生み出す日本経済の歯車であり、極めて地味な存在ばかりである。

アベグレンは、日本的経営の最も有名な特徴として知られるいくつかの要素を世界で初めて明らかにした。これらの特質はその後数十年間にわたり、日本経済を成功に導いた「秘密」として多くの専門家に称賛されることになる。一九五八年に書いた『日本の経営』では、会社別雇用組合、終身雇用、そして「カイゼン（改善）」（生産現場で絶え間なく続けられる効率性向上や品質保持の努力）を重要な要素として取り上げた。日本企業の労組幹部は、賃上げや労働環境の改善だけでなく、生産性向上を実現する役割も担っている。アベグレンは、少なくとも日本の大企業は社員との関係が定年まで続くことを前提とする「社会組織」であると考えていた。社員側の観点からも、これは絶対的な雇用の安定と定年退職まで役職と賃金が上昇し続けることを意味した。これこそが勤続年数や年齢で昇進が決まる年功序列制度で、社員同士が高い評価を得るために競い合う成果主義より、企業への忠誠心や協調性を高めるのに有効とされたのである。またこれらの企業は年度ごとに大学の新卒者を大量に一括採用した。それは高度成長期における人手不足に対する保険の意味もあったが、早くから社内教育（つまり「洗脳」）を始めた方が自社の企業文化や考え方を植え付けやすいからでもある。「とりわけ日本の男性にとっては、会社は一種の宗教団体のような役割を果たしているのです」とある日本人研究者は私に説明した。[26] そうした雰囲気を醸成したのは社歌や社員寮の存在、会社指定の休業日、そしてもちろん大量の残業や飲み会などの社内行事であった。日本最大の家電メーカーであるパナソニックには、社名変更前の松下電器当時、誰もがまったく同じ灰色の制服を着てこんな社歌を歌っていた時代がある。

尽きざる生産勤《いそ》しみ励み
世界の人に我等は送らむ
泉の水のこんこんと　絶え間なく出づる如
産業振興　産業振興
和親一致の松下電器[27]〔終戦翌年の一九四六年に制定され、三〇年近く歌われ続けた社歌。『キーワードで読む松下幸之助ハンドブック』PHP総合研究所研究本部編、PHP研究所、一九九九年、二五頁〕

「日本の企業は株主と経営者に報いることだけを目的とする経済組織ではない」とアベグレンは書いている[28]〔『新・日本の経営』山岡洋一訳、日本経済出版社、二〇〇四年、二三頁〕。「英米には企業はすべて株主のものだという奇妙な見方があるが、日本ではこの考え方は通用しない。

日本企業では第一の利害関係者は会社に所属する人たち、社員なのだ」。日本の大企業に見られるこうした風変わりな特徴に欧米人は困惑するばかりだった。「欧米における結論は、そのやり方で企業経営を行なうのは不可能だというものでした」とアベグレンは語っている。[29]だが株主の利益を優先する必要がないという事実は、日本企業に長期的視野で事業を展開する余裕を与えたというのが彼の考えだった。アベグレンがキャリア後半に多くの時間を過ごしたボストン・コンサルティング・グループのあるシニアパートナーによれば、彼はそれをこんな風に説明していたという。「利益は今受け取ることもできますし、後で受け取ることもできます。しかし欧米人が今欲しいと考えるのに対し、日本人はまず成長を優先し、利益は後回しでいいと考えるのです」[30]。こうした考え方があったからこそ、日本企業は四半期ごとの利益目標に縛られず、市場シェアの拡大や産業全体を支配するための長期計画を優先できたのである。鉄鋼、造船、自動車、半導体などの各業界で、日本が勝つために展開した戦略がまさにそれであった。

もっとも、日本を成功に導いたのは、決してこの国特有の商慣行や雇用習慣だけではなかった。海外からも多くの組織論や技術が導入されたのである。アメリカ人コンサルタントのW・エドワーズ・デミングは、一九五〇年代に品質管理や仮説検定に関する一連の講演を通じて、母国よりも日本で多くの尊敬を集めるようになった。また、日本の企業幹部はビジネスの「ベストプラクティス（最も優れた実践例）」を学習することに異常なまでの関心を示し、どこから来たアイデアでも取り入れようとした。たとえば、一九五〇年代前半には、後にトヨタ自動車の社長に就任する豊田《とよだ》英二《えいじ》が、ミシガン州にあるフォードのリバールージュ工場で三カ月間にわたる研修を受け、品質管理や大量生産方式の効率性について学んでいる。その一方で、日本型経営に見られる風変わりな特徴の中にも後に重要視されるものがあった。

アメリカが戦時体制の一部と見なして解体しようとした旧財閥は、別の形を取って生き残った。財閥に属していた企業同士は、株式持ち合いや下請業者との親しい関係を通じて、お互いに密接なつながりを維持していたのである。これらの縦と横のつながりは系列《ケイレツ》と呼ばれ、その後数十年にわたり、外資系企業には越えることがほとんど不可能な障壁として機能する。系列内で緩い連携を保つ企業集団には「メインバンク」と呼ばれる銀行が加わり、集団内の企業に利益目的というより一種のパトロンとして融資を行なっていた。こうして系列は相互支援体制としての機能を強めていったのである。この「護送船団方式」では、最も経営体力のない企業のスピードに合わせて脱落者が出ないような措置が講じられた。だからと言って、時折誤解されるように、日本にまったく競争がなかったわけではない。実態はその正反対と言ってよかった。ある意味で、日本の産業界では海外よりも過酷な競争が行なわれていると結論づけた研究もあるほどだ。なぜかというと、日本では競争に敗れた企業が次々に落伍して、少数の勝者が市場を支配するという状況には至らないからである。そのために自動車業界では少なくとも一〇社、鉄鋼業界では五社、そして後に半導体業界では一〇社がいつまでたってもしのぎを削る状態が続いた。その結果、各業界は常に生産能力過剰に悩まされ、薄利を奪い合う状況が長期化したのである。生き残るには低利益率で大量販売を行なわざるを得ず、そのためには海外市場の制覇が不可欠になった。一方、大企業とその傘下にある無数の下請中小企業から成る縦割りの系列は、横の系列とは性質が異なっている。下請企業の多くは、大阪をはじめとする巨大産業都市で細々と家族経営を営む町工場に過ぎない。これらの企業は、戦後ドイツの高度成長を支えたミッテルシュタント〔中産階級によって経営される中小企業〕のような存在で、大企業にとっては緩衝材として機能し、元請けから容赦なく搾取された。発注者は常に短い納期を要求し、どんなに過酷な労働条件であろうと有無を言わせず押し付けた。部品価格を安く抑え、最小限の在庫で無駄を省く、かの有名な日本のジャストインタイム生産システムはこうして維持されたのである。あらゆる負荷は、労働条件が厳しく、雇用が不安定な中小企業に押し付けられた。これによって大企業だけが、社員に終身雇用と年功序列を保証する寛大な「社会契約」を成立させることが可能になった。これこそが有名な日本的経営のからくりであった。

だが、このシステムには明らかな欠陥があった。消費財よりも産業向けの生産が優先され、利益よりも市場シェア、支出よりも節約、中小企業よりも大企業が重視された。日本経済全体が輸出を軸に展開されるようになり、その体質は今も受け継がれている。つましい生活を送る一般家庭は、銀行や郵便局に預けた資産からひどく低い金利しか受け取ることができず、その分、産業界には政府系金融機関を通じて低利融資が実施された。大企業は利益重視のためなら環境を汚染することも大目に見られ、貿易収支の黒字化のために海外への輸出物価を国内物価よりも低く設定することも認められた。要するに高度成長の果実の一部は国民に還元されず、経済立国という抽象的な目標のために犠牲にされたのである。こうして一部論者の言う「日本の空虚な繁栄」が生まれる土壌が出来上がった。[31]

その一方で、日本の成長戦略はこのうえない成功を収めつつあった。一九六〇年、日米安全保障条約の改定をめぐる政治闘争が収束すると、池田《いけだ》勇人《はやと》首相は所得倍増計画を発表した。[32]日本はあらゆる想像を超える急成長を続けていたのである。その年、フランスのシャルル・ドゴール大統領は池田首相のことを「あのトランジスタラジオのセールスマン」と呼んでせせら笑った。[33]だがそれから二年後、そのトランジスタラジオのセールスマンが率いる国は、経済規模でフランスを抜き去った。一九六七年にはイギリス、その翌年には西ドイツを追い越し、資本主義陣営ではアメリカに次ぐ第二の経済大国にのし上がったのである。一九三〇年代から四〇年代にかけて日本がどうしようもなく道を失っていたとしても、今や正しい道を取り戻したことは間違いなさそうに思われた。

映画『ALWAYS《オールウェイズ》 三丁目の夕日』三部作には、日本が復興に前向きに取り組んでいた時代の興奮が見事に再現されている。その第一作が公開されたのは二〇〇五年。日本経済は停滞期に入っており、高度成長期をノスタルジックに振り返り、急成長の原動力となった時代精神からヒントを得ようとする社会的風潮が目立つようになっていた。[34]その第一作の舞台は一九五〇年代の東京の下町で、時代はまさに戦後復興期の真っただ中である。まず冒頭では、青森出身の若い女性が下町の小さな修理工場「鈴木オート」に就職する。彼女は東北の貧しい農村地域の出身だった。一方、鈴木オートは、都内を走る数少ない自動車の修理を請け負う町工場である。彼女は戦後何十年かにわたって、農村から都市部に大量に流入してきた集団就職者の一人であった。映画の終わり近くには、主要な登場人物が貧しい生活の中でやりくりしながら氷式冷蔵庫を電気冷蔵庫に買い替え、白黒テレビを買う者も一人か二人登場する。一九五〇年代後半には歴代天皇に伝わる剣、鏡、玉の三種の宝物になぞらえて、電気冷蔵庫、電気洗濯機、白黒テレビが「三種《さんしゅ》の神器《じんぎ》」と呼ばれるようになっていた。『ALWAYS』三部作の舞台となった下町の背景には建設途中の東京タワーがそびえ立ち、着々と完成に近づいていく。消防車のように赤いこのエッフェル塔のクローンは、一九五八年に完成されると日本の経済復興の象徴となった。鋼材の一部には朝鮮戦争でスクラップになった米軍戦車の廃材も使われており、フランスのオリジナル版より九メートルほど高い。自立式鉄塔としては当時世界一高く、東京スカイツリーに抜かれるまでは日本一高い建造物でもあった。東京オリンピックが開催された一九六四年を舞台にした『ALWAYS』第三部には、下町の住民が五輪を契機にカラーテレビを買う場面が登場する。それは一九六〇年代半ばからもてはやされるようになった「新・三種の神器」の一つであった（他の二つはエアコンと自動車）。第三作の終わりでは、すっかり成長した青森出身の田舎娘が新幹線に乗って大阪への新婚旅行に出発する。戦後復興のもう一つの象徴となった東海道新幹線は、五輪開会式の直前に何とか開業にこぎつけた。終戦直後の壊滅状態からわずか一九年で、日本は世界一速い鉄道の敷設を実現させたのである。

「ジャパン・アズ・ナンバーワン」

もはや誰にも止められぬ勢いを持つかに思えた高度成長期の日本も、何度か逆境に直面したことがある。中でも最も危機的な状況を引き起こしたのは一九七三年の「オイルショック」であった。石油輸出国機構（OPEC）に加盟するアラブ諸国が、第四次中東戦争でイスラエルを支援したアメリカなどへの石油禁輸措置を決定すると、原油価格は戦前の四倍に高騰したのである。当時、日本は四日分の石油しか備蓄しておらず、インフレ率二〇％以上という「狂乱物価」のために消費は急速に落ち込んだ。だが日本は外交と経済の両面で思い切った舵取りを行ない、まず中東に特使を派遣し、アメリカから距離を置いてアラブ支持に転換した。一方、欧米と比べておとなしい日本の労働者たちは賃上げ要求の抑制に同意した。アメリカの先端技術であるロボット技術も積極的に導入され、原油価格が高騰を続ける中で、各企業は省エネルギー化に懸命に取り組んだ。通産省は、これまで重視していた重工業が大量のエネルギーを消費するため、エレクトロニクスやコンピューターといった「知識創造型産業」の促進に力を入れるようになった。こうして一〇年後には、日本はエネルギー輸入総額をGDPの三％から一・六％へとほぼ半減させることに成功したのである。[35] 一九七〇年代に二度にわたるオイルショック（二回目は一九七九年のイラン革命後に発生）を経験した日本は、その試練に耐えて省エネ対策を進めただけでなく、先進国中最も高い成長率を達成していた。

それでも、「新しい日本」への熱意と同じくらい、「失われつつある日本」を惜しむ気持ちも表面化していた。一九五三年には早くも、映画監督の小津《おづ》安二郎《やすじろう》が名作『東京物語』の中で、農村地域の共同体主義的な価値観が、急激に変化が進む都会で失われつつある現実を描き出していた。海辺の町で暮らす老いた夫婦が、東京で生活する子どもたちに会いに来る。ところが、長男も長女も自分の生活や仕事に没頭するあまり、両親のことをほとんどかまおうとしない。クレーンや自動車や建築現場などを背景とした都会的風景の中で、両親は子どもたちの家をたらい回しにされる。その様子はまるであの有名なシェークスピア劇で、娘たちの城の間を行き来するリア王のようである。時を同じくして、日本が達成した「進歩」を厳しく批判する声も一部に浮上した。とりわけ恐るべき勢いで進む都市化の影響で環境破壊への懸念が増大していた。左派寄りの政治評論家森田《もりた》実《みのる》は、東京オリンピック開催直前の一〇年間について次のように語っている。「日本人は本当に恐ろしい社会を築いてしまったように思います。都会の空気も川も周囲の海も汚染され、自然環境が破壊されてしまいました。国民自身もすっかり経済的利益ばかりを追い求めるようになり、人としての道を重んじる偉大な理想は置き去りにされています。これはまさに絶望の時代です[36]」。もっともこれは典型的な考え方とは言えなかった。もっと一般的な考えに近かったのは、所得倍増計画で知られる池田首相の首席秘書官を務めていた伊藤《いとう》昌哉《まさや》の意見である。彼は「日本経済の成長はあとどれくらい続くのでしょうか?」と自問した。「まるで無限級数的に拡大していくように思えます[37]」

一九七〇年代になると成長のペースはさすがに幾分落ちてきたが、八〇年代までに国民の生活水準は欧米諸国の多くと肩を並べるまでになった。そしてアベグレンが初めて明らかにした日本的経営の特徴こそが、この国を成功に導いた重要な要素であるという考えが広く受け入れられるようになった。欧米企業が日本の軍門に下りたくなければ、一部だけでも同じ手法を取り入れた方がいいという意見さえ浮上したほどである。東アジアを専門とするアメリカ人社会学者、エズラ・ヴォーゲルは、一九七九年に出版された『ジャパン・アズ・ナンバーワン』で、日本特有の社会・経済制度の長所を分析し、油断をするなとアメリカに警告した。日本人は優れた組織力、教育制度、技術力を有しており、すでに世界の頂点を目指す実力を備えていると彼は主張したのである。そもそもヴォーゲルの意図は、あまりにも楽観的すぎるアメリカの政策立案者たちの目を覚まさせることにあった。ところがいざふたを開けてみると、『ジャパン・アズ・ナンバーワン』は、アメリカよりも日本の出版界ではるかに大きな成功を収めた。それどころか、同書は日本で出版された外国人作家によるノンフィクションとしては、史上最高のベストセラーとなったのである。そうなった理由は想像に難くない。日本には明治維新以来、一〇〇年以上の長きにわたって熱烈に追い求めてきた目標があった。それは欧米諸国と同じ土俵で真っ向から渡り合い、勝者となることであったが、同書のタイトルはすでにそれが達成されたかのような印象をもたらしたのだ。

リビジョニストたちの「日本異質論」

日本人はもはや自らの大言壮語に酔い始めていた。日本が経済規模でイギリスを追い抜いた一九六七年には早くも、京都大学のある教授がヨーロッパにはもはや観光以外には注目すべき点はないと発言するに至った。その直後の一〇年間には「英国病」に関する本がよく売れるようになった。ある著者はそれを「勤労意欲が弱まり、過度に権利を主張し、生産性が低下する」社会的病理と定義している。こうなると「米国病」に関する著書が登場するのも時間の問題であった。それらによれば、アメリカは浪費的かつ非効率的で、企業は短期的利益にしか関心がなく、国民は労働倫理を欠いているということになる。海外の工場を視察した日本の技術者たちは、現地の労働者たちが頻繁に短い休憩を取ったり、定時前に仕事を切り上げたりするのを見てあっけに取られたという感想をしばしば口にした。アメリカ社会は凶悪犯罪、薬物乱用、離婚などによって内側から崩壊しつつあると考えられるようになった。

一九八三年に数理科学研究所が行なった「日本人の国民性調査」は、国家としての日本が一世紀以上にわたって持ち続けた強迫観念を浮き彫りにした。そこに含まれていたある質問からは、欧米諸国に追いつくことを目標としてきたこの国が、過度の自信過剰と自信喪失の間で常に揺れ動いてきた様子が透けて見える。「日本人は西洋人とくらべて、ひとくちでいえばすぐれていると思いますか、それとも劣っていると思いますか？」とこの調査は問い掛けている。「すぐれている」という回答は一九五三年には二〇％に過ぎなかったが、八〇年代までには五三％にまで上昇していた。だが、どちらの年にも、この質問自体を不快に思うかどうかという質問は含まれていなかった。[38]

一九八〇年代後半までには、アメリカ国内でも日本脅威論を唱える声が高まりつつあった。

日本の貿易黒字は未曾有の規模に膨張し、アメリカ市場では日本車が燃費の悪いアメリカ車に取って代わろうとしていた。日本企業は米国内で誰もが知っているようなビルや映画会社などを軒並み買い漁っていった。日本がここまで経済的にのし上がった理由を説明した論客の中には、「リビジョニスト（日本見直し論者）」と呼ばれるようになった研究者やジャーナリストがいる。彼らはアベグレンがパイオニアとして築き上げた日本的経営論を発展させ、日本はまったく新たなビジネス手法を実践していると主張した。アメリカが自由放任《レッセフェール》主義的なアプローチに固執せず、日本のように国家が介入する「産業政策」や「戦略的貿易政策」を取り入れなければ、形勢は不利になる一方だというのだ。

リビジョニストとして知られる主要な論客は四人いた。まず一九八二年の著書『通産省と日本の奇跡』で、通産省が産業政策を通じて日本の経済成長に果たした役割を分析したチャルマーズ・ジョンソン。二人目は『沈まない太陽』や『日本封じ込め』の著者、ジェームズ・ファローズ。そして三人目は、レーガン政権時代に商務省審議官として日米通商交渉の最前線に立ったクライド・プレストウィッツである。プレストウィッツは半導体、電気通信、医療機器・医薬品などの分野で日本に市場開放をさせようとした時の苦い経験から、日本は何らかの方法でアメリカを出し抜いていることを確信した。この時の考察は、一九九三年に出版された『日米逆転』にまとめられることになる。プレストウィッツによれば、彼や他のリビジョニストたちは日本叩き《ジャパンバッシング》の専門家のように言われることがあるが、彼らにそうした意図は決してなかったという。「それどころか私たちは日本の制度を称賛し、それと対抗するにはアメリカも意味のある形でそのやり方を模倣する必要があると提言したのです。私たちが不満の矛先を向けていたのは日本ではなく、アメリカ政府に対してでした」。従来の米政府の政策立案者たちは、アメリカが得意としてきた分野で日本に打ち負かされている理由をまったく理解できないでいた。「そこでレーガン政権の高官たちに説明しようとしたのです。アメリカが野球をやろうとしている時に、日本はフットボールをやっている。まずそこから理解する必要があるのだと」[39]

四人目のリビジョニスト、カレル・ヴァン・ウォルフレンが書いた『日本／権力構造の謎』は、貿易摩擦というよりは日本の政治機構や社会組織に関する本で、他のリビジョニストたちの著作と同様、欧米がこれまで遭遇した社会と日本がどれだけ異質であるかという点に焦点を当てている。そこで描かれているのは、責任ある中央政府が存在しないために、決定主体が不明確な形でしか決断を下せない国家の肖像であった。つまり従来の自由貿易主義者が日本と交渉のテーブルに着いても、相手側の担当者には交渉内容を変更する権限がまったく備わっていないことになる。ヴァン・ウォルフレンは極めて微妙なニュアンスで主張していたが、一般に普及していた日本異質論はリビジョニストたちの考えをもっと乱暴にまとめたものだった。その内容はもっぱら邪悪な日本株式会社がずる賢い計画を立てて競争相手の裏をかくというものであった。アベグレンは常に日本に備わる特質を「協力と競争の複雑な組み合わせ」として描こうと努めていたため、この国が政府の一元管理の下で動かされているという説には決して与くみしなかった。彼は日本に関して広く信じられている一つの噂をあるジャーナリストに話したことがある。それによれば、日本の中央官庁の奥の院では「長いひげを生やした一人の男が巨大なコンピューターの前に座っていて、その男の居場所を見つけて射殺することさえできればすべての問題は解決する」[40]というのだ。だが、もしヴァン・ウォルフレンの「日本の権力構造」に関する説が正しければ、そもそも射殺するような相手は誰もいないことになる。

日本の成功の理由が何であれ、少なくとも大手マスコミは同国の経済規模がアメリカを超えて世界最大になる日も遠くないという論調であふれていた。だが日本の人口がアメリカの半分に過ぎないことを考えると、これはかなり大胆な予測と言わざるを得ない。それが実現するには、あらゆる日本人が平均してあらゆるアメリカ人の倍も裕福になる必要があるからだ。一九八八年には著名投資家のジョージ・ソロスが、ニューヨークとロンドンにおける株価大暴落について論評し、「経済力と金融力はアメリカから日本に移行する」と予測した。[41]だがこうした見方が説得力を増していった時期は、日本が狂乱のバブル景気の真っただ中にあった年月と重なっていたのである。そしてついにバブルが崩壊した時、日本が世界経済の覇者となるという考えは永遠に放棄される運命にあった。

第6章　転落の後に――転機としての一九九五年

バブルの時代

大阪ミナミの料亭の女将《おかみ》、尾上縫《おのうえぬい》の口から伝えられる「お告《つ》げ」が彼女自身の霊感によるものか、それともガマガエルの像によるものか、常連客らは最後まで知ることはなかった。歓楽街の千日前《せんにちまえ》にあった尾上の高級料亭「恵川《えがわ》」の外には、週末ごとにお抱え運転手付きの高級車がずらりと並び、金融マンたちが怪しげな儀式に参加していた。時は一九八〇年代のバブル絶頂期、群がる客たちのお目当ては尾上の神懸かり的なアドバイスで、どの企業が一番有望でどの銘柄の株に巨額の投資をすべきか指南してもらおうというのであった。集まった銀行や証券会社の幹部らの前では高さ一メートルほどの茶色いガマガエルの像がにらみをきかせていた。恵川を開業する前は仲居をしていたという尾上は当時六十代前半。なじみ客相手の占いが評判になって、気がつくと誰もが飲み食いよりも投資の相談に訪れるようになっていた。

大阪ではどういうわけか、ガマガエル〔ヒキガエルの別名〕は金運を招く縁起物とされている。現在の大阪は日本第二の大都市圏の一部で、何世紀にもわたって「天下の台所」として栄えた経済・商業の中心地でもある。一七三〇年には全国の年貢米が集まる堂島《どうじま》に米の取引所（堂島米会所）が開設され、世界で最初の先物取引が行なわれた。この都市の住人は知人に出会うと「こんにちは」と言う代わりに「もうかりまっか？」とあいさつすることがあるという。これも大阪人の気質をよく表している。財布を「ガマロ」と呼ぶことがあるのも、大きく開く口があるのと同時に、ガマガエルは金運を招くと考えられているからだ。

もっとも尾上が拝んだガマガエルはかなり別格の存在と言っていい。何しろ神々から直接株取引に関する御託宣を受けていただけでなく、尾上を通じて二兆円を超える大金を運用していたというのだから。日本中が浮かれていたバブル絶頂期においてさえ、これはけた外れに大きな金額であった。驚くほどよく当たる占いをするガマガエルがいるという噂は至る所に広まった。事実、予言が外れることはめったになかったという。こうして日本でトップクラスの金融機関の幹部を務めるような人々が「お伺《うかが》い」を立てに集まるようになったのである。その中には当時、世界最大の金融機関の一つで、日本の銀行業界の超エリート集団と言われた日本興業《こうぎょう》銀行の役員たちも含まれていた。「四大証券」の一角を担っていた山一《やまいち》証券の幹部も定期的に参加していた。山一はその後、バブル崩壊で巨額の損失を出し、一九九七年には経営破綻によって廃業することになる。また松下電器（現・パナソニック）が一〇〇%出資するノンバンクの「ナショナルリース」は、尾上に五〇〇億円も融資して焦げ付かせてしまい、面目を失った松下電器の社長は辞任に追い込まれた。

経済紙に引用されることが最も多い日経平均株価は、一九八九年の最終売買日に三万九〇〇〇円台目前まで上昇した。それは消える寸前のろうそくがパッと燃え上がる瞬間に似ていた。翌年になって株価が下落し始めると、尾上自慢のガマガエルでさえもはやお手上げの状況となった。そこで彼女は現状を取り繕うための一案を思いつく。知り合いの銀行の支店長らに架空の預金証書を作成させ、それを他の金融機関に担保として差し入れていた株券などと入れ替えてだまし取ったのである。この複雑なペテンによって尾上はさらに巨額の資金を調達したが、株価の下落が続いたためにますます深みにはまっていった。一九九一年八月にはついに詐欺罪で逮捕され、その後の調査でガマガエルに実際に知恵を授けていたのは山一證券のある上級幹部であったことも明らかになった（結局、神々とは縁もゆかりもなかったわけである）。尾上の周囲を飛び交う巨万の富が泡のように消え去ると、彼女は必然的に「バブルの女帝」と呼ばれるようになる。裁判の結果は懲役一二年の実刑判決だった。[1]

尾上縫の物語は、バブル期という狂った時代の精神をよく表している。これ以外にも、一九八〇年代後半から末期まで続いたこの時代を象徴する伝説は枚挙にいとまがないが、その多くはかなり作り話めいている。たとえば、当時はなじみのホステスに何十万円ものチップをぽんと渡すビジネスマンたちがいたという話がある。しかも自分の冗談になまめかしく笑ってくれる以上のことをほとんど要求しなかったというのだ。また料理に塩やコショウをかけるように金粉をまぶして食べる人たちがいたかと思えば（実は一部の高級レストランには今でもこの習慣が残っている）、ゴルフ場に出るつもりが一切ないのに高額なゴルフ会員権を市場で売買する投機家たちもいた。

バブルの投機熱を支えたのは、戦後の体験に基づく「土地神話」であった。高度成長期を通じて日本の地価は上昇し続け、上にあるものはいつか必ず落ちるという自然法則がこの国にだけは通用しないかのようだった。金融自由化、円高、そして低金利が濡れ手であわのバブル景気に拍車をかけた。いつの時代にもよくあることだが、恐怖と強欲が人々の行動を支配した。その後のバブル崩壊は、日本の経済システムに大きな欠陥があることを証明したと言われることがある。数年前まで日本を賛美していた連中はまんまとだまされていたに過ぎないというわけだ。確かに日本経済は利益よりも市場シェアを追求したし、そのシステムが一番うまく機能したのはまだ発展途上だった高度成長期のことで、欧米の生活水準に追いついてからは以前よりぎくしゃくするようになった。その一方で、日本が経験したバブルは数十年に及ぶ高度成長の必然的な結果に過ぎない面もある。それは熱狂した相場がオーバーシュート（行きすぎた変動）を起こしただけのことだ。それが日本だけに固有の現象でないことは、近年の「根拠なき熱狂」を経験した欧米人には痛いほどわかっているはずである。

多くの企業が融資を受けて土地を買い漁ったために、日本の地価はかつてないほど高騰した。本業が不動産売買とまったく無関係なケースも少なくなかった。こうした「財テク」に励まない企業は、土地を買って荒稼ぎをする競合相手に業績で後れを取った。バブルピーク時には、東京の銀座一等地の地価に一平方フィート当たり二万ドルの値が付いたこともある

〔一平方フィートは約〇・〇三坪〕。二〇一一年のロンドンの一等地ナイツブリッジの地価が三〇〇ドル強に過ぎなかったことを考えると、これがいかにけた外れな値段だったかがわかる。[2]

不動産と同様、株式も投資対象として人気があった。当時は株で損をすることはありそうになかった。それは株価がずっと上昇を続けていたからだけではなく、系列内の友好的な企業同士が株を持ち合うことで安定株主として支え合っていたからでもある。やがて株価が正常と考えられるレベルを超えると、専門家がよくやるように、東京の株式市場が特殊なケースである理由がどこからともなくひねり出された。一九八七年に新規上場した日本電信電話（NTT）の株式のPER（株価収益率）〔株価が投資家にとって割高か割安かを測る指標〕は一時、三〇〇倍もあった。これは同社が株式に投資された元本分を回収するには三〇〇年かかる（年間純収益の三〇〇年分が必要）ことを意味していた[3]〔一般にPERが高いほど株価は割高と見なされる〕。

一九八五年九月、ニューヨークのプラザホテルで米・西独・仏・英・日の五カ国による先進五カ国財務相・中央銀行総裁会議（G5）が開催された。多くの専門家は日本経済の異常な過熱ぶり（そしてそれに続く劇的な崩壊）は、この時に発表された「プラザ合意」に端を発すると考えている。景気後退と膨大な対日貿易赤字にあえぐアメリカに救いの手を差し伸べるために、日本を含む各国は円高ドル安に誘導することに同意し、外為市場に協調介入した。要するに、先進国が寄ってたかって日本の勢いにストップをかけたのである。日本としても貿易摩擦のさらなる悪化を防ぐ必要があった。その効果は絶大だった。プラザ合意直後の二年間で円相場は一気に一ドル二四〇円から一二〇円へと上昇し、二倍の円高になったのである。これは日本製品の輸出価格が倍に膨らむことを意味した。日本銀行は円高による不況対策として金利引き下げで景気浮揚を図ったが、それは欧米諸国の要求を満たすためでもあった。日本は消費刺激策で国内需要を拡大し、世界の経済成長を牽引するように圧力を受けていたのだ。それは現在の中国が置かれている立場によく似ていた。

バブルの発生と拡大には国内的な要因もあった。政府の金融緩和政策によって、企業は銀行から借りなくても、社債発行などで直接資金を調達できるようになった。その結果、融資先を新規開拓する必要に迫られた銀行は、不動産投機への融資に傾斜していったのである。日本はまた、一九八〇年代半ばに首相を務めた中曽根《なかそね》康弘《やすひろ》が望んだような輸出依存型経済から「輸入大国」への移行を実現できなかった。[4] 戦後日本の高度経済成長を支えたのは生産と輸出の拡大路線であった。輸出主導から内需主導に転換するのは口で言うほど簡単ではなかった。そのためには、一般市民よりも大企業の利益を優先する政治システムや既得権益を打破する必要があったからである。その一方で、日銀の景気刺激策によって低利の資金調達が可能になり、投機が投機を呼ぶ過熱状態が生じた。株や不動産の価格は永遠に続きそうな勢いで上昇していた。もはや尾上のガマガエルが上がると言えば、どんな株でも上がりそうに思えた。だが投資の世界に絶対はない。勝つ時もあれば負ける時もある。遅まきながら景気過熱を懸念した日銀は金融引き締めに転じたが、公定歩合を引き上げるとバブルは瞬く間に崩壊した。長く浮かれた状態が続いた日本の景気は急速にしぼんでいった。日本経済が当時の勢いを取り戻すことは、もはや不可能に思えた。「ジャパン・アズ・ナンバーワン」の夢はついえたのである。

新たな「正常レベル」の始まり

資産価格の急落が一時的な現象ではないことを日本人が理解するのは、まだ何年も先のことだった。日本経済に固有の長所（それらは当然、日本人に固有の美徳に基づくとされた）に関する誇張された主張を信じる多くの人々は、株や不動産の価格が「正常レベル」に戻るのは時間の問題だと考えていたからである。一九九〇年代の最初の数年間、日本経済はまずまずの成長を遂げた。だがそれ以降になると成長ペースが落ち、一部金融機関の経営状態は目に見えて悪化した。徐々にではあるが、もはや古き良き時代に戻れないことは誰の目にも明らかになってきた。日本は新たな「正常レベル」に慣れる必要があった。

一九九〇年代を通じていくつもの政権が、低迷する景気を浮揚させようと複数の大型景気刺激策を実施した。それらの内容は、欧米諸国が二〇〇八年のリーマン・ショック以降に試みた政策によく似ている。まず公共事業を増やし（誰も使わない道路や橋は血税の無駄遣いだと批判されることもあった）、減税を行ない、社会保障費を拡充させた。ある政権は三〇〇〇万人以上の国民を対象に一人二万円分の商品券（「地域振興券」）を配布したことさえあった。これらの刺激策の目標がバブル崩壊前の成長率を取り戻すことにあったなら、それは見事に失敗した。だが刺激策なしで日本経済がどこまで踏みとどまれたか、正確なところは誰にもわからない。どのような効果があったにせよ、一九九〇年代の経済成長率はわずか平均一・二％（一九八〇年代の約四分の一）にとどまり、日本は少なくとも三度の不況を経験したのである。比較的高い生活水準は維持されたものの、高度成長期のような勢いは影を潜めた。しかも状況は確実に悪化していった。一九九七年以降になると、不良債権を抱えた大手金融機関のいくつかが破綻した。尾上のガマガエルを相手に株式売買の指南役を務めた山一證券もその一つである。事態はもはや深刻な金融危機の様相を呈していた。

日本の政界でも危機的状況が表面化しつつあった。一九九三年には、約四〇年間に及んだ自民党の長期単独政権に終止符が打たれた。だが非自民の連立政権は脆弱で内部でも不協和音が収まらず、自民党は一年もたたないうちに政権に復帰したのである。だが何もかも以前と同じというわけにはいかなかった。それ以降、自民党は他党と連立政権を組むことで辛うじて政権にしがみつくありさまだった（少なくとも二〇〇一年から二〇〇六年まで政権の座にあった小泉首相の卓越した指導力でかつての勢いを取り戻すまで、同党の低迷は続くことになる）。その後の政権は深刻化する不況に散発的な対応しかできなかった。戦後あれほど盤石だった日本の政治システムは新たな危機に直面するたびに右往左往し、一〇年間で首相が七回も変わるという醜態を演じた。それは日本が政治的に機能不全に陥った時代の始まりであり、今日に至るまでその状況は完全に払拭されたとはいえない。

村上春樹が語る一九九五年

一九九五年という年の重要性を最初に私に強く印象づけたのは小説家の村上春樹だった。戦後日本の行方を左右した転換期としては、それはやや意外な選択のように思えた。ほかにも有力な候補はいくらでもありそうだったからだ。たとえば、第一次オイルショックの影響で、一晩でスーパーの棚からトイレットペーパーが消えた一九七三年ではなぜいけないのか？　それは戦後日本の無垢な時代が完全に終わりを告げた年であったはずだ。一九五〇年代以降、平均九・五％もあった成長率は、一九七〇年代から八〇年代にかけて半分以下の四・二％にまで低下した。それは元日銀理事で私の友人の緒方四十郎が、日本の「黄金時代」と呼んだ日々の終わりでもあった。これ以外にも、「昭和」最後の年である一九八九年という選択肢もある。その年の一月七日、昭和天皇裕仁は八七歳で崩御した。裕仁が皇位を継承したのは一九二六年一二月二五日のことだったが、在位中にこれほど最良の日々と最悪の日々の両方を経験した天皇は他にほとんど例がないだろう。次の平成は昭和とは対照的に、どちらかというと退屈な時代となる。国民の生活は快適で豊かだったが国家としては緩やかに衰退を続け、政治的にも経済的にも方向性を見失っていた。

さらにさまざまな観点から判断すると、一九九〇年ほど戦後日本の転機と呼ぶのにふさわしい年はないように思われる。それは日本にとってバブル崩壊の年であったが、世界的にも重大な地政学的変化が起きた。ベルリンの壁が崩壊し、ソ連帝国は断末魔の苦しみにあえいでいた。世界秩序に政治的激震が走り、日本が置かれた状況は一挙に不透明になったのである。冷戦構造がある限り、日本は太平洋地域におけるアメリカの同盟国として安全で快適な日々を約束されていた。だが、もはやそうした確実性は消滅してしまった。

それでも村上は一九九五年にこそ注目すべきだと私に言った。天皇の死もバブル崩壊も、そしてベルリンの壁の崩壊でさえ、日本が新たな時代に突入したことを日本人に理解させる象徴的事件としては不十分であったと。その現実を誰の目にも明らかにしたのは、むしろ一九九五年の阪神・淡路大震災とオウム真理教による地下鉄サリン事件だったと彼は言った。二度にわたる精神的ショックは、この国が後戻りできないほど変化してしまった事実を日本人にこれ以上ないほど明快な形で突きつけた。「それこそが戦後日本の奇跡的な成長神話が終わった年でした」と村上は私に言った。神戸の近代的な都会的風景が崩れ落ちた時、日本の高度な技術力への信頼は失われた。そして、それが象徴する日本の近代性そのものが粉々に砕け散ったのである。一方、震災以上に日本全土を震え上がらせたのが地下鉄サリン事件であった。終末論を説く狂信的なカルト教団による同時多発テロは、日本が調和を愛する国であり、その国民はどんな時も同じ方向を向いて一致団結するという幻想を打ち砕いた。日本に存在するはずの暗黙の社会的合意は内部から腐敗し始めていたのである。

私はかつて、東京の青山界隈にある静かな日本料理店で村上と昼食を共にしたことがある。私たちがその日の午後を過ごしたのは、「たまさか」という名の一軒家の料亭であった。そこかしこに秘密の隠れ家がある東京では珍しくない光景だが、店の周囲の通りには一本の白い線が通っているだけで歩道はなく、通り沿いのところどころにある不ぞろいの岩でできた石塀がほとんど中世的な雰囲気を醸し出していた。店の看板はあまりにも目立たない場所にあり、表札のない玄関へ通じる石畳の道もあまりにも狭いので、通りすがりの人間はそこに料亭があることにさえ気付かなくても不思議ではない。私たちは靴を脱ぐと上階に案内された。そこは何の調度品もないほぼ四角形をした個室で、木の板でできた壁で囲まれ、床は畳敷きだった。私たちは座布団に座ると、箸の置かれた背の低いテーブル越しに向き合った。部屋を出た給仕人が微かな音を立てて障子を閉めると、私たちは村上作品の登場人物がよく入り込む、井戸の中のように静かで瞑想的な雰囲気の中に取り残された。

その日の村上はダークブルーのスポーツ・ジャケットに襟なしシャツという装いだった。短い髪型は顔の大きさを際立たせ、口周りには数本のしわがあったが、五十代半ばの男性にしては若々しく見えた。ランチビールは遠慮しておきます、と彼は言った。後で泳ぎに行こうと考えているからだという。村上は少し哀愁を漂わせた強い視線でこちらを見た。私と話す時は英語を使ったが、長い時間をかけて表現を吟味し、言うことが決まるとまるで歯磨き粉をチューブから押し出すように一気に言葉を吐き出した。彼が口にするあらゆる文章には、そのテーマに関する彼の最終結論であるかのような重みがあった。私たちが最初に話題にしたのは一九九五年ではなく、村上が少年時代を過ごした一九六〇年代の高度成長期であった。

「両親は私がシステムの一部になることを望んでいました。大企業に就職して、いずれ良い娘さんを見つけて結婚して欲しいと。それが私に期待されていた人生の道筋だったのです。ですが、私は絶対にそんな風に生きたくありませんでした」と村上は言った。「日本社会にはある種の権力のシステムがあります。その一部になれれば、あなたは世間に認められます。そうなれなければ認められません。私はそうならないことを自ら選択しました。大学を卒業すると同時にドロップアウトしたのです」

一九四九年生まれの村上の両親は二人とも国語教師で、父方の祖父は僧侶、母方の祖父は大阪で商家を営んでいた。村上が十代を過ごした一九六〇年代、日本は「所得倍増」に向けて突き進んでいたが、彼は幼い頃からこの国の奇跡的な経済成長にどこかおかしなところがあると感じていたという。やむことのない経済成長と地位向上の追求にどこか違和感を覚えていたのだ。彼自身の人生も、生まれた時から定められた「間違いのない人生」に対する反逆の歴史であった。早稲田大学では演劇科に進み、そこで妻となる陽子《ようこ》と出会って結婚するが、学生結婚をすることは両親の意にそぐわなかった。[6]

学生時代の村上はレコード店でバイトをしていたが、在学中に都内で「ピーター・キャット」というジャズ喫茶（夜間はジャズバー）を開店した。彼は明らかにその仕事をとても気に入っていたが、ひどい重労働だったとも語っている。「翌日未明の二時か三時まで働かなくてはならないし、店内はたばこの煙や酔っ払いでいっぱいでした。時には酔いつぶれた客を店から叩き出す必要もありました。何もかも自分でやらなくてはならなかったのです」。村上は「ピーター・キャット」の経営を続ける傍ら小説を書き始め、毎日一時間は執筆に当てるようになった。その時に書き上げたのが、一九七九年に文芸誌『群像』に掲載された『風の歌を聴け』である。この後、村上は専業作家となるために店を手放し、一九八五年に発表した『世界の終りとハードボイルド・ワンダーランド』で広く世間に認知されることになる。この作品の舞台となる超現実的な東京の地下には、「やみくろ」と呼ばれる肉食獣が住んでいる。そして一九八七年、六〇年代の学生運動を背景にした恋愛と自殺の物語『ノルウェイの森』を発表すると、国内で上下四〇〇万部以上を売る大ベストセラーとなった。だが村上は自分にあまりにも多くの注目が集まることに辟易し、その数年前から国外に脱出していた。最初はヨーロッパ、次にアメリカに渡り、プリンストン大学では教鞭をとったりもした。海外に住むことを選んだ理由の一つには、「国民的作家」となった自分に向けられる熱狂的視線から逃れたい気持ちがあったという。だが、それ以外にも八〇年代後半のバブル景気や、彼が「ナンバーワン主義」と呼ぶ空虚なばか騒ぎから距離を置きたかったためでもある。「とにかく日本を逃げ出したかったのです。もうここでの生活にはうんざりでした。私たちはあまりにも自信過剰で、傲慢で、豊かになりすぎていました」

村上が自らに課した国外追放から帰国したのが、一九九五年のことであった。それはカムバックを果たすにはあまりにも異常な年となった。その年、日本を襲ったダブルショックの第一撃は、彼が育った神戸に降りかかった。一月一七日午前五時四六分、マグニチュード6・8の巨大地震が日本で最も裕福な都市の一つであるこの港町を直撃したのだ。これによって引き起こされた阪神・淡路大震災は、死者六五〇〇人弱、負傷者四万人強を出す大災害となった。それから数年後、震災をテーマにした連作短篇集『神の子どもたちはみな踊る』で、村上は架空の地震によって引き起こされた混乱と破壊を次のように描写している。

> 交通機関の脱線転覆衝突事故に（略）高速道路の崩壊、地下鉄の崩落、高架電車の転落、タンクローリーの爆発。ビルが瓦礫《がれき》の山になり、人々を押しつぶします。いたるところに火の手があがります。道路機能は壊滅状態になり、救急車も消防車も無用の長物と化します。人々はただ空《むな》しく死んでいくだけです。[7]〔「かえるくん、東京を救う」『神の子どもたちはみな踊る』所収、新潮社、二〇〇〇年、一五七‐八頁〕

阪神・淡路大震災は自然災害ではあったが、人間の判断ミスで被害が拡大する「人災」としての側面も否定できなかった。日本の技術者たちが耐震強度に絶対の自信を持っていた建物や高速道路の高架部分は、紙細工のように崩壊したのである。人口一四〇万人を擁する神戸周辺の埋立地は、液状化して泥沼と化した。日本が誇る最新建築技術の粋を集めた阪神高速道路も、橋脚が折れて横倒しになった。そのわずか数カ月前、日本の専門家チームはアメリカのロサンゼルスで前年に発生したノースリッジ地震の被害状況を視察してきたばかりであった。これほどの壊滅的被害は、世界最高水準の建築技術を誇る日本では起こりようがない。彼らは傲慢にもそう結論づけていたが、震災が神戸にもたらした被害はロスのそれをはるかに上回った。

倒れないはずの建物と同様に、日本の行政機関も脆弱さを露呈した。現地で一体何が起きたのか、東京の政治家たちが状況を把握するまでには数時間もかかる始末だった。午前中に行なわれた閣僚会議では地震は京都で起きたという誤情報が伝えられたが、実際の被災地はそこから六〇キロ以上も離れていた。あらゆる通信手段が遮断されていたせいで、情報の伝達がほとんど不可能に近かったためである。行政トップは自衛隊の災害派遣に二の足を踏んだが、それは戦後半世紀たっても国民の「軍隊」に対する不信感が払拭されたとは言い難かったからだ。一部の報道によれば、政府の救援活動があまりにも場当たり的だったため、被災地に最初に食料品や毛布を持って駆けつけたのは任侠《にんきょう》精神を重視する「ヤクザ」、つまり入れ墨をした暴力団員たちであったという。そんな中、行政当局の存在感の欠如を埋めるかのように、累計一〇〇万人以上ともいわれるボランティアが被災地に押し寄せた。彼らの行動は、必要な事を成し遂げるには、政府や官僚まかせにするより、自分で直接手を下すしかないという考えを国民の脳裏に植え付けるきっかけとなった。これまで四〇年間にわたって「お上まかせ」の習慣が染みついていた国民にとって、これはかなり覚悟を要する事態であった。

「この国の社会構造は極めて不安定なのです」と村上は私に言った。神戸の震災と政府の初動対応における判断ミスは、その事実を国民に痛感させる結果となったというのだ。『神の子どもたちはみな踊る』は、震災直後から地下鉄サリン事件が起きるまでの数週間を舞台にした連作短篇集である。その中の一篇には「地震男」の悪夢を見る子どもが登場する。また別の一篇では、信用金庫で返済金の取り立てを担当する片桐という地味な職員が一匹の大きなカエル（「かえるくん」）と力を合わせて、東京を壊滅的被害から守る。首都の地下には邪悪な大みみず（「みみずくん」）が住んでいて、神戸の地震を上回る巨大地震を発生させようとしていた。だが二人はみみずくんと戦い、それを未然に防ぐのである。英訳書のカバーのコピーには「永遠に消えない傷を負った国民の癒やしがたい苦痛の声」とあった。

神戸の震災による傷が癒える間もなく、わずか二カ月後の三月二〇日には地下鉄サリン事件が起きる。カルト教団オウム真理教が、東京の地下鉄に極めて殺傷力の強い神経ガス、サリンを散布したのである。この同時多発テロ事件による負傷者は数千人に上った。オウム真理教は一九五五年に畳職人の息子として生まれた松本智津夫《まつもとちづお》が、麻原彰晃《あさはらしょうこう》という名前で設立した「擬似宗教団体」である。麻原が多くの人を傷つける幻想の紡ぎ手として第一歩を踏み出したのは、干したミカンの皮などをアルコールに漬けて「万能薬」として売り始めた時だった。これを重い病にかかった高齢者たちに一回分数万円で売りまくり、まず数千万円ほど荒稼ぎをした〔この辺の事情は、オウム問題の深層に迫った森達也の著書『A3』（集英社、二〇一二年）や、オウム真理教に最も早い段階から注目し、その動向を追い続けた江川紹子の初期の著書『救世主の野望　オウム真理教を追って』（教育史料出版会、一九九一年）に詳しい〕。一九八四年にはヨガ道場「オウムの会」（後の「オウム神仙の会」）を設立し、これがその後「オウム真理教」と改称され、さらに不気味な宗教団体へと姿を変えていくのだ。麻原はヒンドゥー教の破壊神シヴァ、ノストラダムスの大予言、聖書に書かれたハルマゲドンなどを継ぎはぎしたような教義をでっち上げ、近い将来、人類文明は核戦争で破壊されると予言するようになった。それから間もなく、彼は予言の実現を早めるために一連の計画を練り始める。それが実施されれば、生き残れるのは金を払ってオウムの信者になった者だけのはずであった。

麻原のカルト教団には高学歴の信者が吸い寄せられた。東京大学をはじめ、高度成長に貢献したエリート官僚を輩出した一流大学の出身者が少なくなかったのである。信者は全財産を教団に譲渡し、家族と絶縁した。また、麻原の入った風呂の残り湯（それは聖水「ミラクルポンド」と呼ばれた）を金を払って飲むなど、教団独特の異様な修行に参加させられた。にわかには信じがたいが、オウムは一時数千人に及ぶ信徒を集めたという。麻原は教団幹部に高い聖職者の地位を与え、化学兵器だけでなく核兵器の調達先さえ確保するように指示した。教団が後者の入手にまで至らなかったのはまさに不幸中の幸いであったが、結局ナチス・ドイツが一九三〇年代に開発した神経ガス、サリンの製造法にまではこぎつけてしまった。

三月二〇日の朝、オウムの実行犯らは複数の地下鉄に別々に乗車した。いずれも日本の官僚システムの中枢である霞が関方面へ向かう電車であった。彼らはサリンの溶液が入ったビニール袋に先端を尖らせた傘を突き刺し、穴を開けると逃走した。サリンが気化して車内に広がると、駅の構内にも流れ出て通勤ラッシュ時の数千人が影響を受け、倒れる者が続出した。悪夢のような一日が終わるまでに五五〇〇人が重軽傷を負い、植物状態に陥ったケースさえあった。ある女性はコンタクトレンズが溶けて目の表面と融合してしまい、眼球を両方とも摘出せざるを得なかった。死者は地下鉄職員を含めて一三人を数えた。

オウムのような終末論を説くカルト教団の台頭は、ある種の天変地異のようなもので、どんな社会で起きても不思議ではない。ところが村上をはじめとする日本の知識人は、オウムの出現を日本社会におけるより広範な危機的状況と関連付けようとした。村上は地下鉄サリン事件の被害者や関係者に自らインタビューを行ない、その内容をまとめた『アンダーグラウンド』というノンフィクション作品でこう書いている。「『オウム真理教』と『地下鉄サリン事件』が私たちの社会に与えた大きな衝撃は、いまだに有効に分析されてはいないし、その意味と教訓はいまだにかたちを与えられていないのではないだろうか。（略）『要するに、狂気の集団が引き起こした、例外的で無意味な犯罪じゃないか』というかたちで事件は片付けられつつあるのではないか」〔『アンダーグラウンド』講談社、一九九七年、六九〇頁〕。村上は「被害者＝正義」と「加害者＝悪」を対立させる視点で事件を分析するよりも、社会の主流を成すシステムの中から事件発生の要因に関する手掛かりを見つけようとする。「私たちの『こちら側』のエリアに埋められているその鍵を見つけないことには、すべては限りなく『対岸』化」してしまうのではないかと彼は考えたのである〔前掲書、六九二－三頁〕。村上は、私との会話の中でこう言った。「カルト教団の信者たちはこちら側のシステムから抜け出して、正しいシステムに加わったのです。少なくとも彼ら自身が正しいと考えるシステムに……。彼らは善いことをするために生きようと決意したのです。でも結果的には、犯罪行為に走ってしまいました」

　オウムに対する共感を口にした作家は村上だけではない。現存する日本人唯一のノーベル文学賞受賞者である大江健三郎もその一人だ。麻原を信仰していた狂信的殺人集団について、ある時大江は私にこう述べたことがある。「彼らは日本人がいかに精神的な袋小路に追い込まれているかを示したかったのでしょう。それは私たちの魂が入り込んだ袋小路です」[8]。私は日本を代表する二人の作家が、このような視点でオウムについて語ったことを奇妙に思った。その一方で、バブル崩壊までの一時期、日本人は誰もがGNP神話に取りつかれたようになると同時に、それ以外に夢中になれる何かを長年にわたって探し求めてきたことも事実である。彼らは選択肢に事欠かなかった。アメリカのL・ロン・ハバードが創始したサイエントロジー教会、韓国の文鮮明《ムン・ソンミョン》によって創設された統一教会、そしてインドの宗教家バグワン・シュリ・ラジニーシの教えなどが、この国でより多くの信者を獲得しようと競い合っていたからである。一九八〇年代には、経済的豊かさへの疑問を背景に精神世界への関心が高まり、新興宗教が流行してその数は数十種類にも及んだ。そのあまりのおびただしさに、ある研究者はこの時代を「神々のラッシュアワー」と名付けたほどであった[9]。

「一九九五年は、戦後日本における最も重要な年でした」と村上は私に言った[10]。「それは私たちの国にとって決定的に重要な意味を持つ年であり、ある種の一里塚となったのです」。

給仕人がテーブルの上に椀、皿、それに小さな鍋を並べている間、彼は黙り込んだ。私たちはしばらく、陶器が木製のテーブルにこすれて立てる小さな音に耳を傾けていた。給仕人の動きは洗練されていて無駄がなく、まるで武道家が型を披露しているかのようだった。私は彼が行なっている作業を見ながら、思わず歌舞伎の舞台で役者の介添えをする黒子《くろこ》を連想していた。彼らは頭からつま先までの黒装束と目鼻を隠した黒頭巾を着用し、舞台の上で役者の衣装替えを助けたり、小道具を渡したり操ったりする。もちろん観客の視野にはしっかりと入っているのだが、「見えないこと」が約束事になっているのだ。

日本人は状況に応じて役割を演じ分けたり、虚構であると知りながら物語の世界を楽しんだりすることを得意としている。だが一九九五年は、彼らをそうした幻想から現実に引き戻したのだと村上は主張した。「私たちはこの国のシステムを信頼してきました。日本はどんどん豊かになっていたし、システムはこのまま永続するものとばかり思っていたのです。たとえば、私たちは三菱商事の社員になれば一生安泰であると信じていました。ところが一九九五年以降、その自信は大きく揺らぎました。私たちはシステムに何か問題があると考えるようになったのです。それは日本人の考え方に大きな変化が生じた年でした」

村上は、その年に起きた出来事は、旧来の経済モデルの崩壊と関連があると考えていた。彼はそれまで常に、この国のシステムはどこか腐っていると感じてきた。システムが瀕死の状態に陥った時、その断末魔《だんまつま》の苦しみが暴力的な形で噴出したのが神戸の震災と地下鉄サリン事件だったのである。「バブル経済が崩壊したことは、日本にとって良かったと思います。私は豊かだった頃の日本がどうしても好きになれませんでした。当時、この国は愚かでくだらなくて傲慢でした。私たちはこの国のシステムを過信していたのです。システムが誤るはずがない。日本はナンバーワンなのだからと。まったくばかげた話です」と彼は言った。

「バブルが崩壊し、今の日本はさまざまな問題に直面しています。でも、これはきっと良いことなのです。この国の社会は一〇年前より健全になったと私は思っています。当時、日本は自らの正しさを確信していました。でも今の私たちはもっと冷静で、『私とは何だろう』

とか、『私たちとは何だろう』などと自問するようになっています。これはきっと良い兆候なのです。日本の歴史にはこれまでもそういうことがありました。日本が経済的にも精神的にも回復するのは時間の問題だと思います」

第4部　ポスト成長神話

第7章　ジャパン・アズ・ナンバースリー――日本衰退論の嘘

デフレに陥った日本

冷凍室の中の封筒はガチガチに凍り付いていた。二〇〇一年冬、都内の一軒家に越してきたばかりの私が冷蔵庫を開けると、そこには「猫のお金」と丁寧な字で書かれた封筒が入っていた。中には印刷されたばかりのようなピンピンの一万円札が三枚。当時の為替レートで二五〇ドルほどになる。このお金を残していったのは、私が越してきた家の前の住人たちで、以前から週末に留守にする際は、よくご近所の人たちに猫の世話を頼んでいったという。私の引っ越し先は世田谷区にある東北沢駅周辺で、経済力のある上位中流層が多く住んでいる地域だった。小さな路地、剪定された松、それに塀に囲まれた家などが並ぶ魅力的な住宅街である。この町で甘やかされて育った猫を満足させるには、まずそれだけの金額がかかるということなのだろう。

私は封筒の中身を見て二つの感想を抱いた。最初に思ったのは、東京でペットを飼うのは随分高くつくのだなということだった。当時の東京の人々には不況を物ともせず、相変わらず湯水のように金を浪費する風潮があった。もちろん芸術家や小説家が多い裕福な東北沢周辺の生活水準は、都内の平均を上回っているはずだし、まして経済的に困窮している日本の他の地域とは比較にならない。それでも私は、秘書、学生、電話交換手、会社員といったごく普通の人々が、ちょっとしたぜいたくに平然と大枚をはたくことに目を見張らざるを得なかった。たとえば一人二万円もするような高級料理を注文したり、温泉リゾートで一泊四万円の高級ホテルに宿泊したりすることにまったく金を惜しまないのである。若い女性たちは、法外な価格のハンドバッグを購入する栄誉に浴するために何時間も行列に並ぶことをいとわない。ルイ・ヴィトンなどの高級品メーカーにとって、これほど楽な商売もないだろう。当然ながら、これほどの散財はそう頻繁にできるものではない。さらに当然ながら、増える一方の無就業者、定年退職後にすずめの涙ほどの年金に頼らざるを得ない高齢者層、それに「ワーキングプア」と呼ばれる新たな貧困層を含む多くの日本人にとっては、これらは決して手の届かないぜいたくである。今や日本の経済格差はかつてないほど広がっているように思われた。それでも、私が深刻な不況の最中にあるとされたこの国に到着して抱いた最初の印象は、「日本には金持ちが多そうだ」というものだった。イギリス北部出身のある国会議員は、訪日した際に夜の東京をこうこうと照らすネオンや、レストランやバーの外にできた長蛇の列を見てこんな感想を述べた。「これが不況だというなら、うちの選挙区にもぜひ欲しいものだ」

私が抱いた二つ目の感想はそれほど単純明快な話ではなかったが、より重要な内容を含んでいた。猫のために残された金は冷蔵庫の中に置き忘れられたままになっていたが、実はその価値は時間とともに上昇していたのだ。一九九〇年代半ば以降、物価をじりじりと押し下げていくデフレによって、新札は冷凍室に放置されたままでいるほど購買力を高めていった。たとえば、一九九五年に誰かが一〇万円を冷蔵庫に入れておいたとしよう。二〇一二年までには、その購買力は一一万二〇〇〇円相当に増えていたはずである。一方、同じ金額を当時の日本の株式市場に投資していれば、損を出して額面は半分の五万円に減っていただろう。[1] 私が東北沢に引っ越した当時、典型的な普通預金の利率は〇・〇一％という超低金利であった。つまり冷蔵庫に放置しておいた方が大手銀行に預金するよりもよほど気の利いた運用法だったということになる。しかも口座手数料や引出手数料の心配をする必要も一切ない。

私にとって、この「猫のお金」は、バブル崩壊後に日本経済が陥った「不思議の国のアリス」のように奇妙な状況を表す格好のメタファーとなった。デフレの長期化によって、経済が正常に機能している時の前提はもはや通用しなくなっていたのである。企業はたとえ無利子でも融資を受けようとはしなくなったし、会社員は給料が下がっても生活が以前より豊かになったように感じていた。正常な経済なら「猫のお金」はインフレによって目減りしていくはずだ（日本ではさほど心配する必要がないかもしれないが、大金を家に置いておけば盗難の恐れもある）。だが日本ではその正反対の状況が続いていた。現金は手元に置いておくほど価値が上昇していったのである。日本銀行はデフレ脱却を図るために、すでに長期にわたってゼロ金利政策を取り続けていたが、めぼしい効果を上げられずにいた。努力のかいもなく、物価はじりじりと下降を続けていた。ある日銀幹部はいらだちを隠せない様子でこう語った。「日本では二〇年間もデフレが続いているのに、誰もその原因を突き止められずにいます」。日本語には私が「猫のお金」と呼ぶ現象を言い表す便利な表現がある。「タンス預金」である。あるエコノミストの推算によれば、二〇〇三年までには最大三〇兆円ほどの金額（デンマークのＧＤＰとほぼ同額）が各家庭のタンスの中や押し入れのふとんの下に隠されたままになっていたはずだという。[2]

だが、現金を貯め込む以外の活動に意欲を持てない経済が正常に機能するはずがない。「日本に関する最も重要な事実は、物価が低下し続けているということだ」と著名な経済評論家のマーティン・ウルフはかつてあるコラムで指摘した。彼はバブル崩壊後に日本が抱えたあらゆる問題の元凶はデフレであると考えていた。デフレこそが「負債にとって深刻な事態をさらに悪化させる『魔法使いの弟子』のような存在なのだ」[3]と。物価が下がり続ければ、財政赤字も含めて過去の負債はすべて当期利益を上回る速度で次第に拡大していくことになる。だが、正常な経済ではまさにこれと正反対のことが起きるはずである。本来なら緩やかなインフレによって過去の負債の価値は着実に目減りし、住宅ローン、ビジネスローン、それに政府借入金などは返済するのが楽になるはずなのだ。ところが狂乱のバブル期に抱えた借金はデフレで次第に返済が困難になり、日本の金融システムはかつての熱狂の負の遺産である多額の不良債権で身動きが取れなくなった。企業は融資を受けて投資をするよりも、債務返済に注力するようになる。なぜなら、将来の収益の価値がデフレで下がると知りながら新たな借金を抱えれば、返済が困難になることは目に見えているからである。未来の成長のために投資やリスクをいとわない企業家精神（エコノミストたちはそれを「野心的意欲《アニマル・スピリット》」と呼ぶ）は、デフレのせいで日本経済から徐々に失われつつあった。「デフレから脱却できなければ、日本経済は低迷し、じわじわと衰弱死していくだけです。そうでしょう？[4]」と東京大学の経済学者で、内閣府の経済財政諮問会議議員を務めたこともある伊藤隆敏《いとうたかとし》は語っている。

誇張されすぎた「日本化」という病

デフレは確かに景気低迷の元凶かもしれないが、日本経済はそれ以外にも多くの問題を抱えていた。三〇年前の日本経済は進取気鋭の精神に満ち、海外諸国に畏敬の念を抱かせたものだった。それが今やほとんど哀れみに近い視線さえ浴びせられている。とりわけ金融業界や実業界の人々が交わす会話において、「日本はどうしてしまったのか？」という声が頻繁に聞かれるようになった。もはや日本経済の評判は地に落ち、少なくとも経済紙では「アメリカ化する《AMERICANIZE》」と同じように「日本化する《JAPANIZE》」という動詞が英語で一般的に使用されるようになった。ただし、アメリカ化には良い意味と悪い意味があるのに対して、日本化にはありとあらゆる否定的な意味が込められている。それは停滞すること、縮小すること、競争するのをやめること、企業家精神や産業競争力の優位性を失うこと、そして債務超過で財政危機に陥ることを意味した。また、いつまでも続く物価の下落、株式市場の長期低迷、アメリカの住宅市場でさえ繁盛しているように見えるほど冷え込んだ不動産市場、人口減少、国際社会における存在感の喪失、そして方向性を見失った国内政策なども意味していた。それ以外にもイノベーションの欠如、島国根性、そして機能不全に陥った政治システムという意味もある。究極的には、それは伊藤が言ったように、国家としての衰退と「死」を示唆する言葉でもあった。確かに、成長できなくなった経済が最終的に死に直面することは避けられないように思えた。これほどの財政赤字を抱えた国がいずれデフォルトしないわけはない、と。言い換えれば、「日本化」とは正気の国家ならどんなことをしても感染を避けたい「たちの悪い病気」だったのである。

だがこうした日本像は、多くの専門家のほぼ一致した意見であるにもかかわらず、あまりにも誇張されすぎていた。確かに日本の政策担当者たちには多くの誤算があったし、日本経済は制度疲労に陥っていた。悲観論者が主張するように、巨額の財政赤字と急速に進む高齢化は将来的な不安要因であり、バラ色の未来像を描くことを難しくしている。それでも日本の景気後退は一部で言われているほど深刻化しているわけではなく、「死亡宣告」を出すのは時期尚早である。後述するように、デフレを考慮した後の一人当たりGDP成長率を比較すると、日本は他の先進諸国に決して後れを取っていないことがわかる。また、かなり低い失業率と極めて低い犯罪率は日本の長所である社会的結束力の強さを反映している。日本より経済的に成功しているとされる国々が、社会的摩擦に悩まされているのとは対照的だ。確かに日本が借金まみれになりながら「わが世の春」を謳歌した一九八〇年代はもはや過去の夢物語となった。過熱した景気は一気に後退し、それ以降は低成長の長期化という形でつけを払わされている。それは否定できない事実だが、その後間もなく、日本と同じように借金で底上げされた欧米諸国の経済が、二〇〇八年の金融危機を経て同じような苦境に立たされつつあることを忘れてはならない。

ある意味で、日本経済が低迷したのは不思議でも何でもない。先進国を追い抜くのは、追いつくことよりはるかに難しいだけの話である。一九八〇年代に流行した「日本経済はいずれアメリカ経済を超える」という予測には常にまゆつば的なところがあった。挫折した日本に対する冷ややかな視線には、成り上がり者の不幸にひそかな喜びを覚える卑しい感情が込められているように思える。日本人にも自らの誇張された成功物語を過信して反感を買った面がある。飲み屋で管を巻く会社員が、日本の優越性について欧米人に教えを垂れるという陳腐化したエピソードが繰り返し語られるのも、それが実際に日常の一部と化していたからだ。東洋史研究者で元駐日アメリカ大使のエドウィン・O・ライシャワーは、かつて冗談めかしてこんなことを言った。一九七九年に日本の圧倒的な強さを明らかにした『ジャパン・アズ・ナンバーワン』は、アメリカでは必読書にすべきだが、日本では発禁処分にした方がいいというのである。

長期的視野に立てば、戦後の日本が遂げた目覚ましい経済発展は今でも驚嘆に値する。一九五〇年代にはアメリカの五分の一に過ぎなかった一人当たり所得は、一九九〇年にはその九〇%にまで肉迫していた。[5]これは驚異的というよりもはや前代未聞の経済的追い上げと言っていい。日本は、都市国家のシンガポールと香港、それに経済規模で劣る台湾と韓国を除けば、エコノミストたちが言う「中所得国のわな」〔安価な労働力を背景に中所得国化した新興国が先進国入りを果たす前に成長が停滞する現象〕を克服した唯一のアジア経済と言っていい。これと比較して、中国の一人当たり所得はいまだにアメリカの五分の一ほどにとどまっているが、それは一九五〇年代の日本とおおむね同じレベルである。中国の指導者層は、日本がバブル崩壊後に陥った惨状の轍を踏まないように必死に対策を練っているという話を最近よく耳にする。だがそれ以前の問題として、中国が現在の日本と同じレベルの生活水準、生活の質、そして社会福祉を達成するにはかなりの幸運に恵まれる必要があるというのが正直なところだろう。

確かにバブル崩壊後に日本の生活水準は低下し、アメリカとの差は逆に広がった。二〇一〇年までに一人当たり所得はアメリカの約四分の三にまで落ち込んだ。その意味では日本は一九九〇年を境に経済的な方向性を見失い、それ以来暗闇の中を手探りで進む状態が続いていると言っても過言ではない。この時代の日本は「失われた一〇年」を一度ならず二度も経験し、ゼロ成長に近い状況の中で製造業は国際競争力を失った。いくつかの統計を見れば、状況は一目瞭然である。日本の名目ＧＤＰ（国内で商品・サービスによって生み出された付加価値の総額）は一九九一年以降足踏みを続けている。[6]正確に言うと、日本の名目ＧＤＰは一九九一年には四七六兆円、二〇一二年には四七七兆円であった。つまり、この二〇年間で〇・二%という驚くほど低い成長率しか達成できていないのである。これと対照的に、アメリカの名目GDPは一九九一年の六兆ドルから二〇一二年の一五・六兆ドルへと一六〇%も上昇した。イギリスの名目GDPも六〇〇〇億ポンドから一・五兆ポンドへと一五二%上昇し、アメリカとほぼ同等の成長率を達成した。[7]

名目GDPだけでは全体像をつかみ切れない部分はあるが、日本の国際的地位が低下した理由はこれだけでも十分理解できるだろう。一九九〇年代半ばには、日本が世界全体のGDPに占めるシェアは一七・九%あったが、二〇一〇年までには約半分の八・八%にまで落ち込んだ。[8]ほぼ同じ期間中に日本が世界貿易に占めるシェアも同様に急落し、約四%に下がっている。日本経済が長期停滞し、名目GDPで諸外国に置き去りにされた事実は、国際社会における日本の存在感や影響力にも無視できない打撃を与えた。二〇一〇年に中国が日本を抜いて世界第二の経済大国になった理由もそこにある。[9]日本は今や「ナンバースリー」に降格された。そういう意味では、名目GDPには明らかに国際的評価を左右する影響力があったのである。

日本の衰退を測るもう一つの尺度は、新聞の株式欄を開けば容易に見つけられる。すでに触れたように、日経平均株価は一九八九年一二月のピーク時に三万八九一六円まで上昇したが、二〇一二年七月までには約九〇〇〇円に下落していた。同様に不動産価格も一九九一年のピーク時の六〇%程度にまで下がってしまった。[10]バブル崩壊によって資産価値が大幅に下落すると、多くの富（富の「幻想」と言い換えてもいいが）が失われ、日本人はすっかり自信を喪失してしまったのである。一国の経済活動を投資家にもたらす利益で評価するなら、日本の実績は最悪と言ってよかった。一九八〇年代に右肩上がりの株式と不動産に投資していた企業や銀行も、資産価格の下落で壊滅的打撃を受けた。銀行は価格が過大評価された土地を担保に企業に融資していたが、不動産バブルの崩壊ですべては砂上の楼閣であったことが露呈する。手元には多額の不良債権と紙くず同然となった大量の株式だけが残された。しかも、それらの株式は資本に計上されていたため、銀行は事実上破綻状態に陥った。だが大半の銀行は不良債権による損失を帳簿に出さないようにして、事実の表面化を避けた。中には負債を抱えた融資先企業が利払いできるように、追加融資を行なう銀行さえあった。銀行と融資先企業はよろめき歩く二人の酔っ払いのようにお互いを支え合っていた。その結果、銀行は新たな融資先の開拓を事実上打ち切った。それは金融機関としては理にかなった行動だったかもしれないが、日本経済全体にとっては壊滅的な結果を招いた。一九九五年以降の一〇年間で銀行による融資総額は三分の一も減少したのだ。[11] 一九九七年までにはついに金融危機が表面化し、一部の大手金融機関がばたばたと倒れ始めた。

たとえ銀行が融資したかったとしても、企業側に借りる気は毛頭なかった。多くの企業は長年にわたり株式市場の暴落は一時的なものだと考えてきたが、好景気が幕を閉じたことを悟ると、がっちりとガードを固め始めた。残業代やボーナスや給料さえカットしたため、消費者の財布のひもが堅くなり、慢性的な需要不足に拍車をかけるという悪循環に陥った。今日では正社員の採用枠は大幅に減り、より給与の安いパートタイム労働者などを雇用するケースが増えている。そのため、現在では日本企業の従業員の三分の一近くは非正規雇用者で、一九九〇年の五分の一から激増している。新たな下層労働者層の創出は、決して日本固有の現象ではない。それでも、その存在自体が日本は平等社会であるという感覚に打撃を与え、国内消費の抑制要因となったのである。

アパレル大手「ユニクロ」を運営するファーストリテイリングの会長兼社長で、挑発的な発言で知られる柳井《やない》正《ただし》は、私と会った時にこう言った。「日本は縮小しつつあります。今にギリシャやポルトガルのような国になるでしょう」。豊かで快適な生活に慣れ切った今の日本人は、幻想の世界に生きているようなものだ、と彼は言葉を続けた。「これまで中流層を自認していた人々は、ある日自分が貧困層であることに気付くことになります。日本経済は二〇年にわたって低迷を続けています。ですから、その日が来るのもそう遠くはありません」[12]。海外の専門家にも、この現状分析に賛同する人間は少なくない。たとえば、ワシントンの研究機関「アメリカン・エンタープライズ・インスティテュート（AEI）」のエコノミスト、ニコラス・エバースタットもその一人だ。彼は、日本国民は老若男女を問わず、誰もが衰退した母国を捨てて海外移住を検討すべきだとまで主張しているが、これは決して少数派の意見ではない。「高齢化に伴うコストに対応するために、日本はインドやフィリピンといった地域に『医療ケアの拠点《コロニー》』を設けるのがいいかもしれない。そうすれば高齢者の集団が日本から大挙してやって来ても、国内よりもはるかに低いコストで質の高い日常生活を維持できるはずだからだ」とエバースタットは陽気な論調で書いている。「日本の若年層も、縮小する一方で今や瀕死状態の日本にとどまるよりは、海外で新たな挑戦の機会を見出すことに魅力を感じるのではないだろうか」[13]

衰退論が見過ごしている点

一方、バブル崩壊後の日本を違う視点から観察すれば、その状況は思ったほど悲惨ではないことが明らかになるはずだ。まず成長率は名目GDPではなく、インフレ率や人口を考慮した実質GDPで見る必要がある。それをせずに日本人が受けた影響の実態を把握することは難しいからだ。実際にインフレ率（日本の場合はデフレ率）を考慮すると、日本の成長率は改善して見える。これはデフレによって一定の金額で買えるものが増えたので、消費者の購買力が高まったことに原因がある。日本人の所得は減少しているかもしれないが、新聞の値段から散髪代、家賃、寿司の値段に至るまで、あらゆるものの値段が一九八一年以降、変化していないのだ。[14]同様に日本の人口増加率もこの二〇年間は極めて低いレベルで推移しており、二〇〇七年以降はとても緩やかにだが縮小傾向にさえある。世界には人口が増えたというだけの理由で、全体として「より豊か」になった印象を与える国もある。だが成長率が人口増加率を上回らない限り、個人レベルで生活水準の向上を実感するのは不可能だ。ここでは投資家が受け取る利益ではなく、国民の生活水準を知るために「一人当たりGDP成長率」の推移を見てみることにしよう。

前述したように、日本経済の名目GDPは過去二〇年間でほとんど変わっていない。対照的に、同じ時期のイギリス経済は一五二%、アメリカ経済は一六〇%も成長している。だがそれらの数字をよく調べてみると、大半は物価上昇と人口増によるものだということが判明した。物価と人口を考慮に入れた場合でも日本は両国に後れを取っているが、その差はかなり縮まった。一九八九年における日米英の経済規模を一〇〇とした場合、二〇一三年までにアメリカは一三七、イギリスは一四四、そして日本は一二七にまで成長した計算になる。[15]

日本にとって一九九〇年代は、本当に最悪の一〇年だった。だが二〇〇〇年代は他の先進諸国と比べても、それほど悪い時代だったとは言えない。次章で明らかになるように、小泉純一郎が首相だった二〇〇一年から二〇〇六年の間には、バブル期ほどではないにせよ成長率が上昇し、日本経済全体の生産性も向上したのである。その後、日本は輸出市場が壊滅的な打撃を受けたリーマン・ショックや、生産拠点を破壊し、エネルギー供給体制を揺るがした東日本大震災という大きな試練に直面した。だがそれにもかかわらず、過去一〇年間の日本の一人当たり実質GDP成長率はイギリスやアメリカをわずかながら上回ったのである。平均成長率で言うと日本の一人当たり実質GDPは二〇〇二年以降、年に〇・九%上昇した。これに比べて、アメリカは〇・八%、イギリスは〇・七%、ノルウェーは〇・五%であった。もし日本の過去一〇年間を「失われた」と形容するのが妥当であるなら、米英両国にも同じ表現が使われるべきだろう。[16]

日本経済が言われているほど悲惨な状態にはなかったことを示すデータはほかにもある。二〇一二年末に四・一%だった失業率は、不況の真っただ中においてさえ五・五%を超えることはなかった。それでも完全雇用が当然視されていた頃よりははるかに高い数字だったが、他の先進諸国と比べればかなりましな方だった。経済協力開発機構（OECD）の統計によれば、二〇一二年三月におけるアメリカの失業率は八・一%、フランスは一〇%で、スペインでは二四・一%という極めて高い数字に達している。[17]

一部の懐疑論者は、日本の建設現場やデパートにおける人余り状態を指して、報道される失業率の数字には企業内で余剰人員となっている「社内失業者」が含まれていないと主張する。確かにその指摘は正しい。より市場志向型の社会であれば、余剰人員はすでに解雇されていてもおかしくないからである。その場合、企業が給料を払わない代わりに、国や家族が彼らの面倒を見なくてはならなくなる。つまり日本の低い失業率は生産性を犠牲にすること、あるいはもっとはっきり言うなら、無駄な人間に給料を払うことで達成されていると言っても過言ではない。日本企業のこうした経営方針に異を唱えることはたやすい。株主の立場からすれば、企業が従業員を解雇することで利益を増大させた方が望ましいに決まっているからだ。しかし欧州諸国とも共通点を有する日本の「利害関係者《ステークホルダー》資本主義」（会社は株主のものであるという株主資本主義に対して、従業員、顧客、地域社会などを含む会社のステークホルダー全体を重視する考え方）は、経営方針としては合理的な選択肢の一つである。アングロサクソン的な経営モデルでは、従業員よりも企業価値や利益の最大化が優先されるが、それは時に高い失業率と引き換えに投資家に利益をもたらすことを意味してきた。

エコノミストなら、従業員の解雇に二の足を踏めば創造的破壊の妨げになると反論するかもしれない。競争力のない企業や産業分野が破綻すれば、労働力がより生産性の高い分野へ再分配される道が開かれるからだ。確かにその考え方には一理ある。実質的には破綻しているのに営業を続ける日本の「ゾンビ銀行」が「ゾンビ企業」を支えている構図はまさにその正反対である。だが経済の再編成の仕方は、国によって異なる。実際に日本では、広く認識されている以上に企業の再編が進められてきた。計画は密室内で策定されることが多く、倒産処理や敵対的買収などの手段に訴えることも少ないので表面化しないだけだ。このやり方だと、より市場志向型の経済と比べてスピードも効率性も劣るかもしれない。だが欧米諸国の多くは創造的破壊を優先した結果、その代償として高い失業率の持続と失業期間の長期化に直面したと考えることもできる。とりわけ解雇された労働者に対して適切な再訓練が施され、新産業に移行できるようにしない限り、そうした状況を防ぐのは困難だ。一方、日本における事業再編や新規事業創出は時間がかかりすぎると同時に不十分な面もあるかもしれないが、その大半は大企業の内部で行なわれる可能性が高い。つまり、少なくとも大企業で正社員として働く幸運に恵まれた者たちにとっては、すべて社内で完結するプロセスなのである。

たとえば、大手メーカーのキヤノンは、事業の重点をカメラから複写機に移行した際、競合企業や投資ファンドに買収されることも、買収者の利益を図るために解体されることもなかった。だがもっと強引な資本主義的手法が日常化している国であれば、そうなっていたとしても不思議ではない。日本の低失業率は現実を反映していないと考える専門家は、その数字には仕事探しをあきらめた「就業意欲喪失者」が含まれていない点を指摘する。また、そこからは若年層が約八%という高い失業率に苦しめられている現状も読み取れない。もっとも、これらは日本に特有の現象ではない。名目失業率には現実を覆い隠している部分もあるかもしれないが、他国の状況と大まかな比較を行なう分には何の問題もないはずである。それに、誰がどう比較しようと日本の失業率が先進諸国の大半より低いことは否定しようのない事実なのだ。

日本は自国民が考えるほどの平等社会だったためしは一度もないのだが、それでも他の先進諸国と比べると所得格差の広がり方は緩やかだった。アメリカでは上位一%の所得者層が過去三〇年間におけるほぼすべての経済的利益を手中に収めた。[18]それ以外の国民は現状維持かより貧しくなるかのどちらかであった。イギリスでもおおむね同じ状況で、上位一%の所得者層が国全体の所得に占めるシェアは一九七〇年の七・一%から二〇〇五年には一四・三%まで上昇した。つまり米英両国では富裕層に富が集中し、経済成長の果実は一般国民の生活水準の向上にはほとんど結びついていないということになる。一方、日本ではなけなしの経済成長の成果はより均等に配分されてきた。確かに一九九〇年代半ば、上位一〇%の富裕層の平均所得は下位一〇%の貧困層の八倍もあったし、この比率は二〇〇八年までに一〇倍にまで膨らんでいた。[19]日本でも経済格差は広がったが、他の多くの国々と比べればまだましな方だった。つまり国民自身が感じているほど、この国は不平等社会になったわけではないのである。社会学者でラ・トローブ大学（豪・メルボルン）の名誉教授でもある杉本良夫は、高度成長期には誰もが同じエスカレーターに乗って上昇していたので、日本は平等な国だという「目の錯覚」が起きたのだと語っている。「エスカレーターが停止した今、日本人は「錯覚したままでいるわけにはいかなくなっています」と彼は言う。[20]

「生活の質」を定量化するのは難しい。それは主として主観的な感覚でもある。しかし、実際に測れるデータを見る限り、日本は極めて健闘していると言っていい。まず市民の安全という面では、日本の犯罪発生率は国際的な水準に照らしてけた外れに低い。日本では拳銃を所持することも、弾丸を所持することも、拳銃を発射することもそれぞれ個別の犯罪と見なされる。一般市民が殺人事件の被害者になる確率はアメリカの約一〇分の一だし、[21]強盗に遭う確率は三六分の一である。[22]この国で財布を落としても、現金は手付かずのまま、ほぼ一〇〇%戻ってくる。暴力犯罪もめったに起きない。日本人が安心して生活できるのは、犯罪者がすべて刑務所に入れられているからではない。実のところ、日本の刑務所人口は国際的に見ても極端に少なく、アメリカの二三〇万人に比べて約八万人に過ぎないのである。[23]日本は景気後退の最中でも並外れた社会的結束力を発揮した。二〇〇八年の大みそかから翌年初めにかけて、NPOなどが日比谷公園の噴水や茂みの近くにテントを張って「年越し派遣村」を開設したことがあった。派遣切りされた労働者らに年末年始の食事や宿泊場所を提供するために始められたもので、貧困層の窮状がメディアにも大々的に取り上げられた。二〇一一年にはロンドンで無職の若者が大勢関与した暴動が起き、ギリシャやスペインでも生活水準の低下に抗議する大規模デモが発生したが、これらの国で相次いで起きた放火や略奪は、日本ではまったく見られなかったのである。

だが日本の長所を並べるのはひとまずこのくらいにしておこう。この国が一般に考えられているほど危機的状況になかったと主張するのは、ヒステリックな日本衰退論への解毒剤としては有効な手段である。しかし本当に万事順調かというと決してそんなことはない。日本は先進諸国を後追いする後発国の中では最も急速に経済発展を遂げた優等生であったが、いまや先進諸国の中の落ちこぼれになってしまった。その結果、日本は国家として深く苦悩し、海外での威信も低下した。「どの国にとっても、誰かの後を追うだけで背後に誰もいない時代が一番幸せなのです」と日本在住の著名なエコノミスト、リチャード・クーは語っている。だがバブル崩壊以降、日本は後を追うことをやめてしまったと彼は言う。「まったく悲惨な状態が続いてきました[24]」

これ以外にも、膨大な財政赤字のことを忘れてはならない。それは現世代への経済的打撃を和らげる代わりに、次世代以降に莫大な借金を残すやり方で、いずれ大問題に発展する可能性がある。あるエコノミストの言葉を借りれば、日本人の「生活水準は持続不可能な債務の蓄積によっててこ入れされてきた」ということになる[25]。日本が策定した景気後退の「解決策」は、若年層よりも年配層を優遇する傾向があった。デフレも団塊世代の預金を守る役には立ったが、若い世代のために活力ある経済を創造する際には逆に足かせとなった。詳しい説明は次章に譲るが、今の若年層はかつて自分の両親やそのまた両親が当たり前のように考えていた雇用機会や安定性を奪われている。その意味では、バブル崩壊後に調整局面に入った日本経済の最大の犠牲者と言っていいかもしれない。

巨額の財政赤字

二〇〇五年、私は財務省が示したある興味深い事実に注意を引かれた。日本の公債残高〔借金の合計〕を一万円札の束として積み上げた場合、富士山の一四〇〇倍の高さになるというのである。誰がどんな理由でそんな奇妙なことをしなくてはならないのか、財務省の説明を聞いてもよくわからなかったが、言いたいことはわかる。日本が抱えている借金の山は、もはや維持し切れないほど高くなってしまったということだ。その年の公債残高は五三八兆円（当時の為替レートで約四兆五〇〇〇億ドル）で、日本のGDPの一五〇%ほどに達していたが、政府はいまだに借金を積み重ねていた。長期にわたるデフレとなきに等しい名目成長率のおかげで、税収だけでは必要な予算額を到底調達できず、歳出との差額を埋める公債依存度は四〇%にまで膨れ上がったのだ。その後、この傾向はさらに悪化し、二〇一二年までには歳出の約半分を借金でまかなう状況に陥った。公債残高は、GDPの二三〇%以上にまで拡大していた。[26] これが富士山の何倍の高さになるのか、私はもはや財務省に確認する気にはなれなかった〔財務省ホームページによれば二〇一三年の公債残高は七五〇兆円に達し、富士山の一九〇〇倍の高さになるという〕。

エコノミストが使う古い格言の一つに「永遠に続くはずのないことには、いつか必ず終わりが来る」というものがある。一九九九年にはすでに、当時の小渕恵三《おぶちけいぞう》首相が「私は世界一の借金王」と自嘲する状況が生まれていた。[27] それ以降、総債務残高の対GDP比は当時の二倍以上にまで膨らみ、一部エコノミストはもはや日本経済そのものが崩壊するのは時間の問題だと考えている。ここ数年間、日本は格付け機関からもかんばしくない通告を受けてきた。一〇年前、ムーディーズはデフォルトのリスクを分析した後に日本国債をボツワナ国債と同じレベルにまで格下げし、国内の関係者を憤慨させた。[28] 最近になって、格付け機関は再度、日本国債の格下げを行なった。二〇一一年に過去七〇年間で初めて米国債を最上位の「AAA」から格下げして世界市場に「米国債ショック」を引き起こしたスタンダード＆プアーズが、今度は日本国債を「AAマイナス」に格下げしたのである。それでも格付けの評価尺度としては、債務履行能力は「きわめて高い」と「高い」の間に位置していた。だが、最近の下降傾向は、日本の国際的な地位が以前ほど安泰ではないことを示唆している。ムーディーズは、二〇一一年三月の東日本大震災による経済的な損失と巨額の復興費用によって、日本の国債市場は大きな「転機」を迎えるかもしれないとまで表明した。私が地震発生直後に与謝野馨に会いに行った時には、彼もまた日本は「恐ろしい悪夢に直面するかもしれません」と警告していた。[29] 東京大学の伊藤隆敏教授は、根本的な問題は財政赤字、つまり歳出が税収を上回っていることであり、赤字国債を発行し続けても不可避の事態を先延ばしにするだけだと主張している。「一体誰にそのツケを払わせるつもりなのでしょう」と彼は言う。「いつまでも次世代に問題を押し付け続けるわけにはいきません」[30]。伊藤は長年にわたって日本銀行の金融政策を批判し、同行にとって目の上のこぶのような存在となっていた。日銀はインフレターゲットを導入すべきだというのが彼の一貫した主張であった。緩やかなインフレを実現しさえすれば、日本が累積赤字地獄から抜け出すのはもっと容易になるはずだと言うのだ。日本経済が正常な状態を取り戻し、成長率が上昇してパイが拡大すれば、債務負担率は減るはずである。日本の債務残高が対GDP比でここまで急速に拡大した主な理由の一つに、一九九〇年のバブル崩壊以降、名目GDPがまったく成長していないことがあった。[31]

伊藤によれば、日本が何らかの方法で現在の苦境から脱することができても、過去の世代が蓄積した巨額の銀行預金に永遠に依存し続けるわけにはいかないという。これまで政府が低利で資金調達をしてこられたのは、この銀行預金のおかげであった。一般個人や企業は稼いだ金を銀行に預け（タンス預金を除いての話だが）、銀行はその預金を使って国債を買った。だが伊藤は、この「天下の回り物方式」は無期限に続けられるわけではないと主張している。まず高齢の年金生活者たちはいずれ預金を取り崩し始めるはずだし、そうなれば使い回せる資産総額がどんどん目減りしていくことになる。それに若年層は年配層と比べて貯蓄額が少ない。「貯蓄残高が頭打ちになれば、この仕組みは簡単に崩壊してしまいます。国民が「国債の」売却を始めれば価格は下落し、売却する人がさらに増えて価格はますます落ち込むはずですから」と伊藤は言う。そうなれば日本人は資産価値の減少を回避するために海外に資産を移そうとして、大規模な「資本逃避」が起きるというのである。「要するに巨大なねずみ講みたいなもので、もはやそう長くは持たないでしょう」

確かにありそうな話である。だが、これまでも長年にわたり、多くの人々が同じような指摘を行なってきたにもかかわらず、市場はこの悲観論を断固として受け付けようとしなかった（もっとも市場の判断が完璧でないことは、客観的に見てもはや否定できない事実だ）。これまでのところ、何年にもわたって予想されてきたような国債価格の暴落は起きていない。というより、市場は日本国債を時限爆弾どころか安全な避難先と見なし、正反対の値動きをする傾向を強めている。国債価格が上昇すると利回りは下落した。一〇年物国債の場合、日本政府は年一％以下の低利で一〇年間の借金ができる。日本在住の経済アナリスト、ピーター・タスカによれば、人類の歴史で政府がこれほどの低金利で資金調達をした例は、古代バビロニア王国以来初めてであるという。

これは政府の返済負担が実際には極めて軽いことを意味している。「過去一〇年間、日本の国債市場は格付け機関だけでなく、学者、「利ざやを稼ぐために」空売りを仕掛ける投資家、政治家、それに財政規律こそが美徳と考える官僚たちの予想をことごとく裏切ってきました」とタスカは言う。「誰もが国債はもはや制御不能であり、日本は財政破綻への道を突き進んでいると主張してきたというのに」[32]

それにもかかわらず、日本がいまだに破滅的状況に至っていない理由の一つに、一般の印象と違って日本は世界最大の債務国からは程遠いという事実がある。それどころか、実際には日本は世界最大の債権国なのである。これは日本がそれだけ膨大な対外純資産を保有していることを意味する。ＪＰモルガンのエコノミストで、「最後の日本楽観論者」を自称するイェスパー・コールによると、対外純資産増加による所得収支のプラスは毎週四〇億ドル

〔約四〇〇〇億円〕に上るという。また日本の民間部門には政府の財政赤字を補って余りある経常収支の黒字があり、海外に資本輸出する余力さえ残っている。また、しばしば問題にされる日本の累積赤字は海外からの借金を積み上げているわけではなく、ほとんどは国民によって消化されている。過去二〇年間を通じて日本国債の九五％近くは国内で保有されてきた。この数字が二〇一三年までに過去最低の九一％にまで下落したことは不安材料だが、諸外国とは状況が明らかに異なる。ギリシャや近年デフォルトに陥ったアルゼンチンやロシアなどの国債は大半が外国人投資家に保有されていたので、危険を感じた彼らに償還を要求されてしまった。もちろん日本の銀行や個人投資家たちが突然、現金化を強く希望する可能性は一〇〇％ゼロとは言えない。だが、たとえそうなったとしてもまだその時点で即座にデフォルトが起こるとは考えにくい。日本政府がデフォルト危機をソフトランディングさせる一つの方法は、年金の支給額や健康保険による医療費の公費負担をカットすることで、その取り組みはすでに始まっている（諸外国ではすでに実施されていることだ）。いよいよとなれば日銀が大量に円を発行し、インフレを起こして債務を希薄化させるという方法もある。だがその場合、インフレに歯止めが利かなくなってハイパーインフレに発展する可能性は無視できない。

それでも、今のところそうした事態は発生していない。少なくとも二〇一三年に第二次安倍政権がデフレ対策を発表するまでは、その気配は皆無だった（下巻「あとがき」を参照）。それにいまだに物価が下がりつつある状況下で過度なインフレについて心配するのは、時期尚早のようにも思える。また一部エコノミストは日本の累積債務は必ずしも悪いこととは限らず、日本政府が多かれ少なかれ正しい道を歩んでいる証拠だとさえ主張している。たとえば、野村総研のエコノミスト、リチャード・クーは「貸借対照表不況《バランスシート》」という経済理論を提唱している。[33] 彼によれば、一九九〇年のバブル崩壊以降、資産価格が下落したことでバランスシートの収支悪化の問題に直面した企業は、もっぱら負債の圧縮に専念するようになった。バランスシートの修復に成功した企業でさえ、過去の失敗がトラウマになって、もはや新たに融資を受けたり設備投資したりする意欲を失っていた。企業に融資を受ける気がなければ、伝統的な金融政策による景気刺激策はまるで効果を発揮しなくなる。現在シンガポール銀行でチーフエコノミストを務めるリチャード・ジェラムは、日本が金融緩和による景気回復に失敗したのは、バーがビールの飲み放題で客の気を引こうとするようなものだと語った。客にもっと飲んでもらおうにも、ある時点を過ぎれば誰もが泥酔していて、もはや飲む気も失せてしまうというわけだ。

ここで忘れてはならないのは、日本がバブル崩壊でどれだけ深い傷を負ったかということだ。クーによれば、地価と株価の落ち込み方があまりにも激しかったために、日本全体の資産価格の下落幅は一九八九年のGDPの二・七倍に相当したという。その金額は、一九二九年に起きたウォール街大暴落でアメリカが受けた損失額さえ上回っていたのである。[34] だがさまざまな問題を抱えていたにもかかわらず、日本の景気後退は「大恐慌」にまでは発展しなかった。そもそもバブル景気が膨張し、やがて崩壊するのを傍観していたこと自体が大きな過ちだったのだが、クーの見方を信じるなら、その後の日本政府の対応は基本的に正しかったことになる。民間部門における設備投資の大幅な縮小を補うために、財政出動と金融緩和を行なったことは間違いではなかった。それは景気循環に伴う需要不足に対応するための典型的なケインズ型経済政策であった。

長年、日本の奇妙な経済状況に関する議論に関心を示すのは、主に日本専門家と経済学者に限られていた。だが、ここへ来て日本はこれまでにない注目を集めている。その背景には、世界的金融危機の引き金となったリーマン・ショック以降、欧米諸国のほとんどすべてが日本と似たような問題に直面していることがある。これらの国々もまた「バランスシート不況」に陥り、企業と一般家庭が支出をしなくなっていた。そこで各国の中央銀行は政策金利を事実上ゼロに引き下げ、紙幣を発行して国債を買い始めたのである。これは二〇〇三年頃から日本銀行が他国に先駆けて行なった「量的緩和策」と呼ばれる政策と同じだった。日本の経験から教訓を学ぼうと腐心するエコノミストたちには、正反対の結論を持ち出す者もいた。とりわけ公債残高がGDPの一〇〇%を超え、日本と同様、歳出の半分以上を国債に依存しているアメリカでは激しい議論が巻き起こっている。[35]

二〇一二年に米フロリダ州タンパで開催された共和党全国大会では、国債残高が一六兆ドルの大台に向けて刻一刻と近づいている様子を示す巨大な「借金時計」が披露された。共和党大統領候補のミット・ロムニーは、金本位制の復活を検討すべきだとさえ主張したが、それが実現すれば米連邦準備制度理事会（FRB）のドル発行権限は大幅に制限されたはずである。また共和党員の多くは、民間部門における大幅な支出抑制を補うために政府支出を増やすことに反対した。米経済紙ウォール・ストリート・ジャーナルは「日本では役立たずのケインズさん」というコラムで、日本で起きたことはケインズ型景気刺激策が有効ではないことを証明したと主張したが、これはクーが達した結論とは正反対である。同コラムによれば、日本の事例は「ケインズ流の［財政的な］大盤振る舞いが、将来的に民間部門主導の経済成長を促すと主張する者たちへの戒め」にほかならないという。[36]

だが日本の累積赤字がここまで膨れ上がった最大の理由は、しばしば指摘されるような「誰も使わない橋や駅」ばかり作ったせいではなかった。もちろん、それが赤字を増やす要因の一つであったことは間違いないが、そうした支出の大半はバブル崩壊の後ではなく、前に行なわれたものであった。大規模な景気刺激策は、一九九〇年代後半にはすでに終了していたのである。実際に次章で明らかになるように、小泉政権下では公共事業費は大幅に削減された。[37]日本の財政赤字が肥大化した主な理由は二つある。税収減と名目GDPの停滞である。政府の税収は一九九〇年から半減したが、この異常事態は名目成長率の長期停滞（それはデフレによる深刻な弊害の証しでもある）を反映している。多くの労働者の賃金は所得税の対象となる額を下回り、法人税による収益が減少し、地価の下落によって相続税による収益も縮小した。これらの事実は日本にとって主要な問題は過度の支出（や円の発行）ではなく、経済の成長不足であることを示唆している。たとえば、もし極めて緩やかなインフレが過去一五年間にわたって続いていれば、日本の債務問題はここまで深刻化していなかったはずである。

米ニューヨーク・タイムズにコラム欄を持つ経済学者のポール・クルーグマンは、ケインズ経済学の立場から発言する論客として知られている。彼はあるコラムで、米国内で「累積赤字への懸念を表明している人々」は、国債の本質に関する理解が不十分だと主張した。彼らはそれをある家族が家を買うために返済不可能なローンを組んだようなものだと考えていたが、それは間違ったたとえだとクルーグマンは書いている。普通の家族ならローンは返済しなければならないが、政府の場合はそうとは限らないからだ。政府にとって必要なのは、負債額が税収よりも速く増えすぎないように注意することだけである。そして日本政府が失敗したのはまさにその点であった。クルーグマンによれば、アメリカは第二次世界大戦中に発行した戦時国債を結局、返済せずに済んだという。戦後の経済成長によって次第に無価値になっていったからである。[38]

一部のエコノミストたちは、クルーグマンの分析は現実を無視していると批判する。アメリカと同様、日本にとって地獄のような不況から回復するには財政支出の削減と増税を行なうしかないというのが彼らの主張である。日銀がいくら円を刷ろうが、状況は好転するどころか深刻化する一方だろうというのだ。彼らがそう主張する背景には、日本では行政が肥大化し、社会福祉制度に金をかけすぎで、無駄な公共事業が多すぎるという考えがある。確かに税金の無駄遣いがあることは否定できない。だが日本の行政が他の先進諸国と比べて肥大化しているというのは事実に反している。OECDによれば、二〇一三年に中央政府と地方政府の支出を含む日本の一般政府支出は対GDP比で四三％だった。これと比べてアメリカは四〇％、イギリスは四七％、そして欧州各国の平均は四九％であり、決して日本だけが突出しているわけではないことがわかる。だがどんな国でも収益以上の支出を永遠に続けられるはずがない。日本の財務省は長年にわたって増税の必要性を訴え続けてきたが、これまでは政治的な事情や経済的な緊急事態によってほぼ実現を阻まれてきた。状況がようやく変化したのは、二〇一一年から翌年まで続いた野田佳彦《のだよしひこ》首相の時代になってからだった。消費税を二〇一五年までに従来の倍の一〇％に引き上げる法案が衆参両院で可決されたのである。

「私たちは、経済成長と財政再建は矛盾することなく両立できると考えています」と元財務大臣の尾身幸次《おみこうじ》はかつて私に語ったことがある。[39]つまり国の財政運営が健全であることを一般国民が知れば、予備的貯蓄を行なったり、支出に及び腰になったりすることもなくなるはずだというのである。

だが日本はこれまで健全な財政状況にあったためしがないので、一度もこの仮説の正しさを検証できずにいる。一方、ディヴィッド・キャメロン首相が率いるイギリス政府はこの理論を実践し、「予防的金融引き締め」と呼ばれる政策を実施した。民間部門における投資額縮小の影響を弱めるために政府の支出規模を増大するのではなく、反対に支出額の縮小に踏み切ったのである。[40]今のところ、期待されたような成果は出ていない。二〇一二年夏までに、イギリスのGDPは二〇〇八年ピーク時より四・五％低いレベルで停滞し、景気は二番底に陥っていた（一方、日本もこの頃までには三番底に入っていた）。経済評論家のアナトール

・カレツキーは、イギリスの金融引き締め策は失敗に終わったと宣言している。キャメロン政権が緊縮策を取り始めた二〇一〇年以降、イギリスの景気は金融緩和を続行していたアメリカとはまったく別の方向に進み始めたからだ。イギリスが緊縮策を採用して以来、アメリカ経済はその三倍近くの勢いで成長しているとカレツキーは指摘する。その結果、イギリス政府の債務残高は、GDPの減少に比例する形で増大していった。「公債依存度を抑制する決意を固めたあらゆる国は緊縮財政を放棄し、成長率を最大化するためにあらゆる手段を講じるべきだ」[41]と彼は結論づけている。

それでは、日本政府が長い不況を終わらせて経済を再活性化するために本来取るべき方策とは、そんなものがあったとしての話だが、一体何であったのだろうか。政策決定までの腰の重さを厳しく批判する声はあっても、具体的に何をすべきだったかについては、経済学の専門家の間でも明確な意見の一致は見られない。その状況はまるでウディ・アレンが映画『アニー・ホール』の冒頭で話すジョークのようだ。避暑地を訪れた二人の老婆が食事のまずさをけなしているくせに、量の少なさにも文句を言っている。自分たちの言葉が矛盾していることにまったく気づいていないのである。確かに日本はもっと迅速に動くべきであった。だがどの方向に動くべきだったかについて、誰もが納得できる答えは見つかっていない。アメリカとヨーロッパがそれぞれの経済危機にどう対処すべきかについても、専門家の意見は大きく分かれている。日本の場合、政府支出を削減し、円の発行を停止すべきだったのであろうか。それとも円の発行は続け、もっと大盤振る舞いをすべきだったのか。考える時間は二〇年間もあったにもかかわらず、はっきりとした答えはいまだに出ていない。

もちろん、日本経済に新たな活力を吹き込むには、ほかにもさまざまな方策が考えられたはずだが、既得権を守るためにことごとく退けられた。後述するように、この問題に深刻に取り組んだ唯一の総理大臣といってもいい小泉純一郎でさえ、「聖域なき構造改革」を掛け声だけで終わらせた部分が少なくなかったのである。慶應義塾大学経済学部の嘉治佐保子教授は「日本に必要なのは市場開放と規制緩和です」と語っている。「それを必要としているのは電力、看護、保育、農業、漁業、林業などの分野ですが、まったく手をつけられていません」[42]。彼女は政府が民間部門にもっと積極的な役割を与え、諸外国と有意義な自由貿易協定を結ぶ必要があると考えている。それさえできれば、日本経済は競争を通じて活性化し、従来よりもはるかに高い効率性や技術革新を実現できるようになるはずであると。だが国内から頑強な抵抗を受けて、日本はそのどちらも実現できずにいる。とりわけ激しく反発しているのが保守的で大きな政治的影響力を持つ農業団体である。その間、日本の直接の競争相手である韓国は、ヨーロッパとアメリカの双方と貿易協定を結び、国内メーカーのためにそれらの巨大市場への優先的参入権を獲得していた。

日本の二〇年間にわたる長期不況から学べる明確な教訓が一つだけあるとすれば、それは「そんな状況に陥る前に何とかしろ」ということに尽きる。一九九〇年のバブル崩壊以降、日本政府は金融機関に資本再構成をさせようとしたが、不良債権を隠し続けるゾンビ銀行の延命に手を貸しただけに終わった。結局、それから一〇年以上も後になって、小泉政権がその尻拭いをする結果になった。この件では、日本銀行の責任が最も重いと批判する専門家が少なくない。日銀こそが日本経済をデフレ不況に陥れた元凶だというのである。ここでも学べる教訓は一つしかない。日銀は経済を復活させるために全力を尽くすべきだった。金融危機にもっと素早く対応し、考えられるあらゆる手段を講じるべきだったのだ。確かに政策金利をゼロ%近くにまで引き下げはしたが、企業側に融資を受ける意欲が欠けていたためにほとんど効果がなかった。それでも日銀はかなり後になるまで、国債を買い入れるために円を発行するといった異例の措置を講じようとはしなかった。二〇〇一年には一時的に金利を引き上げさえしたが、それは日銀がデフレの脅威を軽視していたことを示唆している。

一九九九年、後にＦＲＢ議長に就任することになるベン・バーナンキは、日本は自ら麻痺状態に陥る原因を作ったと発言して日銀を激しく非難した。需要を刺激してデフレから脱却するには、それまでにない大胆な措置が必要だというのが彼の主張だった。たとえば、円を発行して国債、外貨、あるいはその他の資産を購入するなど、経済に活気を取り戻すためなら何でも試してみるべきだと呼び掛けたのである。日銀は最終的に株式購入のために円を発行するなどの極めて異例な措置を講じ始めた。だが効果が限定的だったために、もともと懐疑的な一部の専門家は、量的緩和が有効ではないことが証明されたと発言する始末だった。その一方で、単に対策が遅きに失し、金額も中途半端だっただけだと指摘する声もある。いずれにせよ、日銀は無策ぶりを露呈した。その一方で、バーナンキ自身も現実の経済危機に対応するのは、日本に金融政策理論について説教を垂れるほど容易ではないことを痛感していた。アメリカの景気がいつまでたっても回復の兆しを見せなかったからである。リーマン・ショックの四年後には、アメリカの一般家庭における一世帯当たりの実質平均所得は五％も下落していた。[43]そこに至ってようやく、バーナンキも非公式な場で、かつて日本に厳しく当たりすぎたことを認めるようになったという。[44]

第8章　リーゼント頭のサムライ——小泉純一郎とその時代

カリスマ首相の誕生

人は彼を「変人《ヘンジン》」と呼んだ。日本人はよく言われるほど主体性がないわけでも、他人に合わせて行動するわけでもない。それでも、普通は「変わっている」とか「奇妙」などと思われる行動は避けようとするものだ。だが小泉純一郎は普通とは違っていた。この時代が生んだ最もカリスマ的な総理大臣には、確かに一風変わったところがあった。そして変わっていることは、彼にとって最大の武器であった。

二〇〇一年、小泉は映画の主人公を演じる大物俳優のように、いつの間にか政界で主役の座に躍り出た。彼が首相に就任したのは、私が日本に来るわずか半年前のことである。日本ではすでに短期間のITバブルがはじけて不況に突入しており、二回目の「失われた一〇年」が目前に迫っていた。国民には大した危機感はなかったのだが、日本の最良の日々はすでに過去のものとなり、日本の政治システムも万策尽きたようだという静かな失望感が広がっていた。度重なる景気刺激策も経済を活性化させるまでには至らず、新卒者にとって条件のいい就職先は減る一方である。そんな時、小泉は「聖域なき構造改革」という過激な代替案を提示することで、衰退を黙って受け入れる必要はないことを国民に気付かせたのである。当時、小泉はまだ六一歳で、長老たちが幅を利かせる政界の標準からすれば高齢とさえ言えなかった。それどころか、彼は若者のような自由奔放さと生意気さを併せ持つ雰囲気を漂わせていた。肉体的にも健康で、スリムで精力的な顔つきをしていた。目はいつも眠たそうに半分閉じたままだし、表情もめったに変わらないのだが、周囲の状況を面白がっている様子がしばしば感じ取れた。抜群の着こなし上手でもあり、単に開襟シャツや少し色の明るすぎるスーツを着ているだけなのに、どことなく粋な印象を与えるのだった。何にもまして人々の注意を引いたのは彼の特異な髪型だった。ウェーブのかかったくせ毛の銀髪は少し俳優のリチャード・ギアを思わせるところがあり、たてがみのように見えることから、「ライオンハート」というあだ名で呼ばれることもあった。[1]

多くの女性たちは小泉を恐ろしくハンサムな男であると考えており、それは若い女性の間でも変わらなかった。彼が演説を始めると時に聴衆の黄色い声援にさえぎられてしまうことがあり、女性ファンが興奮のあまり失神したケースも少なくとも一例報告されている（この時、小泉自身は演説を中断すると、極めて冷静沈着に女性の容態を確かめたという）。銀座のホステスバーに通っていることを悪びれずに認めた時も、人気はかえって増すばかりだった。結局のところ、小泉が独り身であることも有利に働いたのである。前妻とは随分前に離婚しており、三人の息子がいる。あか抜けていて、都会的でクールな面がある一方で、かつてアメリカのロナルド・レーガン大統領が「偉大なコミュニケーター」と呼ばれたように、巧みに普通の人々の気持ちを推し量り、彼らの共感を得ることに長けている。その両面が彼の中でうまく共存していることは、オペラとヘビメタを同様に愛する音楽的嗜好にもよく表れていた。首相に就任してから数カ月後、小泉は自ら選曲した二五曲が入った『私の好きなエルヴィス』というチャリティCDを発表している。このあまりにも堂々とした自己PRによって、彼は自分こそ日本が長年待ち望んだリーダーであることをあらためて証明してみせたのである。

二〇〇一年四月、それまでマイナーな存在だった小泉は突如脚光を浴びて自民党総裁に選出され、総理の座を射止めた。一九九〇年代の景気後退期に政権が回転ドアのように入れ替わった首相交代劇の後で、彼の登場は国内の淀んだ空気を一変させた。国民は、彼がロックスターであるかのように小泉Tシャツを着て、ポスターを買い、演説に歓声を上げたのである。他の政治家たちと違い、小泉は日本語特有のあいまいな表現で当たり障りのないことを言ったりしなかった。美辞麗句に満ちた空虚な演説をする代わりに、短くて明快な（そしてメディア受けしやすい）メッセージを発信することを好んだ。たとえば、一〇年にわたる景気低迷や相次ぐ首相交代劇に困惑している国民に対し、「構造改革なくして成長なし」「改革には痛みが伴う」と明言してみせた。また、「自民党を変える。日本を変える」と連呼し、バラク・オバマが登場するより何年も前に「変化《チェンジ》」の必要性を訴え続けたのである。そして自民党の旧態依然とした体質や慣習を変えることができなければ、自党であろうと「ぶっ壊す」と宣言した。彼の歯に衣着せぬスローガンは政界勢力図が塗り替えられる可能性を予感させ、国民の興奮は（若干の不安を伴いながらも）いやがおうにも高まった。長年の低迷で自信を喪失した日本人の多くは、そこから抜け出すための抜本的な改革を切望していたのである。だがその一方で、旧来の手法や慣習を変えずにこの国を再活性化させたいと願う者も少なくなかった。小泉の支持者の多くは、実際には彼が力説したようにシステムを破壊するのではなく、復活させてくれる誰かを待望していた。それによって戦後に苦労して築き上げた快適な社会が維持されることを望んでいたのだ。要するに、彼らの虫のいい願いとは、昔のままの日本が変わらずに済むような「変化」を誰かに実現して欲しいということであった。

小泉は確かに新世紀初めの国内のムードを的確に捉えていたかもしれない。だが政権トップの座にまで上り詰めたのは、ある種の偶然に過ぎなかった。二〇〇一年前半に新聞の見出しに頻繁に登場するようになってからも、彼が総理になると予測した専門家はほとんどいなかった。国民的な人気があるという事実も、ほとんど政治的に無意味なように思えた。日本の議会制民主主義の下では、総理大臣を選ぶのは有権者ではなく、政権与党の役割だからである。当時の自民党は、過去半世紀のうち四九年間にわたって日本を単独支配するという世界でもまれな「偉業」を達成していた。議会制民主主義の数々の制約の下で定期的に選挙を実施しながら、それほどの長期政権を維持した強大な政党の「ノウハウ」には、中国共産党でさえ関心を示していた。自民党は、実質的に内部に政府と野党の双方を抱え込んだような存在であった。緩やかな組織構造を持つ自民党内には複数の強力な派閥が存在し、総理大臣は派閥領袖《りょうしゅう》間の駆け引きによって決定された。一般的に、首相の名前は、国会で指名選挙が行なわれるよりかなり前から決まっているのが慣例だった。小泉の前任者で、哀れなほど支持率が低かった森喜朗《もりよしろう》[2]の総理就任もその典型例で、密室談合に参加したのはたった五人だったと言われている。

派閥のボスたちは、政治家というよりはまるでマフィアの首領《ドン》のように小泉の台頭を阻んできた。小泉は一九九五年と一九九八年の二度にわたって自民党総裁選に出馬した。だが既得権益に批判的で金権政治打破の姿勢を打ち出している彼が、経済界への依存体質が強い自民党で指導者として受け入れられる可能性は低かった。結局、党組織は何をしでかすかわからない「変人」をトップに据えることを拒否し、小泉は二度の総裁選で惨敗したのである。

二〇〇一年の総裁選に立候補した時も、当初は二度あることは三度あるという見方が大勢を占めた。しかも今回の対立候補は、一九九六年から一九九八年まで首相を経験した橋本龍太《はしもとりゅうた》郎《ろう》であった。剣道の有段者でもある橋本は、自らの派閥を率いるボスである。党の長老たちは、直前の森政権が支持率七%という醜態をさらしたために、経験豊富な人物をトップに据えて体勢を立て直す必要があると考えていた。これは没個性的で無能としか言いようのない直近の何代かの首相たちと比べてさえ、見劣りする数字であった。そこで自民党は橋本の下に勢力を結集させて、全党一致でこの難局を打開しようとしていたのである。

ところが小泉は思いがけない幸運に恵まれた。自民党は少なくとも民主的プロセス重視の姿勢を見せるために、総裁選の選挙方法を変更したばかりだったからだ。そのため、今回の選挙では国会議員だけではなく、全国の一般党員三二〇万人などにも参加する機会が与えられていた。党員票は全体の三分の一弱を占めたために、選挙の行方を左右する力はなくてもかなりの影響力が期待できた。この変更は、明快なメッセージとパフォーマンスを得意とする小泉に、党の重鎮たちの頭越しに底辺の一般党員にアピールする絶好の機会をもたらしたのだった。党内主流派はそもそも党員票を大して重視していなかったため、県連による予備選挙を議員投票の前に実施させるという致命的なミスを犯した。いざふたを開ければ、小泉は予備選で得票率八七％という地滑り的勝利を収めたのである。草の根レベルから寄せられた声は圧倒的に小泉を支持していた。国会議員の多くも、一般党員の判断をもはや無視できなくなっていた。ある若手議員は、党内で起きている姿勢の変化を次のように代弁した。「私は単に派閥の指示に従うよりも、自分が支持する候補に投票したいと考えています。国民は党の政治手法に『ノー』を突きつけました。これは自民党にとって信用を回復する最後のチャンスです」[3]。小泉は議員投票でも、予備選ほどの圧勝とはいかなかったが、橋本に勝った。こうして大方の予想に反し、大衆の要請に答える形で首相に選出されたのである。

痛みを伴う改革を

小泉と親しく、自らも大きな影響力のある政治討論番組の司会者を務める田《た》原総一朗《はらそういちろう》によれば、日本の新しい首相は大胆な発想で政界という「村《ムラ》」の常識を打ち破ったのだという。

「小泉は村の掟をまったく守ろうとしませんでした」と彼は私に言った。私たちは、田原が普段からよく出入りしているANAインターコンチネンタルホテル東京の「シャンパン・バー」で話をしていた。「彼は派閥のボスではありません。派閥にも自分の上役たちにも何の貢献もしたことがないので、党三役に選ばれたこともありません。しかし、そんなことをしなくても首相にまで上り詰めたのです。これは前代未聞の快挙でした」[4]。小泉が銀行の不良債権処理をはじめとする「聖域なき構造改革」の旗振り役として大学から引き抜いた竹中平《たけなかへい》蔵《ぞう》は、そんな彼のことを単純に「奇跡の総理」と呼んだ。[5]

小泉は初めての組閣にあたっても、急進改革路線を予感させる独自の人事に踏み切った。各派閥のボスたちに何の「お伺い」も立てず、ほとんど側近と相談することさえなく、自らの判断で閣僚を選んだのである。いざ新内閣のメンバーたちが、恒例の記念撮影で直立不動の姿勢で整列すると、モーニングとグレーの縞のズボンを着用した男性陣に混じって五人の女性の姿があった。歴代内閣の中でも例外的に比率が高い女性閣僚のうち、最も知名度が高かったのが外務大臣に任命された田中真紀子《まきこ》である。その歯に衣着せぬ発言の明快さや国民的人気は小泉に勝るとも劣らず、圧倒的存在感を放っていた。[6]また小泉は慣例を破って民間からも三人の閣僚を起用したが、そうすることで長年自分の番を待っていた党の長老たちにひじ鉄を食らわせる結果となった。彼らは従来の派閥順送り型人事であれば、閣僚指名を当然の権利と考えていたからである。民間からとりわけ鳴り物入りで入閣したのが、経済学者で慶應義塾大学総合政策学部教授の竹中平蔵であった。彼はその後、小泉の側近中の側近として、五年半にわたる政権を最後まで忠実に支えることになる。竹中は、この新時代の幕開けに居合わせた興奮を隠せないようであった。新しいボスが初の国会答弁に臨んだ際、歴代総理のように官僚が用意した無味乾燥な答弁書を淡々と読み上げるのではなく、即興で質問に答え、自分の考えを堂々と主張するのを見て「あまりの痛快さに心躍る思いがした」と彼は後に書いている。[7]

確かに国会でさっそうと答弁する小泉は異彩を放っていたし、マスコミや世論をここまで魅了した首相も前代未聞であった。首相官邸で一日二回の「ぶら下がり会見」を行ない、テレビの前で報道陣の質問に当意即妙の答えを返すのを得意としていたが、その時の印象的な一言をテレビや新聞は競うように大きく取り上げた。それによって小泉は、これまで密室の中から日本を支配していると考えられた派閥のボスや既得権益者たちではなく、国民に直接語りかけているというイメージを巧みに作り上げたのである。二〇〇一年五月七日には、国会で行なった所信表明演説で改革に取り組む意思を明確にし、重点課題を列挙した。小泉はバブル崩壊から一〇年たっても、いまだに景気回復の足かせとなっている銀行の不良債権問題の早急な解決を公約した。さらに、構造改革を実施する過程で非効率な企業や、場合によっては産業全体が淘汰される可能性があることさえ示唆した。「戦後、日本は、目覚ましい経済発展を遂げ、生活の水準も飛躍的に上昇しました」と彼は厳粛な面持ちの国会議員たちに向かって語りかけた。「しかし、九〇年代以降、日本経済は長期にわたって低迷し、政治に対する信頼は失われ、社会には閉塞感が充満しています。これまで、うまく機能してきた仕組みが、二一世紀の社会に必ずしもふさわしくないことが明らかになっています」[8]

すでに不安な気分になっていたはずの議員たちに向かって、新総理は自ら組織した「改革断行内閣」が「聖域なき構造改革」を通じて経済を立て直し、自信と誇りに満ちた日本社会を築くことを約束した。また、経済力の低下とともに下落した日本の国際的地位の回復に努めることも誓った（小泉政権下の外交政策については、下巻第12章「日本以外のアジア」に詳しい）。さらに、財政再建と経済再生を達成するために「恐れず、ひるまず、とらわれず」の姿勢を貫くことを宣言したのである。演説の最後に小泉が持ち出したのは、明治初期の長岡《ながおか》藩で起きた「米百俵」の故事であった。徳川家を支持した長岡藩は、戊辰《ぼしん》戦争の一部である北越戦争で新政府軍に敗れ、財政が窮乏して極度の食糧不足に陥っていた。そこへ窮状を知った旧支藩の三根山《みねやま》藩から、米百俵が寄贈されてくる。食べる物にも事欠いていた藩士らはこれで当分はしのげると喜んだ。ところが、賢明な藩の重役は米を分配せずに売り払い、その売却益を未来のために投資したのである。「百俵を将来の千俵、万俵として活かすため、明日の人づくりのための学校設立資金に」使ったのだと小泉は説明した。それは、より良い未来を築くためには「痛みを伴う事態」が生じるかもしれないという明確なメッセージであった。だが、そこには一つだけ疑問が残った。小泉は演説の中で、米を配られなかった長岡藩士が全員、その後も餓死せずに生き延びられたかどうかを明らかにしなかったのである。

パラドックスに満ちたその素顔

元衆議院議員で農水相を務めたこともある故大原一三《おおはらいちぞう》は、総理になる三〇年以上も前から小泉のことを知っていた。年齢は大原の方が一五歳ほど上で、初対面の小泉はまだ三〇歳のやせこけた新人議員に過ぎなかった。一九六九年、経済学を学ぶためにロンドン大学に留学していた若き日の小泉の元に父親の訃報が届く。彼の父親は神奈川県選出の衆議院議員で、選挙区は東京から四五キロほど離れた横須賀にあった（この港湾都市は、アメリカにとって西太平洋で最も重要な海軍基地があることでも知られている）。すぐに帰国して父親の後を継ぐために弔い選挙に立候補した小泉は、この時は落選した。だが三年後の再挑戦では見事に初当選を果たし、雪辱を遂げる。「ある日、しゃれた格好をした生意気な若造がやって来たのです。あんなリーゼント頭の議員はほかに誰もいませんでした。何て変わったやつだと思ったものです」と大原は当時を回想してくすくすと笑った。小泉の特徴的な髪型を初めて見た時のことを思い出すと、今でもおかしさがこみ上げてくるようだった。「何だかばかっぽい男だなと思いました」[9]

大原によれば、当時の小泉からは政治的野心や物欲のかけらも感じ取れなかったという。新人時代の小泉との付き合いは、もっぱら大酒を飲んでどんちゃん騒ぎをすることに限られていた。「赤坂の焼き鳥屋とか、その辺の適当な店に飲みに行ったものです」。小泉はふぐが好きでよく食べていたが、これは調理法を間違えば中毒死する恐れもある危険な魚である。そのために皇室では伝統的にタブーの食材になっているほどだ。大原が小泉と赤坂でバーめぐりをしていた当時、食通として知られた歌舞伎役者の八代目坂東三津五郎《ばんどうみつごろう》が危険を承知で毒性の高いふぐの肝を四人前平らげ、けいれんを起こして中毒死するという事件が起きている。「随分、芸者遊びもしたものです。小泉はとても魅力的で、話し上手でした。ほれぼれとするような笑い方をするし、本当にかわいかったのです」と大原は若かりし日の小泉を評して言った。「昔は芸者たちとじゃれ合うのが大好きでしたね。あまりにも人気があるものだから、呼び出しをかけなくても向こうからやって来たほどでした」

また小泉は金で動くということがまったくなかったが、これは政治家としてはほとんど前代未聞であった。初当選を果たした一九七〇年代前半には、田中角栄《かくえい》が総理の座に就いていた。田中は牛馬商の父親の下で育ち、建設会社の経営者にのし上がって政界入りすると、自民党長期政権を可能にした利益誘導・開発重視型の金権政治を完成に導いた。高度成長期には、都会で事業展開する大企業への課税を通じて吸い上げた現金を自民党の最大政治基盤である農村部に大量にばらまいていった。田中は比較的人口の少ない新潟県の生まれで、日本海側の「雪国」である地元に新幹線を誘致したことでもよく知られている。この典型的な利権政治によって土木予算が大量に流れ込み、地元経済は大いに潤った。もちろん、それを可能にした政治家の懐にも十分な金額が転がり込んできたことは言うまでもない。田中は金脈問題への批判によって一九七四年に首相を辞任したが、その後も舞台裏から党を操る「闇将軍《やみしょうぐん》」として君臨し続ける。「ロッキード事件」では、米大手航空機メーカーの旅客機受注をめぐる裏金疑惑で起訴され、有罪判決を受けたにもかかわらず、その影響力が衰えることはなかった。大原は議員になる前に、田中から現金一〇〇万円で政界入りを薦められたことがあったという。田中の事務所を出た後で、目を白黒させながら分厚い札束を必死にポケットにねじ込もうとしている自分の姿を、彼は私の目の前で再現してみせた。記憶によれば、逃げるようにして廊下を去っていく彼の背中に、田中からこんな声が飛んだという。「覚えておくんだな。政治家も盗っ人も、ポケットは大きいに越したことはないぞ」

一方、小泉は金権政治のあらゆる側面を憎んでいた。この点に関しては、ロンドンから帰国直後に秘書として仕えた福田《ふくだ》赳夫《たけお》の影響が大きかった。清廉な政治家であった福田は田中の天敵で、やたらと金をばらまく自民党の政治手法に対する嫌悪感を小泉に植え付けたのである。「小泉は当時から日本の財政が行き詰まっていることや、政府が橋や田んぼに金を注ぎ込み過ぎであることをよくわかっていました」と大原は言った。酔っ払いの父親の下で六人の姉妹に囲まれて育った田中と違い、小泉はある程度裕福な家庭に生まれた。政治家の享受する特典にほとんど関心を示さなかったのも、そのためであったかもしれない。「私が知る限り、小泉には家は一軒しかありません。ゴルフの会員権も持っていないし、不動産も株も保有していないのです」と小泉のキャリアを数十年間にわたって追い続けたジャーナリストの田勢《たせ》康弘《やすひろ》は語っている。[10] 九〇年代半ばに在職二五年を迎えた時も、永年在職表彰とそれに付随する特典（運転手を一人雇える額とされる特別交通費や、国費を使って著名な画家に描いてもらった肖像画を国会に飾る権利）を辞退している。「首相になる前は議員宿舎に住んでいましたし、今でもつましい生活を続けています」と田勢は言った。「彼の中には、ある種の侍魂があるようです」。竹中も、小泉が花束やネクタイなどの小物も含めて、贈答品をすべて送り返していたことを覚えているという。[11] 小泉のそうした倫理的潔癖さは大原に禁欲的な武士道の掟を連想させた。「彼は侍《サムライ》ですよ。リーゼント頭の侍です」一方、小泉には他人にはとても理解し難い一面があった。彼と最も親しい同僚たちでさえ、何を考えているのかわからないと認めたほどである。小泉からアフガニスタン支援に関する政府特別代表に任命された緒方貞子も、首相の行動に困惑させられたことがあるという。ある時、緒方はカブールから帰国直後に首相官邸に呼び出され、アフガニスタン情勢について報告した。その間、小泉はずっと目を閉じたまま座り続け、彼女の話が終わるとねぎらいの言葉を述べた。だが小泉が何を考えているのか、彼女にはまるで見当もつかなかった。[12] 竹中も何度か同様の経験をしたことがあるという。そのうち一度は小泉が首相になる前、日本経済に関するブリーフィングを行なった時のことだった。「彼は私の演説が終わるまで、こんな風にして耳を傾けていました」と竹中は言うと、首を少し傾げて両目を固く閉じた。「一度もメモを取ろうとしなかったし、すっかり寝込んで私の話など聞いていなかったに違いないとその時は思っていました」。だが後に、竹中はそれこそが小泉独自のやり方であることに気付いた。「ささいな問題はすべてシャットアウトして、要点だけに考えを集中しているのです」と竹中は説明する。「それが彼のリーダーシップの基本的なスタイルでした」。長年にわたり小泉の忠実な秘書として仕えてきた飯島勲《いいじまいさお》によれば、これは上司の小泉が周囲の人々を操るために駆使するテクニックの一つだという。意図的にあいまいな態度を取ることで、相手を動揺させることを狙っているというのだ。「総理と何度会おうと、本音では何を考えているのか見抜けるはずがありませんよ」と彼は誇らしげに語った。[13]

アメリカのレーガン大統領に匹敵する「偉大なコミュニケーター」として知られる人物が、実は無言で通すことが多いという矛盾は、小泉にまつわるパラドックスの一つに過ぎない。たとえば、一匹狼のアウトサイダーとしての立場を貫いてきた割には、父親も祖父も閣僚経験者という政治家としては名門の出身であることもそうだ。祖父の小泉又次郎《またじろう》は港湾労働者の請負人だった人物で、積み込み作業を行なう労働者たちの総元締として辣腕《らつわん》を振るった。背中には、よくヤクザが好んで彫るたぐいの大きな赤い龍の入れ墨があり、後に「入れ墨大臣」の異名を取ったことでも知られている。又次郎はそれまでの経歴で培ったあらゆる影響力を駆使して衆議院議員に当選した。後に逓信《ていしん》大臣に任命されて入閣し、何十年も後に孫の純一郎が劇的手法で民営化に成功する郵政や通信を管轄する地位にまで上り詰めた。又次郎の婿養子で純一郎の父親である小泉純也《じゅんや》は、養父の後継者として横須賀から立候補すると彼の議席を受け継ぎ、後に防衛庁長官まで務めている。このように、政界の異端児を自認する純一郎は、実は意外なほど立派な政治家一族の血を引いていたのである。

小泉が女性に人気があることにも、少し腑に落ちない点がある。彼は離婚後に二人の息子の親権を獲得したが、よく知られているように彼らに母親との接触を禁じている。離婚当時、前妻は妊娠中であったが、その後生まれた三男に小泉は会おうともしなかった。また、この三男は父方の祖母の葬儀に駆けつけたところ、参列を拒否されたと報道されたこともある。

日本の壮麗な国会議事堂をかたどったウエディングケーキで祝福された結婚生活は、極めてとげとげしい雰囲気の中で終焉を迎えた。それ自体はさして珍しいことではないが、あるジャーナリストは、日本国民の心をわしづかみにしたこの政治家の人となりについてこうコメントしている。「打ち解けて付き合える人物かどうかですか？　私生活では、まったくそんなことはありません」[14]

キャリアの大半を小泉のそばで過ごしてきた飯島は、大方の知人よりは彼の人となりについてよく知っているはずである。政界のフィクサー的存在でもあり、小泉が総理の座にまで上り詰めたのは彼の手腕に負うところが大きい。小泉政権が誕生して以降、私は飯島に会うために首相官邸を二度ほど訪問する機会があった。官邸は簡素な美しさを追求したデザインの建物で、竹を使った装飾があり、どこかＩＫＥＡの家具展示場を高級志向にしたような雰囲気を漂わせている。ある時、私は記事に激怒した飯島からそこへ呼び出しを食らった。「小泉の『番犬の親玉』」に関するあまり好意的でない内容にお冠《かんむり》のご様子だった。その記事で私は、飯島がずんぐりした体型のチェーンスモーカーで大きなジュエリーを身に着けるのを好み、小泉のイメージを巧みに演出してメディアを操作していると書いたのである。また、飯島は日本の週刊誌のスタッフにうまく取り入って良好な関係を築く手法を得意としていたが、彼が相手にするのはもっぱらソフトポルノとスキャンダル記事と調査報道が混ぜこぜになったエロ雑誌のような媒体が中心であることにも言及した。これらの雑誌に比べれば、イギリスのタブロイド紙でさえ聖歌隊の楽譜のようにお上品に見えるほどだが、不思議なことに小泉に限って、こうした媒体でスキャンダルが浮上することは皆無だった。それどころか、これらの週刊誌は小泉の認知度を高めることに多大な貢献をした。小泉が日本で初めて、本当の意味でマスコミ操作に長けた政治家に成長する過程で、飯島は無視できない役割を果たしたのだ。小泉は今の地位を他の政治家たちに便宜を図ったり、賄賂を贈ったり、何年にもわたって政治的な下働きに甘んじることで勝ち取ったわけではない。彼は一般国民から絶大な支持を得ることによって頂点を極めたのである。ある時、小泉の広報担当者の一人が、称賛と嫌悪感がないまぜになった口調で私にこう言ったことがある。「飯島さんはトップクラスのセールスマンで、小泉総理は彼が扱っている最高級のブランドなのです」

私は小さな会議室に入ると、こちらが来客であるので普段どおりに「上座」に座ろうとした。すると飯島はとんでもないというように私を違う席に追いやった。私が日本に滞在した七年間で、ここまで意図的にマナー違反の扱いを受けたのはこの一度きりである。飯島は鬱積した怒りで体を震わせながら、二〇分間にわたる長広舌を振るって私が書いた不快な記事を非難した。記事には一点、明白な間違いがあると彼は主張した。それは彼が自分の執務室に座っている時に、私が書いたようにもうもうとした紫煙に包まれていたはずがないというものだった。飯島は自分の部屋は禁煙に指定されているので、たばこを吸う時はいつも別の場所に移動しなければならないのだと言い張った。

さんざん怒りをぶちまけてすっきりすると、飯島は小泉について率直に語り始めた。彼と初めて出会ったのは随分昔のことだが、当時から小泉には「スマートであか抜けた」印象があったと飯島は言った。だが本音を言えば、彼は当初、小泉は政界の「大立者」たちと渡り合えるほど性根がすわっているとは思わなかったという。だが小泉は彼をあっと言わせる行動に出た。大物政治家たちを相手にひるむどころか、派閥政治に背を向け、自分の信念を貫いたのである。こうした政治手法は小泉内閣のあり方にも大きな影響を及ぼしていると飯島は言った。小泉以前の歴代政権は、ボトムアップ方式で政策を打ち出してきた。法案はまず複雑怪奇な党内機構を通じて、込み入った「根回し」のプロセスに乗せられ、あらゆるレベルの合意を得てからようやく上に通される。小泉のやり方はこれとまったく正反対であった。何をしたいかを決めるのは小泉自身であり、それを実施するように命じるのも彼自身であった。小泉は自分の政策を実現させるために、何でも思い通りに進めることに慣れた官僚たちへの対抗措置も忘れなかった。その一つが、内閣が政策決定で主導権を握れるようにすることを目的とした「経済財政諮問会議」の活用である。この会議が実際に始められたのは小泉政権が誕生するより数年前であったが、彼の前任者たちはそれを十分に使いこなせずにおり、その点では後任の総理たちも同じだった。会議のメンバーには財界と学会からも影響力のある有識者が何人か選ばれており、運営は竹中にまかせたが、小泉もほとんどすべての会議に出席した。そして諮問会議を小泉政権における政策立案の中枢と位置づけ、予算編成プロセスを従来の大蔵省主導型から官邸主導型に転換することに成功したのである。多くの場合、官僚はもはや小泉の言うことに唯々《いい》諾々《だくだく》と従うしかなかった。

「彼がトップダウン方式で物事を進めるのは、自分に付き従う集団や組織を持たないからです」と飯島は言った。「どの派閥の領袖でもなく、独立独歩の人間なのです」。そのおかげで、小泉は「サッチャーさん」のような急進的な改革を推進できたのだと飯島は説明した。イギリスの偉大な首相として記憶されているマーガレット・サッチャーは、同国を「英国病」から脱却させた政治家として小泉の支持者たちからも尊敬を集めている。日本はこれまで明治維新と昭和維新を経験してきたと飯島は言った（ここで彼が言う「昭和維新」とは、天皇裕仁の下で焦土と化した国土を復興させ、高度経済成長を遂げたことを指している）。今度は小泉が日本を「平成維新」へと導く番だと、飯島は大げさな表現で得意気に宣言した。

不良債権処理の加速化

だが明治維新との比較が失望に終わることは避けられなかった。一方が日本の近代史上最も劇的な変革をもたらしたのに対して、小泉政権がそこまで重大な成果を上げることは最後までなかったからだ。小泉が日本に革命を起こし、力強い経済成長を取り戻す救世主となるという幻想を額面通りに受け取った人々は、間違いなく落胆させられるはずであった。たとえ日本が景気に弾みをつけることに成功しても、人口動態や相対的な経済規模を考えれば、かつてのような高度経済成長の再現が不可能であることは明白だったからだ。ところが小泉が首相を務めた期間中、彼の政権はそうした誇大な主張と常に不可分の関係にあったのである。

それでもこうした急進的な改革が本当に実現可能なら、少なくとも経済分野でそれができるのは竹中平蔵をおいてほかになかった。それは日本が最も改革を必要としている分野でもあった。竹中は結局、小泉政権で一つのみならず二つの閣僚ポストを兼任するはめになり、海外メディア各紙はこの丸顔の大学教授に「経済政策の大御所《ツァー》」の称号を与えたのである。政権二年目、株式市場が急落し、金融危機の可能性がささやかれる中で、小泉が竹中に下した最も重要な任務は銀行を立て直し、金融システムの安定化を図ることにあった。竹中自身はかなり前から、一九八〇年代のバブル期に貸しまくったツケが銀行に重くのしかかっている点を問題視し、不良債権処理を急ぐ必要があると主張してきた。小泉は首相になる前に、竹中を自らの勉強会に招いたことがある。会合は東京の中心部から少し離れた箱崎《はこざき》で開かれ、ロイヤルパークホテルという地味な外観のホテルが会場に選ばれた。自説に強い確信を抱く竹中は、そこで自らの分析を披露し、日本は「経済的病理」に冒されていると断言したのである。一九九〇年のバブル崩壊以降、日本は三回にわたる不況を経験し、年平均成長率一％という状態が続いていた。銀行の不良債権を処理するまでは、経済を再活性化させるための努力はすべて徒労に終わると彼は断言した。銀行が健全に機能して有望なビジネスに融資できるようにならない限り、日本経済は不況から抜け出せないというのだ。銀行はこの問題の処理に消極的すぎたと彼は言った。系列内では強者が弱者を支え続ける仕組みが出来上がっていた。銀行と企業は株式の相互持ち合いなどを通じてあまりにも緊密な相互依存関係を結んだため、もはや前者は債務者である後者に厳しい態度を取れなくなっていたのである。倒産する企業の数が増えすぎたり、純資産が臨界値を下回るほど減少したりすれば、銀行も共倒れになりかねない状況が生まれていた。[15] 日本の企業と銀行の結びつきはあまりにも強いため、一部の銀行は経営難に陥った企業にさえ融資を行ない、表面上は債務の利子を滞納しないように支援してきたほどであった。

不良債権の総額を正確に把握している者は誰もいなかった。二〇〇三年に小泉が真剣にこの問題に取り組み始めた頃、公式統計で認められている数字は四三兆円であった。[16] だが一部のエコノミストは実際の額はそれよりもはるかに大きいと主張しており、中には二三七兆円という法外な数字を挙げて物議を醸した例もあったほどである。この推計が正しければ、日本のGDPの半分近くという途方もない数字になる。[17] 竹中は、銀行を監視する立場にある金融庁が金融機関と癒着しているのではないかとにらんでいた。金融検査を担当する官僚が検査日の直前に必ず銀行の支店長に連絡を入れて、不都合な証拠を隠せるようにしていたという話さえ飛び交っていた。一九九八年には、汚職が発覚した大蔵官僚の一人が首つり自殺をした事件も起きている。検査官たちは過剰な接待を受け、時には、びっくりするほど高い「ノーパンしゃぶしゃぶ」に連れて行かれることもあった。それは下着をつけていないウェートレスが目を皿のようにした客の前に現れ、法外な値段の牛肉を食べさせるたぐいの店である。[18] 省庁再編で大蔵省（現・財務省）から金融機関の検査や監督業務が分離される前の話だが、ある時期まで銀行や証券会社などには大蔵省との折衝を専門に行なう「MOF担《たん》」という担当者が設けられていた。大蔵官僚と馴れ合いの関係を築くことだけが彼らに課せられた仕事であり、高級レストランやホステスクラブで接待を繰り返した。こうした関係についても、竹中は痛烈に批判したのである。後に彼は銀行の頭取たちを「護送船団方式時代の仲良しグループ意識丸出し」で「戦略の欠如を如実に示し」ていると、軽蔑に満ちた口調で切り捨てた。[19]

二〇〇二年に金融担当大臣の兼任を命じられた竹中は、金融再生プログラムに着手し、速やかに銀行の改革に乗り出した。小泉はもっぱら、集中砲火にさらされた竹中を政治的に擁護する役割を演じた。とりわけそれが必要になったのは、竹中がある記者に口をすべらせ、どんな銀行であっても「"too big to fail"(破綻させるには大きすぎる)の考えはとらない」と発言してしまった時であった。[20] この悪名高い発言は時の言葉として注目を集め、小泉が解き放とうとしている自由市場経済が無慈悲な怪物の本性をさらけ出した例としてさんざん引用されることになる。のべつ幕なしで批判の矢面に立たされた竹中は、「針の筵《むしろ》の上にいた」と当時を振り返っている。[21] 彼は銀行に対して二年半以内に不良債権を半減させることを要求し、強制的にその目標を達成させるためにいくつかの方針を打ち出した。たとえば、銀行の会計基準を厳格化させることもその一つであった。これによって銀行は不良債権処理を加速して、自己資本比率を高めなければ(これ自体がかなりの難関であったが)、公的資金の受け入れを迫られることになった。銀行を窮地に追い込み、無理やり行動を起こさせようと考えたわけである。公的資金が注入されれば、政府は経営陣を解雇して自らの手で不良債権処理を加速させることが可能になる。それが実際に起きてしまった例が、国内第五位の「りそな銀行」の救済劇であった。二〇〇三年五月、監査法人が同行の自己資本比率は国内基準を下回っているという結論に達したのである。[22]政府はただちに二兆円弱の公的資金注入に踏み切り、経営陣を刷新した。この事例は、二〇〇八年の金融危機の際にアメリカと欧州の政府当局が取った措置を予感させるものでもあった。事態のさらなる悪化を回避するために、公的資金によって世界最大級の金融機関が救済されたのである。

一方、日本ではりそなの救済が一つの転機となった。小泉政権以前の政府は、銀行を救うために必要な額の公的資金を注入することに二の足を踏んできた。税金を使って無能な経営者の尻拭いをすることに、国民が反発することを恐れたからである。そんな危険を冒すよりは、銀行経営が健全であるというまやかしを放置することを選んだのだ。だが小泉政権がすべてを白日の下にさらすことを決定すると、投資家たちはいざとなれば金融機関が破綻しないように政府が保証してくれることを知って胸をなで下ろした。株式市場も即座に回復基調を取り戻した。その結果、銀行が保有する銘柄の株価が上昇し、銀行自体の自己資本比率が高まって財務基盤が安定するという好循環を生み出したのである。三年後、バブル崩壊後に底を打ってからとはいえ、日経平均株価は底値から倍以上のレベルにまで復活し、銀行の株価も三倍以上に上昇した。[23]

その間、景気が好転するにつれ、融資残高総額に占める不良債権比率は、竹中が要求したシナリオ通りに少しずつ下がり始めた。世界的な、とりわけ好景気に沸く隣国中国からの需要の高まりで、不良債権の借り手側である企業の業績も回復しつつあった。日本企業も決して手をこまねいていたわけではない。一九九〇年代半ばから静かに企業再編を進め、新規採用枠を縮小したり、採算の取れない事業を整理したり、競合企業と合併したりするなどの努力を重ねてきたのである。たとえば、九〇年代後半には斜陽産業として見限られつつあった鉄鋼業界は、大手四社を中心に経営統合を進めた。そして専門性の高い技術で高純度の鋼鉄を生産することによって、驚異的な復活を遂げたのだ。二〇〇三年までには、日本の鉄鋼業界の生産量は一九九八年と同レベルの約一億一〇〇〇万トンにまで復活したが、就業人口は当時より三分の一少ない九万二〇〇〇人に抑えられていた。同様の復活劇は、他の産業でも繰り広げられた。利益が増大するに従い、企業にとっても債務返済が楽になり、かつての不良債権は正常債権として区分し直されるようになった。二〇〇四年末には、それまで金融システムの機能不全について公然と警鐘を鳴らしていた日本銀行も、ついに最悪の時期を脱したと宣言したのである。

かつて不良債権が融資残高総額に占める比率は八％という憂慮すべきレベルに達していたが、二〇〇六年までにはわずか二％にまで下落した。[24]日本企業のバランスシートは健全なレベルにまで回復し、過去最高利益を記録した。一九九〇年代後半からほぼ一貫してゼロ金利政策を維持してきた日銀は、二〇〇六年半ばまでに利上げに転じ、最終的には〇・二五％にまで引き上げたのである（デフレがまだ完全に克服されていたわけではないので、時期尚早ではあったにせよ）。当時の財務大臣、尾身幸次は、私にこう言った。「基本的に、日本経済は良好な状態にあります」。九〇年代の日本に蔓延していた悲観主義や自虐的な雰囲気と比較した時、その控え目な現状肯定の言葉はまさに勝利宣言の雄たけびに等しかった。

歳出削減と規制緩和

確かに小泉政権下の日本は、かなり力強い景気回復期に移行しつつあった。だがそれは具体的な政府の政策というより、民間部門の努力や外部要因の好転、とりわけ中国からのとどまることのない需要に負うところが大きかったと思われる。一九九〇年代後半に橋本政権が実施した各種の改革、とりわけ「時価会計」や「減損会計」の導入で企業が損失隠しをしにくくなったことも経済の活性化に貢献した。何が原因であれ、小泉政権下の日本は五年以上にわたる景気回復期を経験したのである。それは戦後最長の景気拡大期間でもあった。それ以前の最長記録は、高度経済成長期の一九六五年から一九七〇年まで続いた「いざなぎ景気」で、神道の神の名が冠せられていた。だが、その翌年には過去五年間で平均一一・五％もあった成長率は、当時は悲惨なレベルと考えられていた四・四％にまで落ち込んだのである。もちろん小泉政権下の日本経済はすでに成熟期に移行していたため、そこまで高い成長率は期待できなかった。それでも平均二・四％というまずまずの実質成長率を維持し、ある試算によれば期間中の大半を通じて、生産性上昇率はイギリス、フランス、ドイツ、アメリカの各国を上回っていたという。[25]

着々と債務返済を行ない、粛々と体質改善を進めてきた多くの企業は、小泉政権時代に大いに潤った。家電業界はかつての輝きを失っていたが、それ以外の業界は好調を維持した。日本の自動車メーカーはますます力をつけ、今や世界一と目されるまでになっていた。トヨタは高品質の象徴と化し、販売台数でも米ゼネラル・モーターズ（GM）を猛追して世界一の座を脅かすまでになっていた（一方、GMは二〇〇〇年代末までには、政府の公的支援がなくては立ち行かなくなるほどの経営難に陥った）。通常は緊縮財政一辺倒の財務省が心変わりし、円安を維持するために大量の為替介入に踏み切ったことも、輸出産業を後押しした。円安は日本企業の輸出競争力を高め、ほんの数年前には経営破綻寸前だった企業が鉄鋼、化学薬品、機械・電子部品、工作機械、建設機械などを中国に輸出するようになっていた。小泉は「改革なくして成長なし」を基本理念の一つとしてきたが、より正確には「中国なくして成長なし」と言うべきだったかもしれない。

金融システムの改革以外にも、小泉の経済政策には歳出削減と日本をがんじがらめに縛っている規制の緩和という二つの大きな柱があった。小泉は所信表明演説で年度予算における国債発行額を三〇兆円以下に抑制するという過度に野心的な目標を掲げていた。彼の歳出削減策にはいくつかの具体的なアイデアがあり、最初の標的となったのは公共事業費だった。無用の長物と化すだけの橋や道路をなくすことから考えようというわけだ。公共事業費は歳出のかなりの部分を占めており、日本の労働力人口の少なくとも一〇分の一は建設業界で働いていた。[26]小泉が改革の第一弾として進めようとしたのは、借金体質や無駄遣いが問題視されていた道路公団（日本道路公団を含めた道路関係四公団）の民営化である。道路公団は財政投融資を通じて、主に郵便貯金などの資金を利用して高速道路を作っていた。自民党内の「道路族」と呼ばれる議員たちは民営化に強く反対し、政府との間で激しい論戦が繰り広げられた。道路族の多くは、巨大な利権が生じる建設事業を誘致し、それによって地元有権者の支持を集めることで議席を確保していたからである。そして彼らを裏で支えているのが、強大な権限を有する国土交通省であった。小泉が道路公団民営化の旗頭に任命した人物は、この強敵についてこんな感想を述べた。「戦前の日本に帝国陸軍がいたように、今の日本には国土交通省がいます」[27]

無駄な支出をカットするという小泉の政策によく似た取り組みは、一部の県知事によっても行なわれており、中でも最も知名度が高いのが長野県の田中康夫《たなかやすお》知事であった。長野は日本アルプスに囲まれた絵のように美しい地域で、乱開発を否定する「脱ダム」宣言を行なった田中は、県議会の不信任決議を受けて自ら失職し、出直し選挙に打って出る。田中は県政の透明性をアピールするために「クリスタルルーム」として知られるガラス張りの知事室を設けたり、どこまで関連性があるのかは疑問だが、自身の慌ただしい性生活を『ペログリ日記』という日記風コラムで公開したりしていた。「私の『脱ダム』宣言は環境保護だけでなく、税金の正しい使い道に関する問題提起でもあります」と彼は言った。「建設には巨額の費用がかかるというのに、その大半はゼネコンの懐に入るだけだからです」[28]。その後、田中は大きな話題を呼んだ出直し選挙で再選を勝ち取ったが、すべての長野県民が彼の歳出削減策を歓迎したわけではなかった。ある野菜農家は「もう顔を見るのも嫌です」と抗議の姿勢を示した。「農家や建設現場の作業員も含めて、多くの人たちが職を失い、夜ごと枕を濡らしているのです」。小泉自身の人気はいまだに衰えていなかったが、そのさまざまな改革に関しても同じように異を唱える声が浮上し始めていた。

だが小泉は意に介さず、わが道を突き進んだ。公共事業費の削減は少しずつ成果をもたらしていたが、それ以外にも年金支給額をカットし（高齢化社会の日本ではかなり物議を醸した）、医療費自己負担率を引き上げ、地方交付税を削減した。しかし少なくとも当初は、これだけでは小泉が公約したレベルにまで国債発行額を引き下げるのに十分な額とはならなかった。結局、政府は小泉が目標とした三〇兆円の上限を守れず、二〇〇三年度の国債発行額は三六兆円以上に達したのである。それでも多くのエコノミストは、それ自体は悪いことではないと主張した。近年、欧米諸国では、緊縮財政政策と財政支出重視のケインズ政策のどちらが景気後退を解決するのに有効かをめぐる論争が起きているが、小泉政権下で噴出した議論は、ある意味でそれを先取りしていた。一部専門家は、いまだに投資に及び腰で財布のひもを緩めようとしない民間部門に代わり、政府が歳出を増やす必要があると主張した。実際に小泉も政権初期には、「改革には痛みが伴う」の掛け声の下で公約した国債発行額の削減は実現できず、かえって増やす結果となった。景気回復が進み、企業部門が利益を増やして税収が拡大するようになって初めて、国内経済への弊害を恐れずに歳出を減らせるようになったのである。最終的には、小泉は政権末期までに財政赤字をＧＤＰの八・二％から六％にまで収縮させることに成功した。[29]

小泉改革が最後の目標に定めていたのが規制緩和であった。竹中のようなサプライサイド経済学者は、供給が増えれば需要は自動的に増えると考え、経済成長を促すには経済活動

（つまり供給）の足かせとなっている規制を解除して、抑制された企業家精神を解放する必要があると主張したのである。これは小さな政府を目指し、いわゆる「ゾンビ企業」を延命させずに淘汰されるままにすることを意味した。それはまた、労働者派遣法の改正や、自らの権限が規制によって強化されることを好む官僚の権力を抑制することをも意味していた。だが小泉の威勢のいい掛け声とは裏腹に、なかなか進展は見られなかった。小規模で象徴的な成果はいくつか上げてはいたものの、農家やエネルギー産業といった巨大な既得権益者たちはほとんど無傷のまま切り抜けたのだ。小泉が正面から取り組んだ規制緩和策の一つに、風邪薬などの一部の医薬品を薬局だけでなく一般小売店でも販売できるようにしようというものがあった。医療界は安全性への配慮だけでなく、金銭的なメリットからも医薬品の処方を管理したいと考えていたので、その強力な支配に小さいながらも風穴を開ける結果となった。小泉政権で内閣官房長官を務め、後に首相にも短期間就任することになる福田《ふくだ》康夫《やすお》は、[30]風邪薬をめぐる勝利は小泉の規制緩和政策の最大の業績であると私に語ったことがある。確かに多忙で病院に行く暇もない何百万人もの会社員にとっては便利な制度かもしれない。だが、それが驚異的な高度成長の起爆剤になるとは到底思えなかった。

　規制緩和が容易に進行しないことが明らかになると、小泉は新たに「構造改革特区」の制度を設け、指定された地域では既存の規制が特例として大幅に緩和されるように図った。それは社会主義国の中国において経済発展を一気に加速させた「経済特区」を彷彿とさせたが、そこまでの劇的効果をもたらすことはできなかった。南日本の先進的な大都市である福岡市は、この制度を活用して公道におけるロボットの歩行実験を実施するという斬新な計画を発表した。福岡は隣接する北九州市とともに日本におけるロボット開発事業の一大拠点となっていたため、市当局はこの産業の発展を後押ししたいと考えたのである。「現在のところ、交通や無線通信の規制に阻まれて、歩道や街頭でロボットを走行させることはできません」と当時の福岡県知事は熱心な口調で私に説明した。「そこでこうした実験が可能になるように、政府に規制緩和を求めているのです」[31]。ロボット実験の自由化も、買いやすくなった風邪薬と同様、日本経済が不況から抜け出す決定打になるとは思えなかった。それでも、構造改革特区の認定申請は続々と提出され、提案件数は少なくとも六五〇件に達した。医療分野では病院が治療に関する規制緩和を求め、教育分野では全授業を英語で行ないたいと希望する学校があった。長野県の農家は日本酒の醸造許可を求めた。だが、そもそもこれらの行為に許可が必要であることを意外に思う人たちもいたようだ。また、提案の中には全国的なブームを呼びそうなものはほとんど含まれていなかった。

　小泉はもっと実際の役に立ちそうではあるが、さらに反発を呼びそうな改革にも着手した。中でも最も広範な影響を及ぼしたのが労働者派遣法のさらなる改正で、正社員（多くは終身雇用）を採用するケースがほとんどだった大手メーカーも含め、企業がより多くの派遣社員を雇いやすくしたのである。こうした政策は日本企業の競争力を高める効果があったと称賛される一方で、所得格差を拡大する要因になったという非難の声を招いた。「このまま貧富の格差が広がれば、アメリカ的な社会になってしまいますよ」と二五歳の金子《かねこ》隆介《りゅうすけ》は私に言った。金子は不動産営業で生計を立てているミュージシャンで、かなり強い危機感を覚えているようであった。「このまま行けば、日本は不幸な時代を迎えるでしょう」[32]。竹中自身は、小泉が急進的な経済改革によって日本社会を破壊したという批判に困惑を隠せない様子だった。「まだやり残したことがいっぱいありました」と小泉政権の「経済政策の大御所」だった人物は、何年か後に私に語った。「もっと多くのことに手をつけるべきだったという批判であれば、私も甘んじて受けましょう。でも多くの人たちは、小泉政権は改革をやりすぎたと批判しています。私にはそれが不思議に思えて仕方がないのです」

だが、たとえ小泉の経済改革に不十分な面があったとしても、「政治経済学」的な観点からは注目すべき成功を収めたと言えるだろう。中でも潜在的に最も広範な影響を及ぼす可能性があり、激しい議論を呼んだのが政治と経済が複雑にからみ合った郵便局の改革、つまり「郵政民営化」であった。郵便局とは、言ってみれば巨大な国有の貯金箱であり、有権者に人気のある公共事業などの原資を調達するために、長年にわたって自民党の手軽な資金源として利用されてきた。小泉にとって、それは唾棄すべき金権政治の肥大化した象徴そのものであった。

郵政民営化とは何だったのか

二〇〇五年の秋、すでに政権五年目に突入していた小泉は、国民をあっと言わせる行動に出た。郵政民営化を推進させるためという、まさかと思われるような理由で衆議院を解散し、総選挙に打って出たのである。その年、政府は全国津々浦々にある二万四〇〇〇ほどの郵便局の機能を四分割し、それぞれの事業を民営化する法案を議会に提出した。法案は衆議院を僅差で辛うじて通過したものの、自民党議員から大量の造反者を出し、参議院で否決されてしまった。造反議員たちは、地域に密着し、国民に愛される郵便制度の現状維持を望んだのである。小泉は彼らに対し、「刺客」を放つことでそれに答えた。その大半は女性であり、しかも目を引く美人ぞろいだった。小泉はかつて、自分の意思に従わなければ「自民党をぶっ壊す」と豪語したが、その言葉通りに造反議員の選挙区に次々と女性の対立候補を送り込んだ。マスメディアは面白がって彼女たちを「くノ一候補」と呼んだ。プロの政治家たちの「抹殺」を命じられた「刺客」の大半は、各界から選び抜かれた著名人やタレントたちで、元「ミスコン」優勝者と噂された女性官僚、女性ニュースキャスター、それに米カリスマ主婦のマーサ・スチュワートのようにテレビで名前を売った美人シェフ（マーサと違って犯罪歴はなかった）などが名を連ねていた。

小泉が衆議院を解散すると言い出すと、党の重鎮たちは政治的な自殺行為に等しいとこぞって反対した。だが長年の野心であった郵政民営化を造反議員らに阻まれた小泉の怒りは収まらなかった。衆議院を解散して時の運に賭けるのは、彼なりの復讐の方法だったのである。野党の民主党は思わぬ幸運に喜び、政権交代の準備に取り掛かった。確かに、当初の世論調査の結果は小泉の率いる自民党が惨敗する可能性を示唆していた。郵政民営化の支持派も造反派も、自らの議席を失うだけでなく、自民党そのものが崩壊するかもしれないことに恐れおののいていた。自民党が下野するようなことがあれば、半世紀にわたってほとんど中断せずに維持されてきた長期政権に終止符が打たれることになる。小泉は極めて精力的に選挙運動を展開した。選挙応援で全国を駆け巡り、しわがれる一方の声を振り絞って自らの政策の正しさを訴えたのである。東京の蒲田駅前で演説した時には、聴衆をこんな風に挑発した。「この選挙の争点は郵政民営化です。賛成か反対か、はっきりと国民の皆さんに答えていただきたい」[33]。また別の時にはこんな大見得を切ったこともある。「郵政民営化のためなら殺されてもいい」[34]

小泉は国民に積極的に語りかけることで、政治家の影響力を強化したいと考えていた。日本の官僚はあまりにも有能で強大な権限を持っていたために、政治家たちは長年にわたり、脇役扱いされることに甘んじてきた。かつてイギリスのBBCで放送された政治コメディードラマ『イエス、ミニスター（かしこまりました、大臣）』では、弁舌さわやかで驚くほど悪知恵が働く高級官僚のサー・ハンフリーが上司であるはずの政治家たちを煙に巻く様子が面白おかしく描かれている。大好評を博したこのドラマと同様、日本の政治家たちも実質的には官僚の表看板に過ぎないと考えられてきた。日本に着任したばかりの外国特派員は、ベテランの日本通から政治ネタの取材は時間の無駄だと忠告されることがある。なぜかというと、重要な決定はすべて官僚組織の奥深い場所で下されているからだというのである。だが、この見方は若干誇張しすぎのところがある。日本の政策はこれまで常に官僚、政治家、そして実業界の間の複雑に入り組んだ駆け引きによって成立していたからだ。小泉の業績は（ロ先だけのまやかしの部分と実際に成果を上げた部分が半々といったところだが）政策決定プロセスを従来よりも開かれたものにしたことにあった。戦後日本の歴史で最も劇的な選挙の一つとなった二〇〇五年の総選挙は、郵政民営化という表面的には極めて無味乾燥なテーマを最大の争点として展開された。あなたは賛成か、それとも反対か。小泉は有権者に選択を迫ったのである。

だが郵政民営化に取りつかれていた小泉にとって、それは無味乾燥なテーマからは程遠かった。彼にとって郵便局は、現代日本のすべての欠点や不具合を象徴する存在だったのである。郵便制度の創設は明治維新の時代にまでさかのぼる。国家統一の手段を模索していた新政府の指導者層は、全国均一の料金でサービスを提供するイギリスの郵便制度に注目した。政府は裕福な商人層に郵便局の建設用地を寄贈するよう要請した。一方、かつてのサムライたちは明治政府の近代化政策の一環としてまげを切り、刀も没収されたが、中には郵便局長の仕事を与えられた者もいた。彼らはかなり高額の給料を受け取り、税金を免除されただけでなく、局長の座を封建時代のように世襲することが許された。これらの特権は現代に至るまで、基本的に受け継がれている。郵便局の影響力が最も大きい農村部はもちろん、東京の中心部においてさえ三代目や四代目が郵便局長を務めているケースは少なくない。

郵便物の配送は郵政事業の一部に過ぎなかった。郵便局は、徐々に日本で最大の貯蓄銀行〔郵便貯金〕であると同時に、簡易保険を提供する保険会社へと変貌を遂げていったのである。二〇〇五年には、郵貯と簡保の合計額は三六〇兆円という驚異的な数字に達していた。

これは戦後からずっと倹約に励んできた一般世帯が保有する膨大な個人金融資産の約四分の一に当たる。つまり見方によっては、実質的にシティバンクの倍以上の規模を誇る世界最大の金融機関が誕生したと言うこともできる。膨大な郵貯残高は、経済政策の立案当局者たちにとって途方もなく魅力的であった。彼らはその資金をえり抜かれた産業に投資した。一方、自民党は「財政投融資」を活用する各種の政府関係機関や特殊法人を通じて、郵貯資金が公共事業に回るように仕向けた。財政投融資とは、使途に対するチェック機能が働かない「第二の国家予算」で、小泉が廃止しようとしていた制度である。要するに、郵便貯金は自民党議員を再選させるための「集票マシン」に不可欠な潤滑油にほかならなかった。しかも郵便局の正規職員数は二八万人もおり、総計では陸海空の自衛隊さえ上回っている。自民党にとっては大半が固定票として期待できるだけでなく、友人や家族なども含めた大票田を形成していたのである。

その結果、郵便局は小泉が破壊すると公約した金権政治の温床となっていた。それは「聖域なき構造改革」が標的とした中でも最大の聖域と言ってよかった。小泉内閣の参謀たちは、郵政民営化が実現すれば、それまで抑圧されてきた市場の力が解放され、膨大な郵貯資金は官僚や政治家の恣意的な判断ではなく、市場原理によって分配されるようになるはずだと主張した。また、国の支配下にある「貯金箱」を廃止すれば、政府も財政健全化に向けた努力を余儀なくされるはずである。小泉にとって郵政民営化は、それ自体が目的というだけでなく、旧態依然の体制を破壊するという強固な決意の象徴でもあった。私は小泉のしゃれた執務室で、このテーマについてインタビューしたことがある。その時、彼は郵政民営化とは、難攻不落の中世の要塞を攻め落とすようなものだと語った。「大坂城は、周囲を堀に囲まれています」と彼は謎めいた微笑を浮かべながら言った。「本丸を攻撃するには、まず外堀を埋めなくてはなりません。内堀を攻撃するのはそれからです。郵政事業は外堀なのです[35]」

だが自民党内の造反組も含め、抵抗勢力にとって郵便局は「外堀」をはるかに超える存在であった。全国二万四〇〇〇ヵ所の郵便局には極めて重要な社会的役割があるのだと彼らは主張した。とりわけ若者に見捨てられ、高齢者だけが取り残されたような僻地《へきち》ではなくてはならない存在なのだと。私はある時、山地の多い山形県を電車で訪れ、冬になると何メートルもの豪雪におおわれるような地域を見て回ったことがある。ある仕事熱心な四二歳の男性郵便局員は、その厳しい環境の過疎地でたった四世帯に一時間もかけて郵便を配達していた。家と家の間が離れているので、赤と白の郵便バイクに乗って回ってもそれだけの時間を要するのだという。担当地域全体でも一五世帯しか住んでおらず、ほぼ全員が高齢者で一人住まいの老人もいる。そのため彼は寄ったついでに必ず顔を出して、調子はどうですかとか、必要な物があれば買ってきましょうかなどと声をかけるようにしていた。この町の町長は、小泉の郵政民営化は社会の基本となる人と人とのつながりを壊してしまうだろうと語った。

「この辺の地域の郵便局員は福祉担当者に近い存在です。町に歩いて行けないお年寄りたちは、郵便局員が訪ねてきて『おばあちゃん、今日は何か困ったことはありませんか?』と呼び掛けてくれるのを楽しみに待っているのです[36]」

郵便局に批判的な勢力にとっては、僻地における配達人の仕事は恐ろしいほどの金の無駄遣いであり、今の日本には許されないぜいたくであった。反対に、支持者にとっては必要不可欠な公共サービスにほかならず、思いやりのある福祉社会の本質がそこに表れていた。都会においてさえ、郵便局はその信頼性の高さゆえに市民に親しまれ、愛されてきた。小泉が民営化方針を発表した年、郵便の誤配率は一〇〇万件に一一件という驚異的に低い数字を記録した。これに対し、イギリスにおける誤配率は一〇〇万件に七〇〇〇件もあった。[37] ある郵政事業の専門家は、民営化にまつわる議論について次のように分析している。「郵政事業の圧力団体などに代表される考え方は国家的父権主義《パターナリズム》、非公式な社会福祉、リスク回避、それに予測可能性に重点を置くものです。それに対して、［小泉らが支持する］もう一つの考え方は、グローバリゼーション、小さな政府、そして自己責任のメリットを擁護するものということになります」[38]。自民党の重鎮で、有力な「郵政造反組」の一人である亀井《かめい》静香《しずか》は、さらに過激な表現で相手を批判した。日本という国の美点をすべて破壊しようとしている小泉は、「ヒトラーより最悪だ」とこきおろしたのである。[39]

郵政民営化に関する国民の考えはどうあれ、総選挙は日本全土を興奮の渦に巻き込んだ。小泉はそれを日本が将来進むべき方向性を決める決死の戦いになるだろうと宣言していた。同志社大学のエコノミストで小泉ファンからは程遠い浜矩子でさえ、彼が提示した選択肢を称賛せずにはいられなかった。「これは素晴らしい瞬間です。日本の民主主義が半世紀も前から待ち望んでいたものです」と彼女は私に言った。「この選挙では、国民は自分の考えを明確にすることを求められているので、本気で投票に臨む必要があります。どっちつかずの態度は許されません。日本の政治ではまさに前代未聞の出来事です」

選挙では当然のように、小泉に軍配が上がった。彼が選択肢を明確にした後、世論調査の結果は劇的に変化した。それまで国民がほとんど関心を払っていなかった郵政民営化が、突然最大の争点として浮上したのである。有権者は、小泉がそこまで必死になるならきっと重要なことに違いないと考えたのだ。「改革を止めるな」というスローガンの下、小泉は選挙戦を通じて一度たりとも、野党に彼の選んだ最大の争点から国民の関心をそらすことを許さなかった。膨大な財政赤字、切迫した状況にある年金制度、小泉政権下で発生した外交的な難局などに注意を引こうとする議論もすべて払いのけた。劇場型政治手法の名手である小泉は、選挙の唯一無二の争点は郵政民営化であることを訴え続け、選挙は自民党の地滑り的勝利に終わったのである。投票率もここ数年で最高を記録し、与党は二九六議席を得て自民・公明両党で衆議院の三分の二以上の「圧倒的多数」を獲得した。それは参議院で法案を否決されても再可決できることを意味した。自民党の半世紀以上にわたる歴史においても、これほどの圧倒的勝利は初めての経験だった。

その翌月、議会は郵政事業を郵便事業、郵便局（窓口サービス）、簡易保険、郵便貯金に四分割する関連法案を正式に可決した。二〇一七年度までには郵便貯金事業と郵便保険事業の保有株式を完全処分し、完全民営化を目指すことになったが、何をするにも慎重な日本においてさえ、これはかなり先の話のように思えた。一方、郵便事業と窓口としての郵便局は株式会社化したものの、引き続き政府一〇〇％出資の国有企業として存続することになったのである。小泉が放った「刺客」は自民党の「郵政造反組」から多くの議席を奪い、「小泉チルドレン」と呼ばれるようになった。辛うじて再選を果たした造反議員の中には、復党を目指して自民党にすり寄る者もいた。彼らはプライドを捨て、小泉の憎き法案にも賛成票を投じたのである。一方、小泉をヒトラーにたとえた亀井は、新党を結成して再選を果たした。彼は簡単に脅しに屈するような人物ではなかった。「このまま行けば、日本は終わりになる」と彼は暗い未来を予告した。[40] だが小泉自身はいつもと変わらぬ率直さで「古い自民党をぶっ壊した」[41] と宣言し、政治アナリストたちは、自民党による派閥支配、金権政治、農村重視の政治は終わりを告げたと語った。その代わりに登場したのは、都会の浮動層の動向に以前より敏感に反応し、日本を変革することへの信任を得た新たな自民党であった。もはや議会は小泉の足元にひれ伏したかに思えた。

ところが、まさにこの時点で小泉は戦いに興味を失ったかに見えた。結局、それ以降、政権は郵政選挙の大勝利で沸き上がった高揚感以上のクライマックスを迎えることはなかったのである。首相が選挙で勝ち取った新たな威光を利用して、長年にわたって提唱してきた急進的な規制緩和策や歳出削減を次々に実行していくことを多くの人たちは期待していた。小泉自身も、イギリスのサッチャー政権が実施したような思い切った改革に、今にも着手しそうな思わせぶりな態度を示した。たとえば、総選挙の地滑り的勝利の後で答えたあるインタビューで、彼はこう語っている。「構造改革を支持するという国民の声が確認できました。

もはや立ち止まることはありません。前進あるのみです」[42]。彼はもはや何でも好きなことをやるように、国民から全権委任を獲得したようにさえ思えた。ところが、どうでもいいような一年を過ごした後、小泉は自民党総裁選で再選を目指す意志のないことを表明した。人気の高さから考えて、あと数年間は首相を続けられた可能性があったはずなのに、静かに退場する道を選んだのである。

左派寄りの政治評論家、森田実は、小泉の行動は知的な底の浅さを露呈したと語っている。小泉には偉大なビジョンがあったのに、政治力が欠如していたために、その実現を党内の反動勢力に阻まれてしまったのだというのが世間一般の見方だと森田は私に語ったことがある。だが選挙で圧勝した後の期待外れの行動は、元からビジョンなどなかったことを物語っているという。「小泉は抵抗勢力に戦いを挑むことで、巧みに自らの人気を高めることに成功しました」と彼は言った。「しかし、いざ権力を手中に収めると、かえってそれを持て余すようになったのです」[43]。コロンビア大学の政治学教授、ジェラルド・カーティスは最も鋭い観察眼を持つ日本政治の研究者の一人だが、彼も森田と同意見である。「小泉が郵政民営化の後で何をするかを公言していないのは、改革について明確な目的意識を持っていないからです」と小泉が選挙で圧勝した直後に彼は述べている。「アンコールを求められたら何をすべきか、これから必死に考えることになるでしょう」[44]

結局、アンコールの声が起きる前に、小泉は舞台から姿を消した。まるで人気絶頂期にあえて引退する分別のあったロックスターのように。歌舞伎のように派手なパフォーマンスが身上の「小泉劇場」は、ある意味でその主役にふさわしい大胆な幕切れを迎えたと言えるかもしれない。引退後の小泉はイタリア・オペラを鑑賞したり、あくまでゴシップ雑誌に出ていた話だが、年下の女性たちとの逢瀬を楽しんだりしているという。こうした与太話の大半はまったくの憶測に過ぎないが、ある高級レストランで彼を接待したことがあるビジネスマンが私に語ったところによれば、小泉が話す内容の「六〇%は下ネタだった」という（この数字がどういう計算に基づいているのかは定かではない）。実際のところ、あれだけマスコミの寵児として世間に騒がれた人物であったにもかかわらず、彼の私生活はいまだに謎に包まれている。今の小泉は人付き合いを避け、めったにインタビューに応じたり、公の席で発言したりしない。首相としてあれだけ劇的な日々を送り、熱情あふれる弁論を振るったにもかかわらず、あっけなく公の場から姿を消してしまった。その後は完全に沈黙を守ったままである〔周知のようにその後、二〇一四年二月の東京都知事選で「原発ゼロ」を掲げた細川護熙《ほそかわもりひろ》候補を支持して惨敗した〕。

格差社会の出現

小泉が去った後の自民党は多かれ少なかれ本来の姿を取り戻し、政治も旧来の不安定な状態に戻ってしまった。後継政権はいずれも短命に終わり、彼に匹敵するカリスマ性の持ち主は皆無であった。いずれも党の重鎮らが指名した議員歴が長いだけの人物で、小泉の登場以来、有権者はそういう首相を容認しなくなったという見方は修正を余儀なくされた。国民はまた、小泉の新自由主義《ネオリベラリズム》政策にも背を向けるようになった。二〇〇八年のリーマン・ショック以降、規制を緩和して市場原理にまかせるという考え方は、時代にそぐわなくなっていたのである。国民には小泉という人間や小泉的な強いリーダーシップを懐かしく思う気持ちはあっても、彼の政策を惜しむ人々は多くなさそうだった。とりわけ小泉は貧富の差を広げ、格差社会を作り出した張本人として批判されるようになった。その政策は勝者と敗者が明確に分かれる厳しい弱肉強食の世界を生み出したと指摘する声もある。封建時代の共同体主義的な価値観を現代に復活させたいと願うエッセイストの藤原正彦は、小泉は社会を構成する人々のつながりを破壊したと非難した。「小泉は改革の重要性を何度も繰り返し訴えました」と彼は私に言った。「でも当然ながら、改革が必ずしも改善を意味するとは限りません。それは時に改悪を意味するのです」[45]

確かにこれまで見てきたように、日本で貧富の差がある程度まで広がってきたことは事実である。だがそのペースはたぶん、多くの先進国と比べて遅い方だ。それでも成果主義の導入や、特に正社員の減少のせいで、国民にとって所得格差が拡大したという印象はぬぐえなかった。また格差を表すジニ係数で見た場合、日本の数値はアメリカに匹敵するレベルに迫っているという調査結果もある。だがそのアメリカ社会は、多くの日本人にとって残酷なまでに不平等で、日本の平等主義的な価値観の対極にある存在と言っていい。[46]小泉政権の最後の年、日本経済新聞が「現在の暮らし向き」を尋ねる世論調査を行なったところ、「中流」と答えた割合はたったの五四％で、三七％が「下流」と答えた。つまり、かつてないほど下流意識が高まっているのである。戦後の大半を通じて、日本人の四分の三は一貫して自らを「中流」と位置づけてきた。[47] 小泉政権時代には、三《み》浦《うら》展《あつし》の『下流社会——新たな階層集団の出現』をはじめ、日本における格差現象に関する本が次々にベストセラー入りした。それ以外にも、年収がたった二〇〇万円でも生活していける方法を説いたハウツー本のたぐいが相次いで出版されている。「これまで日本人の多くは、自由競争の原理に基づいた社会よりも、平等な社会が望ましいと考えてきました」と慶應義塾大学の経済学者、樋《ひ》口《ぐち》美雄《よしお》は語っている。「社会的・経済的格差が広がっているという調査結果に、国民はショックを隠せないでいるのです」[48]

　小泉の政策にもわずかながら格差拡大の一因になった部分はあるかもしれない。たとえば、医療制度改革で患者の自己負担率が引き上げられた結果、生活が苦しくなった世帯があったことは間違いないだろう。また労働市場のさらなる自由化によって製造業に派遣労働が解禁されたため、賃金や社会保険料が低く抑えられる非正規労働者が増加し、生活保護受給者数も記録的なレベルに達した。小泉はまた、都市部から吸い上げた金を農村部にばらまくという自民党の伝統的な手法を廃した。その際、公共事業や地方交付税を削減する過程で、結果的に孤立した農村部と富が集中する巨大な大都市圏との間の格差をさらに悪化させてしまった可能性もある。だが実際には、彼の政策が状況を大きく変化させたとは考えにくい。というのも小泉は主として、すでに進行しつつあるトレンドをうまく捉えたに過ぎなかったからである。一九九〇年代に不況に陥った日本経済は、製造業主体から知識集約型産業構造への転換を加速させていた。確かに小泉の顧問の中には、旧来の父権主義的《パターナリスティック》で「社会主義的」な政策に終止符を打ち、新たに個人の責任を重視し、もっと努力が報われる社会を作り出すことを提唱した人たちがいた。それでも小泉政権が誕生するよりも何年も前から、すでに格差は拡大しつつあったというのが紛れもない事実なのである。世界的な潮流の変化、とりわけ二〇〇一年に中国が世界貿易機関（WTO）に加盟したことで、同国の億単位の労働力人口が世界の自由貿易体制に取り込まれたことも大きな要因として働いていた。世界中で中間層の生活が、じわじわと圧迫されつつあるのだ。小泉と親しい関係を築いてきた著名な政治家の小池百合子《こいけゆりこ》は、貧富の格差が拡大しているという考えに取り合おうとしなかった。「資本主義社会の中では、日本はほとんど社会主義国に近い存在です。日本における格差は一〇〇分の一インチに過ぎません」。彼女はそう言うと、きれいにマニキュアを施した親指と人差し指を近づけて、あるかないかの隙間を作って見せた。これと比べて「世界の他の国々、とりわけロシアや中国における格差は地球から月までの距離くらいあります」[49]

一九八二年から八七年まで総理大臣を務めた中曽根康弘は、日本の指導者としては過去三〇年間で小泉に匹敵する影響力を誇った唯一の政治家である。中曽根は、小泉改革はやりすぎたというより、むしろやり残したことが多かったという竹中の意見に同意した。私は、衆院選比例区の七三歳定年制導入によって、小泉に引導を渡された直後の中曽根に会いに行ったことがある。年長者にもう年だから引退しろと迫るのは何とも非日本的なやり方だが、小泉はそうすることで目の上のこぶとなっていた保守派の長老たちを一掃しようと考えたのだ。

当時、議員歴六〇年の中曽根は八五歳になっていた。彼は威厳をおとしめられたことにいまだに怒りが収まらない様子で、現在の心境を表すために自作の俳句を私に披露した（「まつりごとさだめきびしく秋深し」）。小泉は単なるエンターティナーで、重々しさに欠けると彼は言った。「［彼の］改革はただのスローガンに終わりました」。中曽根は自らの業績である国鉄分割民営化を例に挙げ、こちらの方が郵政民営化よりもはるかに意味のある改革だったと胸を張った。「私は政治の本道というのは憲法改正、教育、社会保障、財政改革、そして外交、とりわけ他のアジア諸国との関係にあると考えています」と彼はその時に語っている。「［小泉］は、国が直面している本質的な問題よりも、さほど重要ではない取り組みに気を取られて横道にそれてしまう傾向があると批判されていました。私は、その指摘は十分に根拠のあるものだと思います」[50]。小泉に厳しい視線を注いできたのは中曽根だけではない。大言壮語が止まらない彼を「NATO《有言不実行》（No Action Talk Only）」と呼んで揶揄《やゆ》する向きもあった。

「日本のオバマ」がたどった運命

派手な隈取《くまどり》で大見得を切る歌舞伎役者のように、小泉は何よりも大向こうをうならせることに喜びを覚えた。道路公団民営化に際しては委員会をメディアに公開し、テレビも入ったために、多額の補助金が放漫経営で浪費されている実態などが白日の下にさらされた。一方、批判派は公団民営化そのものが見せかけだけの茶番に過ぎないと主張した。だが小泉のもくろみは、派手な演出によって公団が浪費の温床となっている実態を国民の目にさらし、激しい憤りを引き起こすことにあった。それこそが彼の政策であった。こうして国民の関心を引き、世論を盛り上げることで「改革」への意欲を高めようというのだ。つまり、小泉をエンターテイナーと呼ぶのは必ずしも批判になっていないかもしれない。なぜなら、その資質は政治家としての彼にとって最大の武器であったからだ。

東京大学の経済学部教授で、政府の経済財政諮問会議で民間議員を務めたこともある伊藤隆敏は、小泉のリーダーとしての能力を称賛している。「小泉の活躍は素晴らしかったと思います。政治家に強いリーダーシップがあればどこまでのことが可能か、そして国民の支持を得るにはどうすればいいのかを、彼は示してくれました。……私は、今でもあれは歴史的に良い時代だったと思っています」。伊藤もまた中曽根と同様、小泉の急進的な改革には不十分な面があったと考えていたが、首相としてカリスマ性を存分に発揮し、国民の士気を鼓舞した点を高く評価していた。「過去二〇年間、楽観できる要素がほとんどない中で、国民はようやく回復の可能性を信じられるようになり、長いトンネルの向こうに光を見出したのです」と彼は言った。「そうした楽観的な見方が可能だったのは、小泉政権の間だけでした」[51]

小泉内閣で環境大臣を務めた小池もまた、彼のおかげでこの国は確かな方向感覚を取り戻したと考えている。「指導者というのはまず決定を下し、それに従って行動するように人々を説得する必要があります」と彼女は言った。「もはやあらゆることを全会一致で決めるような時代は終わっているのです」[52]。秘書官として小泉の策士を務めた飯島も、ほとんど同じような感想を述べている。「過去数十年間で初めて、トップダウンで権威を行使しようとする首相が現れたのです」と彼は私に言った。小泉はまた、日本の財政赤字について真剣に考えた初めての総理大臣でもあると彼は主張した。「小泉については、あることないことを言い触らす人が少なくありません。経済問題に疎いとか、財政や金融政策について無知であるとか」。だが小泉が確実に理解していたことが一つあると飯島は私に言った。「それは、日本が世界最大の債務国であるという事実です。今のように金をじゃぶじゃぶと垂れ流すのはもうやめにしなくてはなりません。蛇口を閉める潮時なのです」。だが小泉が端緒を開いた改革は、彼の辞任後に実現を阻止されるか方針を覆されるケースさえあったと、小池も含め、多くの識者は指摘している。京都に拠点を置く企業経営者で、私の友人の武田《たけだ》一平《いっぺい》も、小泉のさまざまな改革は種をまいただけで、大事に育てて成長させるまでには至らなかったと語っている[53]。

小泉は過去三〇年間の歴代首相の中で最もずば抜けた政治家であり、おそらく真に高い国際的評価を受けた唯一の例と言っていい。彼が約束した「変化《チェンジ》」を国民が信じたことも含めて、多くの点で「日本のバラク・オバマ」とも言うべき存在であった。問題は、日本の国民が自分の望む変化が何か必ずしもわかっていなかったことと、小泉自身も常に良い結果をもたらせるとは限らなかったことである。小泉もまた、自ら変化をもたらす主体というよりは、すでに進行中の構造的変化の一兆候に過ぎない面があった。バブル崩壊、冷戦の終結、そして国際的な競争激化によって、日本はかなり前から社会的な激変の時代に突入しつつあった。小泉はこうした新たな現実を正しく認識し、それにどう対応すべきかを極めて雄弁に表現することで、政治家として抜群の切れ味を見せたのである。「一九九〇年代以降の日本は、すっかり様変わりしてしまいました」とコロンビア大学のジェラルド・カーティスは二〇一一年一〇月に私に語っている。「小泉はこうした社会変動の波にうまく乗っかったのです」『ジャパン・アズ・ナンバーワン』で三〇年前に日本人の士気を鼓舞したエズラ・ヴォーゲルは、小泉が過激な改革で過去と決別しようとしたにもかかわらず、日本は依然として政治的な過渡期にあると私に語った。彼の考えによれば、日本はいまだに持続可能な新たなシステムを構築できていないという。「この国は、長期的視野に立って効率的に問題に対処できる政治システムを必要としています」[54]と彼は言った。「一九九〇年代に戦後の政党政治が崩壊したことにより、この継続性に終止符が打たれてしまいました。それ以来、日本は適切な政治システムを構築して元の状態に戻すことができずにいるのです」

改革の柱であった郵政民営化がその後たどった運命は、変化を実現しようとした小泉の試みが最終的には失敗に終わったことを象徴している。辞任した後、彼があれほどの情熱を注いで勝ち取った法案は、格差拡大の弊害や思いやりの欠落した社会の象徴と化してしまった。「［小泉政権時代には］社会から落伍者を出さないようにする昔のやり方を否定しようとする強い力が働いていました」と浜矩子は語っている。彼女も二〇〇五年の総選挙の際には、期待を表明していた一人であった。小泉後の日本は、あらゆる人々を包み込んで脱落させせない社会に回帰する方法を模索し始めたのだと彼女は言った。人々がそこに求めるのは市場経済という「弱肉強食の世界からの保護」であるという。だが郵政民営化が行きすぎた新自由主義の象徴になっていたとしても、二〇一二年には議会が方向修正に踏み切り、それにストップをかけた。郵政民営化法の改正案が可決され、株式の売却期限が削除されたのである。つまり理論上は、国有企業の状態がこのまま永続する可能性もありうるということだ。小泉支持派にとっては、この改正案は民営化法を骨抜きにするもので、政治家たちに小泉の言う「痛みを伴う改革」を最後までやり抜く覚悟がないことが露呈した形となった。一方、反小泉派には、これでようやく小泉の非日本的な新自由主義的発想に引導を渡せたという思いがあった。改正案に反対した一握りの議員の中には、当時三一歳の小泉進次郎《しんじろう》の名前もあった。進次郎は元首相の次男で、地元横須賀市に地盤を持つ小泉家四代目の衆議院議員である。父親と同様、スタイリッシュで端正なルックスを持つ彼は、八〇年前に郵便を管轄する逓信省で「入れ墨大臣」として知られた小泉又次郎のひ孫でもある。元首相は大坂城の「本丸」を落とすのは一筋縄ではいかないと語っていたが、やはりそれは想像を超える難事であった。

（以下下巻）

索　引

＊「-」は該当項目の話題が続いていることを示す。
＊現代の国名は頻出するため立項していない。

■く

■け

■こ

■す

■せ

■ま

■み

■む

■め

■も

■わ

原　註

・邦訳のある文献については、邦題を（　）内に記した。文献の詳細に関しては、下巻巻末「主要参考文献」を参照。
・文献の参照・引用ページは、原書のページ数を指す。
・〔 〕は訳者による註を示す。

まえがき

(1) Pico Iyer, 'Now is the Season for Japan', *New York Times*, 22 March 2012.
(2) 筆者によるインタビューより。2011年5月、ボストンにて。
(3) 著書内に引用。 Kenneth Pyle, *Japan Rising*, pp. 320-21.
(4) Yoshio Sugimoto, *An Introduction to Japanese Society* (2nd edn), p. 13.
(5) Iyer, 'Now is the Season for Japan'.
(6) 山崎正和へのインタビュー記事。 'Live life to the full, knowing that it is fleeting', *Asahi* newspaper, 14 March 2012.

第1章　津　波——二〇一一年三月一一日、陸前高田

(1) Joshua Hammer, *Yokohama Burning*, p. 62.
(2) 'The Genius of Japanese Civilization', *The Atlantic Monthly*, vol. 76, no. 456 (October 1895), pp. 449-58.
(3) Hammer, *Yokohama Burning*, p. 64.
(4) Kenneth Change, 'Quake Moves Japan Closer to US and Alters Earth's Spin', *New York Times*, 13 March 2011.
(5) Ibid.
(6) 筆者によるインタビューより。2012年6月、陸前高田にて。
(7) European Space Agency, 9 August 2011, http://www.esa.int/esaEO/SEMV87JTPQG_index_2.html
(8) 筆者が陸前高田の住人、及川裕敏《おいかわひろとし》から直接聞き取った証言より。2011年8月。
(9) 筆者によるインタビューより。2011年8月、陸前高田にて。
(10) Robert Mendick and Andrew Gilligan, *Sunday Telegraph*, 20 March 2011.

(11) Michael Wines, 'Japanese Town Still Hopes as Reality Intrudes', *New York Times*, 22 March 2011.
(12) 筆者が佐々木一義から直接聞き取った証言より。2011年8月、陸前高田にて。
(13) 筆者によるインタビューより。2011年8月、陸前高田にて。
(14) Carl Hoffman, 'Lessons from Japan', *Popular Mechanics*, 1 August 2011.
(15) Gordon Fairclough, 'Hope of the Lone Pine', *Wall Street Journal*, 9 July 2011.

第2章　逆境をバネにする――被災地をゆく

(1) 'Japanese Emperor: I am Praying for the Nation', *Korea Herald*, 17 March 2011.
(2) 一般財団法人日本再建イニシアティブ（RJIF）による調査・検証報告書より。次の記事より引用。Martin Fackler, 'Evacuation of Tokyo Was Considered after Disaster', *International Herald Tribune*, 29 February 2012.
(3) Ibid.〔一般財団法人日本再建イニシアティブ・ホームページ「ヒアリング内容公開　枝野経済産業相（前官房長官）」より。http://rebuildjpn.org/wp/wp-content/uploads/2012/07/3b328846ead37ec0bd01e9b8a83db762.pdf〕
(4) Tyler Brule, 'Tokyo with the Dimmer Switch On', *Financial Times*, 19 March 2011.
(5) Hiroshi Fuse, 'Saga Over Using Firewood from Tsunami-hit Area in Kyoto Bonfire Shows Cultural Gap', *Mainichi Daily News*, 20 August 2011.

第3章　島国であることの意味――日本人論の虚実

(1) 筆者によるインタビューより。2009年1月、ロサンゼルスにて。
(2) Jared Diamond, *Guns, Germs, and Steel*（『銃・病原菌・鉄』), pp. 426-49参照。
(3) 筆者がダライ・ラマの伝記作家ピコ・アイヤーから直接聞き取った証言より。2012年3月、奈良にて。
(4) ある意味では、日本文化は他の文化よりも海外の影響を吸収して自国のものにしてしまう能力が劣っていると言えるかもしれない。ドナルド・キーンが主張しているように、英語圏の人間は「ロボット」という単語をほぼ例外なくチェコ語から派生したものであることを知らずに使用している。だ

が外来語をカタカナで表記する日本語では、その語源が海外にあることは永遠に一目瞭然のままだからだ。詳細に関しては次の著書を参照。Donald Keene, *Seeds in the Heart*（『日本文学史』）, p. 10.

(5) 2011 年 9 月から 2012 年 12 月まで内閣総理大臣を務めた野田《のだ》佳彦《よしひこ》は、自虐的な発言によって自らへの期待値を下げることを得意とした。

(6) 2006 年に広島平和記念資料館を訪問した際に筆者が目にした説明文より。また、別の苦悩を抱えた神風特攻隊のある若きパイロットは、日本の敗戦を予感して、祖国とおそらくは自らの運命を「俎上《そじょう》の鯉」にたとえた。この佐々木八郎という青年は、22 歳で特攻に出撃して戦死している。佐々木の言葉は次の著書から引用した。Emiko Ohnuki-Tierney, *Kamikaze Diaries: Reflections of Japanese Student Soldiers*.（『学徒兵の精神誌：「与えられた死」と「生」の探求』）

(7) Joji Mori, *Japanese–Self-portrait of a Shell-less Egg*.（『日本人＝〈殻なし卵〉の自我像』講談社現代新書、1977 年）

(8) 'Nippon: Japan Since 1945', BBC documentary (conceived and written by Peter Pagnamenta), 1990.

(9) Karel van Wolferen, *The Enigma of Japanese Power*（『日本／権力構造の謎』）, p. 348.

(10) David Pilling, '. . . And Now for Somewhere Completely Different', *Financial Times*, 15 February 2008.

(11) Pico Iyer, 'Now is the Season for Japan'. *New York Times*, 22 March 2012.

(12) Alan Macfarlane, *Japan Through the Looking Glass*, p. 197.

(13) 筆者によるインタビューより。2003 年 9 月、京都にて。

(14) Macfarlane, *Japan Through the Looking Glass*, p. 220.

(15) Gavan McCormack, *Client State: Japan in the American Embrace*（『属国：米国の抱擁とアジアでの孤立』）, p. 8.

(16) John Dower, *Embracing Defeat*（『敗北を抱きしめて：第二次大戦後の日本人』）, pp. 278-9.

(17) McCormack, *Client State*（『属国』）, p. 13.

(18) Diamond, *Guns, Germs and Steel*（『銃・病原菌・鉄』）, pp. 426-49.

(19) テンプル大学のジェフ・キングストンの筆者へのコメントより。2007 年 7 月、東京にて。

(20) Andrew Gordon, *A Modern History of Japan*（『日本の 200 年：徳川時代から現代まで』）, p. 65.

(21) Sugimoto, *An Introduction to Japanese Society* (2nd edn), p. 62.

(22) 'Japanese Author Murakami Wins Jerusalem Prize', Agence France

Presse, 16 February 2009.
(23) 筆者による電話インタビューより。2008年1月。

第4章「脱亜《だつあ》」への決意——日本外交のルーツ

(1) 1825年に江戸幕府が発令した異国船打払令に含まれていたキリスト教の呼び名。次の著書より引用した。Marius Jansen, *The Making of Modern Japan*, p. 266.
(2) McCormack, *Client State.*（『属国』）
(3) Ian Buruma, *Inventing Japan: From Empire to Economic Miracle*（『近代日本の誕生』）, p. xi.
(4) Kenneth Pyle, *Japan Rising: The Resurgence of Japanese Power and Purpose*, p. 107.
(5) 筆者によるインタビューより。2011年4月、シアトルにて。
(6) 筆者によるインタビューより。2011年10月、東京にて。
(7) George Sansom, *A History of Japan to 1334*, pp. 14-15.
(8) Ibid., p. 63.
(9) Ibid., pp. 51-9.
(10) Donald Keene, *The Japanese Discovery of Europe, 1720-1830*（『日本人の西洋発見』）, p. 27.
(11) Andrew Gordon, *A Modern History of Japan*（『日本の200年』）, p. 3.
(12) Ibid., p. 19.
(13) アメリカ軍を中心とする連合国軍占領下にあった1945年からの7年間を除く。シャム（タイ王国の旧名）もまた植民地化を免れた。
(14) Marius Jansen, *The Making of Modern Japan*, p. 64.
(15) Ibid., p. 92.
(16) George Feifer, *Breaking Open Japan*, p. 61.
(17) Jansen, *The Making of Modern Japan*, p. 277.
(18) Keene, *The Japanese Discovery of Europe*（『日本人の西洋発見』）, p. 16.
(19) Ibid., pp. 147-52.
(20) Buruma, *Inventing Japan*（『近代日本の誕生』）, p. 6.
(21) Keene, *The Japanese Discovery of Europe*（『日本人の西洋発見』）, p. 21.
(22) 〝穢多〟という制度は今日なお「部落民」への差別という形で影を落としている。ごく最近になるまで、子どもの結婚相手が被差別部落出身者でないかどうか確認するために興信所に調べさせることもあったという。
(23) Keene, *The Japanese Discovery of Europe*（『日本人の西洋発見』）, p. 22.
(24) Ronald P. Toby, *State and Diplomacy in Early Modern Japan*（『近世日

本の国家形成と外交』), p. 225.

(25) Jansen, *The Making of Modern Japan*, p. 205.

(26) Yukichi Fukuzawa, *The Autobiography of Yukichi Fukuzawa* (trans. Eiichi Kiyooka) (『英訳　福翁自伝』), p. v.

(27) Ibid., p. 86.

(28) 当時の浦賀奉行による描写。Feifer, *Breaking Open Japan*, p. 5.

(29) Fukuzawa, *Autobiography* (『英訳　福翁自伝』), p. 109.

(30) Ibid., p. 91.

(31) Feifer, *Breaking Open Japan*, p. 4.

(32) Pyle, *Japan Rising*, p. 78.

(33) Ibid., p. 75.

(34) Ibid., p. 78.

(35) 筆者によるインタビューより。2011 年 5 月、ボストンにて。

(36) Fukuzawa, *Autobiography* (『英訳　福翁自伝』), p. 335.

(37) Kakuzo Okakura, *The Book of Tea*. (『茶の本』)

(38) Buruma, *Inventing Japan* (『近代日本の誕生』), p. 31.

(39) Kenneth Pyle, *The Making of Modern Japan*, p. 87.

(40) Dower, *Embracing Defeat* (『敗北を抱きしめて』), p. 21.

(41) 戦争の犠牲者数の詳しい推計に関しては次の著書が詳しい。John Dower, *War Without Mercy: Race & Power in the Pacific War* (『容赦なき戦争：太平洋戦争における人種差別』),pp. 293-301.

(42) Pyle, *The Making of Modern Japan*, p. 143.

(43) Jonathan Bailey, *Great Power Strategy in Asia: Empire, Culture and Trade, 1905-2005*, p. 128.

(44) Ibid.

(45) Justin Wintle, *Perfect Hostage: Aung San Suu Kyi, Burma and the Generals*, p. 104.

(46) Buruma, *Inventing Japan* (『近代日本の誕生』), pp. 46-7.〔翻訳に際しては、『乃木希典』(大濱徹也著、講談社学術文庫、2010 年) なども参照した〕

(47) Gordon, *A Modern History of Japan* (『日本の 200 年』), p. 132.

(48) Pyle, *The Making of Modern Japan*, p. 164.

(49) Gordon, *A Modern History of Japan* (『日本の 200 年』), p. 170.

(50) Pyle, *The Making of Modern Japan*, p. 187.

(51) Ibid., p. 178.

(52) Donald Keene, *So Lovely a Country Will Never Perish: Wartime Diaries of Japanese Writers* (『日本人の戦争：作家の日記を読む』), pp. 16-7.

第5章　無限級数のように――奇跡の戦後復興

(1) 筆者に語られた回想より。2011年4月、東京にて。

(2) 緒方四十郎は国際関係統括理事を務めたが、これはかつて副総裁のすぐ下の役職であった。

(3) 緒方四十郎が自著『遙かなる昭和：父・緒方竹虎と私』（朝日新聞社、2005年）に基づき、英語で書き残した未刊の回想録より。

(4) 筆者へのコメントより。2002年7月。

(5) Dower, *Embracing Defeat*（『敗北を抱きしめて』), p. 45.

(6) 日米両国が行なったプロパガンダがどのように敵国民に対する見方を変えたかについては、次の著書に秀逸な分析がある。Dower, *War Without Mercy.*（『容赦なき戦争』)

(7) 'Nippon: Japan Since 1945', BBC documentary, 1990.

(8) フィナンシャル・タイムズ紙との昼食会におけるポール・クルーグマンの発言より。2012年5月26日。

(9) 各国間の物価水準の違いを取り除いた購買力平価ベースのGDPでは、韓国はすでに日本に迫りつつある。

(10) Roger Buckley, *Japan Today*, p. 85.

(11) *Grave of the Fireflies*（『火垂るの墓』、1988年公開）

(12) 'Nippon: Japan Since 1945', BBC documentary.

(13) アメリカ軍は日本国民を飢えや栄養失調から救うために食糧の輸送も行なっていた。

(14) Dower, *Embracing Defeat*（『敗北を抱きしめて』), pp. 525-46.

(15) 'Nippon: Japan Since 1945', BBC documentary.

(16) Buckley, *Japan Today*, p. 5.

(17) 'Nippon: Japan Since 1945', BBC documentary.

(18) Ibid.

(19) Michael E. Porter et al., *Can Japan Compete?*（『日本の競争戦略』)

(20) 'Nippon: Japan Since 1945', BBC documentary.

(21) John Nathan, *Sony: The Private Life*（『ソニー　ドリーム・キッズの伝説』), p. 4にある素晴らしい表現。

(22) Ibid.

(23) Ibid.

(24) John Nathan, 'Sony's Boldness Wasn't "Made in Japan"', *Wall Street Journal*, 11 October 1999.

(25) Andrew Pollack, 'Akio Morita, co-founder of Sony and Japanese

Business Leader, Dies at 78', *New York Times*, 4 October 1999.

(26) 山田昌弘の筆者に対するコメントより。2005 年 2 月、東京にて。

(27) 'Nippon: Japan Since 1945' , BBC documentary.

(28) James Abegglen, *21st Century Japanese Management*（『新・日本の経営』), p. 15.

(29) 'Nippon: Japan Since 1945', BBC documentary.

(30) Boston Consulting Group press release, 4 May 2007.

(31) たとえば次の著書を参照。Gavan McCormack, *The Emptiness of Japanese Affluence.*（『空虚な楽園：戦後日本の再検討』)

(32) 部分的には、国内の左派と右派が日米安保やその他の社会問題をめぐって激しく政治対立している現状から国民の注意をそらす狙いもあった。

(33) Buckley, *Japan Today*, p. 73.

(34) 実際には、多くの国が体験したように、先進国に追いつこうとしている発展途上段階より経済が成熟してからの方が何かと苦労することが増えたのであった。

(35) Bill Emmott, *The Sun Also Sets*（『日はまた沈む：ジャパン・パワーの限界』), p. 5.

(36) 'Nippon: Japan Since 1945', BBC documentary.

(37) Ibid.

(38) Pyle, *The Making of Modern Japan*, p. 271.

(39) 筆者とのEメールでのやり取りより。2012 年 8 月。

(40) Stephen Miller, 'He Chronicled the Rise of "Japan Inc" and its Distinct Brand of Capitalism', *Wall Street Journal*, 12 May 2007.

(41) Emmott, *The Sun Also Sets*（『日はまた沈む』), p. 8.

第 6 章　転落の後に――転機としての一九九五年

(1) 尾上縫と彼女の驚くべきガマガエルに関しては、次の 2 本の新聞記事が詳しい。David Ibison, 'What Happened to the Gifted Toad?', *Financial Times*, 30 September 2002; Steve Burrell, 'How a Lucky Toad Spawned a Bank Scam', *Australian Financial Review*, 19 August 1991.

(2) http://www.savills.co.uk/_news/newsitem.aspx?intSitePageId=72418&in tNewsSitePageId=116038- 0&intNewsMonth=10&intNewsYear=2011

(3) Emmott, *The Sun Also Sets*（『日はまた沈む』), p. 120.

(4) クライド・プレストウィッツとのEメールのやり取りから。

(5) 2008 年までの 18 年間において、政府が景気刺激策として行なった追加支出の総額は GDP の約 28 % に達した。Markus Bruckner and Anita

Tuladhar, 'Public Investment as a Fiscal Stimulus: Evidence from Japan's Regional Spending During the 1990s', International Monetary Fund (IMF) Working Paper, April 2010.

(6) Richard Lloyd Parry, 'Found in Translation', *The Times*, 22 January 2005.

(7) Haruki Murakami, *After the Quake*（『神の子どもたちはみな踊る』), p. 116.

(8) 筆者によるインタビューより。2003年6月、東京にて。

(9) David Pilling, 'Doomsday and After', *Financial Times*, 19 March 2005.

(10) 筆者によるインタビューより。2003年1月、東京にて。

第7章　ジャパン・アズ・ナンバースリー――日本衰退論の嘘

(1) 数字はＪＰモルガン証券株式会社の菅野雅明による試算に基づいている。1995年の日経平均株価は1万7355.34円だったが、2012年6月までには8638.08円にまで下落していた。たとえば、ある時期の10万円が現在の実質価値でいくらになるかを知るには、GDPデフレーター（インフレあるいはデフレによる名目値の変化を調整する際に使われる物価指数）を応用する必要がある。菅野によれば、GDPの民間消費デフレーターを使えば1995年の10万円には現在11万2000円の実質価値があるという。また、もっと広範な物価動向を反映するGDPデフレーターを応用した場合、その価値は12万2000円になる。

(2) 三國《みくに》陽夫《あきお》の発言から。David Pilling, 'Heads Down', *Financial Times*, 17 May 2003.

(3) Martin Wolf, 'Japan on the Brink', *Financial Times*, 14 November 2001.

(4) 筆者による電話インタビューより。2011年。

(5) 各国間の物価水準の違いを取り除いた購買力平価ベースで測定した場合。

(6) インフレあるいはデフレによる価格変動の影響を除いていない数字。

(7) 国際通貨基金（IMF）の数字に基づく試算による。World Economic Outlook Database, April 2012.

(8) 数字はＪＰモルガン証券株式会社（東京）の菅野雅明による。

(9) 購買力平価ベースでは、中国の経済規模は2010年より何年も前から日本を上回っていた。

(10) 日本不動産研究所が公表している「市街地価格指数」によれば、2011年3月における全国の全用途平均地価は、1991年のピーク時より62%下落した。そのうち商業地は76%、住宅地は48%下落した。

（11）大和総研特別理事で元日銀政策委員会審議委員の田谷禎三《たやていぞう》の推定によれば、1995年には600兆円あった融資残高はその10年後には400兆円にまで縮小してしまったという。

（12）筆者とフィナンシャル・タイムズの同僚、中元三千代《なかもとみちよ》との共同インタビューより。2012年3月、東京にて。

（13）Nicholas Eberstadt, 'Demography and Japan's Future', in Clay Chandler et al. (eds.), *Reimagining Japan: The Quest for a Future that Works*（『日本の未来について話そう』）, pp. 82-7.

（14）ＪＰモルガン証券株式会社で株式調査部長を務めるイェスパー・コールのコメントより。円高にもかかわらず、多くの日本人はロンドンやシンガポールの物価が極めて高いだけでなく、提供される商品やサービスの質も相対的に低いと感じている。

（15）International Monetary Fund, World Economic Outlook Database, April 2012.

（16）2002年以降の国民1人当たり平均実質GDP成長率をさらにほかの国々と比較するなら、スイスは1%、ドイツは1.3%、ブラジルは2.7%、中国は9.8%であった。

（17）Organisation for Economic Co-operation and Development, 'Harmonised Unemployment Rates', March 2012.

（18）Organisation for Economic Co-operation and Development, 'Divided We Stand: Why Inequality Keeps Rising', 2011.

（19）Ibid.

（20）Sugimoto, *An Introduction to Japanese Society* (2nd edn), p. 57.

（21）Peter Hessler, 'All Due Respect, an American Reporter Takes on the Yakuza', *The New Yorker*, 12 January 2012.

（22）European Institute for Crime Prevention and Control, International Statistics on Crime and Justice, 2010.

（23）アメリカの人口が約3億1500万人、日本のそれが約1億2700万人であることを考慮しても、アメリカの刑務所人口の国全体に占める割合は日本の10倍も高いことになる。

（24）筆者によるインタビューより。2011年7月、東京にて。

（25）リチャード・ジェラムとのプライベートなメールのやり取りから。2013年1月。

（26）2012年における日本の純債務残高（財務状況を正確に把握するにはこちらを見るべきだとする声もある）はその半分程度であったが、依然としてGDPの113%という高い数字で、決して安心できるような額ではなかった。

(27) McCormack, *The Emptiness of Japanese Affluence*（『空虚な楽園』）, p. xiii.

(28) 実際には、ボツワナの財政は堅実に運営され、赤字幅も極めて低いレベルに抑えられている。

(29) Peter Tasker, 'The Japanese Debt Disaster Movie', *Financial Times*, 27 January 2011.

(30) 筆者による電話インタビューより。2011年5月。

(31) 伊藤によれば、インフレにも危険を伴う面があるという。たとえば、物価上昇率が年間4%か5%になった場合、政府債務の利払い負担ははるかに高くなる。皮肉なことに、経済停滞で金利が極めて低く抑えられている間は、政府は利払いに余計なストレスを感じずに済んでいるのである。このため、政府は低成長に対する病的な「依存体質」に陥ってしまった。ここから抜け出すには、伊藤の言う「微妙な舵取り」が必要になる。

(32) Peter Tasker, 'How to Make Monkeys out of the Ratings Agencies', *Financial Times*, 11 August 2011.

(33) Richard Koo, *The Holy Grail of Macroeconomics: Lessons from Japan's Great Recession*.

(34) Martin Wolf, 'Unreformed, But Japan is Back', *Financial Times*, 7 March 2006.

(35) 一部エコノミストは、公的債務よりもさらに大きな脆弱性を抱えている民間債務も、将来的な危機の予測には不可欠な要素かもしれないと主張している。民間債務を含めた場合、アメリカが抱える債務総額はGDPの250%に膨れ上がる。このため、アメリカの債務状況は実際には貯蓄率が高い日本よりも悪いという見方もできる。この点に関しては次の論文が参考になる。Steve Clemons and Richard Vague, 'How to Predict the Next Financial Crisis', 2012.

(36) 'Arigato for Nothing, Keynes-san', *Wall Street Journal Europe*, 24 May 2012.

(37) Peter Tasker, 'Japan Needs a Radical to Tackle its Godzilla-size Public Debt', *Financial Times*, 28 June 2012.

(38) Paul Krugman, 'Nobody Understands Debt', *New York Times*, 1 January 2012.

(39) 筆者によるインタビューより。2006年11月、東京にて。

(40) 実際には、不況や低成長によって失業率が上昇したり、社会保障給付額が増大したりすることに対応する「自動安定化装置」が機能したために、給付金支給額は大幅に上昇した。

(41) Anatole Kaletsky, 'Britain is Losing the Economic Olympics', Reuters,

25 July 2012.

(42) Eメールでのやり取りより。2013年1月。

(43) Niall Ferguson, 'Obama's Gotta Go', *Newsweek*, 19 April 2012.

(44) Jon Hilsenrath, 'Fed Chief Gets Set to Apply Lessons of Japan's History', *Wall Street Journal*, 12 October 2010.

第8章　リーゼント頭のサムライ――小泉純一郎とその時代

(1) 小泉内閣メールマガジンの冒頭に掲載されていた首相からのメッセージにも「らいおんはーと」というタイトルが付けられ、最盛期には200万人以上の読者を獲得した。

(2) Gregory Anderson, 'Lionheart or Paper Tiger? A First-term Koizumi Retrospective', *Asian Perspective*, vol. 28, no. 1, 2004, pp. 149-82.

(3) 橋本派で当時当選2回の大村秀章《おおむらひであき》衆議院議員。*Financial Times*, 21 April 2001.

(4) 筆者によるインタビューより。2003年11月。

(5) Heizo Takenaka, *The Structural Reforms of the Koizumi Cabinet*（『構造改革の真実：竹中平蔵大臣日誌』), p. 7.

(6) 後に「歯に衣着せぬ」発言が行きすぎたこともあって、田中は外務省の用心深い官僚たちからこっけいなまでに嫌われてしまった。彼らは外部に対して新外相の評判を落とすことに全力を挙げるようになり、小泉は2002年1月に田中を解任した。日本で史上初の女性外務大臣はたったの10カ月間しかもたなかったのである。

(7) Takenaka, *The Structural Reforms of the Koizumi Cabinet*（『構造改革の真実』, 31頁), p. 26.

(8) http://www.kantei.go.jp/foreign/koizumispeech/2001/0507policyspeech_e.html（英語版), accessed 1 January 2012.（「第百五十一回国会における小泉内閣総理大臣所信表明演説　平成十三年五月七日」、首相官邸ホームページより　http://www.kantei.go.jp/jp/koizumispeech/2001/0507syosin.html）

(9) 筆者によるインタビューより。2003年10月、東京にて。

(10) 筆者によるインタビューより。2003年10月、東京にて。

(11) Takenaka, *The Structural Reforms of the Koizumi Cabinet*（『構造改革の真実』), p. 17.

(12) 筆者に語られた回想より。2011年10月。

(13) 筆者によるインタビューより。2003年10月、東京にて。

(14) Tim Larimer, 'Japan's Destroyer', *Time*, 17 September 2001.

(15) 銀行は保有する持ち合い株を自己資本の一部としていた。

(16) David Pilling, 'Advocate of "Hard Landing" May Join Debt Team in Japan', *Financial Times*, 3 October 2002.

(17) David Pilling and Mariko Sanchanta, 'Japan Central Bank's Bad Loan Warnings Fall on Deaf Ears', *Financial Times*, 25 September 2002.

(18) Gillian Tett, 'Revealing the Secrets of MoF-tan', *Financial Times*, 31 January 1998.

(19) Takenaka, *The Structural Reforms of the Koizumi Cabinet*（『構造改革の真実』85頁), p. 76.

(20) *Newsweek*, October 2002.

(21) Takenaka, *The Structural Reforms of the Koizumi Cabinet*（『構造改革の真実』98頁), p. 87.

(22) りそな銀行の監査法人が繰延税金資産の資産計上を適正に行なった（3年分限り）結果、自己資本比率（自己資本を貸し倒れなどの可能性のあるリスク・アセットで割った数字で銀行の健全性を測定する）は4%を下回った。これは架空の利益計上（まだ保証されていないという意味で）によって銀行の自己資本をかさ上げしているという批判に応じたものだった。Ibid.（『構造改革の真実』), pp. 96-104.

(23) Ibid.（『構造改革の真実』), p. 109.

(24) David Pilling, 'Rising Sum', *Financial Times*, 15 November 2006.

(25) Adam Posen, 'Send in the Samurai', in Clay Chandler et al. (eds.), *Reimagining Japan*（『日本の未来について話そう』), p. 104.

(26) 政府が打ち出した景気刺激策の一環として、公共事業費の対GDP比は1990年代後半までに約6%にまで上昇していた。小泉政権の末期までには、この数字はGDPの約3%にまで縮小した。詳細は次の記事を参照。Peter Tasker, 'Japan Needs a Radical to Tackle its Godzilla-size Public Debt', *Financial Times*, 28 June 2012.

(27) David Pilling, 'Japan's PM Turns his Back on Big Government', *Financial Times*, 19 July 2002.

(28) 筆者によるインタビューより。2002年7月、長野にて。

(29) David Pilling, 'Tokyo on Road to Normality as S&P Upgrades Debt Outlook', *Financial Times*, 24 May 2006.

(30) David Pilling, 'Japan's Economy and the Koizumi Myth', *Financial Times*, 17 October 2007.

(31) 筆者によるインタビューより。2003年1月、福岡にて。

(32) David Pilling, 'Land of the Rising Inequality Coefficient', *Financial Times*, 14 March 2006.

(33) Norimitsu Onishi, 'It's a Landslide for Koizumi', *International Herald*

Tribune, 12 September 2005.

(34) Takenaka, *The Structural Reforms of the Koizumi Cabinet*（『構造改革の真実』), p. 129.

(35) 筆者によるインタビューより。2002 年 5 月、東京にて。

(36) David Pilling, 'Japan's Post Office Sell-off Could Prove Hard to Deliver', *Financial Times*, 20 April 2005.

(37) David Pilling, 'Storming the Castle, Koizumi Shakes up the World's Biggest Financial Institution', *Financial Times*, 13 September 2004.

(38) テキサス大学オースティン校のパトリシア・マクラフランの筆者に対するコメントより。2005 年 4 月。

(39) Julian Ryall, 'Ex-LDP Stalwart in Epic Battle', *South China Morning Post*, 8 September 2005.

(40) Norimitsu Onishi, 'Koizumi Party, Backing Reforms, Wins by a Landslide', *New York Times*, 12 September 2005.

(41) Ibid.

(42) David Pilling, 'Koizumi Expects Speedy Passage of Postal Bills', *Financial Times*, 21 September 2005.

(43) David Pilling, 'A Second Chance for Koizumi', *Financial Times*, 10 September 2005.

(44) David Pilling,'Koizumi Vindicated', *Financial Times*, 13 September 2005.

(45) 筆者によるインタビューより。2006 年、長野にて。

(46) 2000 年代後半までには、日本のジニ係数は 0.329 にまで上昇していた。イギリスは 0.345、アメリカは 0.378、先進国で構成する OECD（経済協力開発機構）加盟国の平均値は 0.314 であった。係数の範囲は 0 から 1 までで、値が 0 の場合は誰もが完全に平等（所得が同じ）な状態を示す。一方、値が 1 に近いほど格差が大きい状態を意味する。上記の国々と対照的にジニ係数が低いのはスウェーデン（0.259）とドイツ（0.295）で、どちらも日本より平等な社会であることを意味している。もっとも実際には、両国でもここ数年は日本よりも急速に格差が拡大しつつある。一方、同じく OECD 加盟国であるチリのジニ係数は 0.494 である。詳細は以下を参照。'Divided We Stand: Why Inequality Keeps Rising', OECD, 2011.

(47) Pilling, 'Land of the Rising Inequality Coefficient'.

(48) Tetsushi Kajimoto, 'Income Disparities Rising in Japan', *Japan Times*, 4 January 2006.

(49) 筆者によるインタビューより。2007 年 3 月、東京にて。

(50) Takehiko Kambayashi, '"Tide of Populism"Decried', *Washington*

Times, 16 June 2006.
(51) 筆者による電話インタビューより。2011 年。
(52) 筆者によるインタビューより。2007 年 3 月、東京にて。
(53) 筆者によるインタビューより。2011 年 4 月、京都にて。
(54) 筆者によるインタビューより。2012 年 5 月、香港にて。

本書は二〇一四年十月に早川書房より単行本として
刊行された作品を文庫化したものです。

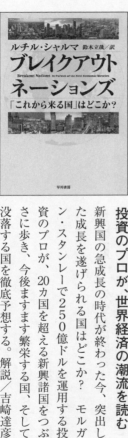

ブレイクアウト・ネーションズ

――「これから来る国」はどこか？

Breakout Nations

ルチル・シャルマ
鈴木立哉訳
ハヤカワ文庫NF

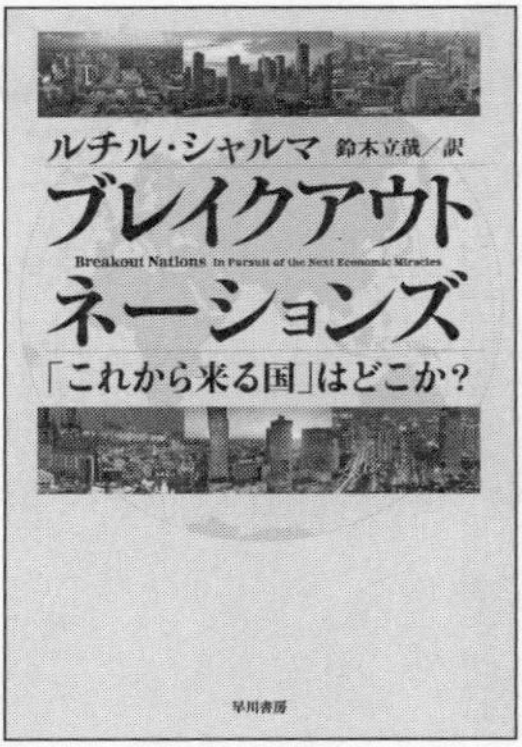

「世界の頭脳100人」に選ばれた投資のプロが、世界経済の潮流を読む

新興国の急成長の時代が終わった今、突出した成長を遂げられる国はどこか？　モルガン・スタンレーで250億ドルを運用する投資のプロが、20カ国を超える新興諸国をつぶさに歩き、今後ますます繁栄する国、そして没落する国を徹底予想する。解説／吉崎達彦

続・100年予測

The Next Decade

ジョージ・フリードマン
櫻井祐子訳
ハヤカワ文庫ＮＦ

中原圭介氏（経営コンサルタント／『２０２５年の世界予測』著者）**推薦！**
『100年予測』の著者が描くリアルな近未来

「影のＣＩＡ」の異名をもつ情報機関ストラトフォーを率いる著者の『100年予測』は、クリミア危機を的中させ話題沸騰！　続篇の本書では２０１０年代を軸に、より具体的な未来を描く。３・11後の日本に寄せた特別エッセイ収録。『激動予測』改題。解説／池内恵

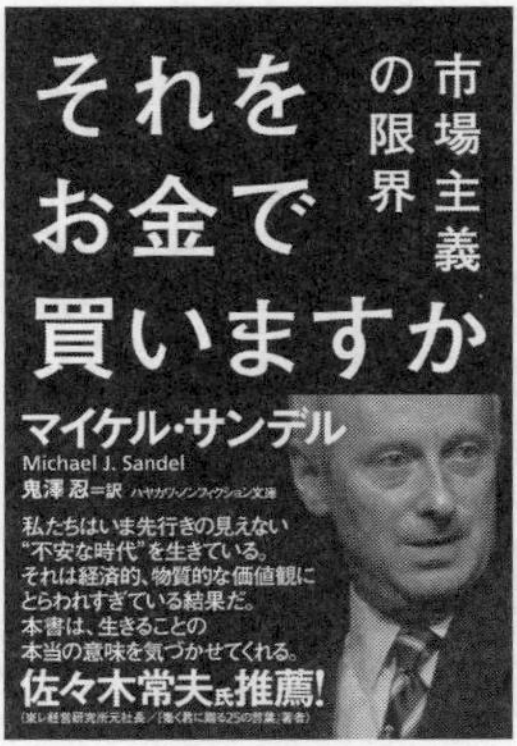

訳者略歴　翻訳家　主な訳書にマーフィー『日本‐呪縛の構図』（早川書房刊），ホーマンズ『犬が私たちをパートナーに選んだわけ』，レヴィ『グーグル　ネット覇者の真実』（共訳）など

HM=Hayakawa Mystery
SF=Science Fiction
JA=Japanese Author
NV=Novel
NF=Nonfiction
FT=Fantasy

日本《にほん》 - 喪失《そうしつ》と再起《さいき》の物語《ものがたり》
黒船、敗戦、そして3・11
〔上〕

〈NF488〉

二〇一七年二月二十日　印刷
二〇一七年二月二十五日　発行
（定価はカバーに表示してあります）

著　者　デイヴィッド・ピリング
訳　者　仲《なか》　達《たつ》　志《し》
発行者　早　川　浩
発行所　株式会社　早　川　書　房
郵便番号　一〇一‐〇〇四六
東京都千代田区神田多町二ノ二
電話　〇三‐三二五二‐三一一一（大代表）
振替　〇〇一六〇‐三‐四七七九九
http://www.hayakawa-online.co.jp

乱丁・落丁本は小社制作部宛お送り下さい。
送料小社負担にてお取りかえいたします。

印刷・三松堂株式会社　製本・株式会社川島製本所
Printed and bound in Japan
ISBN978-4-15-050488-5 C0136

本書は活字が大きく読みやすい〈トールサイズ〉です。